ABEILLE BOURGUIGNONNE

INSTRUCTIONS

A MESSIEURS LES AGENTS GÉNÉRAUX

L'ABEILLE BOURGUIGNONNE

Compagnies d'Assurances à primes fixes

CONTRE

LA GRÊLE ET L'INCENDIE

Fondées à Dijon

DÉPARTEMENT DE LA COTE-D'OR

INSTRUCTIONS

A MESSIEURS LES AGENTS GÉNÉRAUX

DIJON

IMPRIMERIE ET STÉRÉOTYPIE DE LOIREAU-FEUCHOT

Place Saint-Jean, 1 et 3.

1858

AVIS.

Les présentes Instructions sont confidentielles pour MM. les Agents généraux.

Comme elles font partie du matériel de leur Agence, chacun d'eux devra donner un récépissé en échange de l'exemplaire qu'il recevra.

Lorsque l'Administration leur fera connaître des changements ou modifications, ils devront les mentionner en marge des articles changés ou modifiés.

Dans les cas imprévus, MM. les Agents en référeront à l'Administration, qui leur donnera des instructions spéciales.

DÉFINITIONS.

La Proposition est le projet d'assurance ;

La Police, le contrat signé par l'Assureur et l'Assuré ;

L'Avenant, l'acte qui constate les changements survenus à la Police ;

La Prime, la somme ou le prix que l'Assuré paye ou s'oblige de payer à l'Assureur pour être garanti ;

Le Risque, la chance courue par l'Assureur ;

Le Sinistre, la perte résultant du fléau qui l'a causée et contre lequel on s'est assuré.

L'ABEILLE BOURGUIGNONNE

COMPAGNIES ANONYMES D'ASSURANCES

CONTRE LA GRÊLE ET CONTRE L'INCENDIE

AUTORISÉES PAR DÉCRETS IMPÉRIAUX.

INSTRUCTIONS GÉNÉRALES ET SPÉCIALES

A MM. LES AGENTS GÉNÉRAUX.

Ces Instructions sont divisées en deux parties : la première comprend celles qui sont générales, c'est-à-dire communes aux deux Compagnies, et la seconde celles qui sont spéciales à chacune d'elles.

AVANT-PROPOS

Il n'existe plus maintenant en France que deux systèmes d'assurance : l'assurance mutuelle et l'assurance à primes fixes.

Sous le mode de mutualité, plusieurs individus s'associent dans le but de s'assurer les uns les autres ; ils sont en même temps assurés et assureurs.

Le sociétaire paie d'abord une cotisation fixe pour les frais d'administration, et ensuite contribue au dédommagement des sinistres qui ont frappé ses coassociés ; d'où il suit que sa cotisation varie chaque année, selon l'importance de ces sinistres : c'est-à-dire qu'elle peut être tantôt modique, tantôt plus onéreuse.

Cet inconvénient n'est pas le seul, et en effet, les sociétés mutuelles n'ayant pas de fonds social, il en résulte nécessairement que les pertes ne peuvent être payées qu'après plusieurs mois d'attente, au moyen de la répartition des sinistres de l'année et du versement des cotisations déterminées par suite de cette même répartition.

D'un autre côté, la plupart d'entre elles ayant établi un maximum pour la contribution aux sinistres, les sinistrés, lorsque ce maximum est dépassé par les pertes, se trouvent en éviction de l'excédant.

Tout au contraire des assurances mutuelles, celles à primes fixes reposent sur un capital de garantie considérable et spécial, et n'imposent à l'assuré qu'une prime unique convenue à l'avance et invariable pendant toute la durée de la Police, quels que soient le nombre et la gravité des sinistres.

Aussi l'incontestable supériorité de ce mode a-t-elle frappé la mutualité d'un discrédit qui ne fait que s'accroître de plus en plus, surtout depuis la circulaire ministérielle du 10 août 1836, qui interdit aux établissements publics de bienfaisance de faire assurer leurs bâtiments par des compagnies autres que celles à primes fixes.

PREMIÈRE PARTIE

—

INSTRUCTIONS GÉNÉRALES

CHAPITRE PREMIER

Des Agents généraux, des Sous-Agents, des rétributions des Agents généraux, de la transmission des Agences générales, des Inspecteurs.

SECTION PREMIÈRE

DES AGENTS GÉNÉRAUX.

Art. 1er. Les Compagnies sont représentées dans chaque arrondissement par des Agents généraux. Agents généraux.

Art. 2. Leurs pouvoirs, conférés par une commission signée par le Directeur et un Administrateur, leur donne droit d'agir dans la circonscription qui leur est assignée. Leurs commissions.

Art. 3. Néanmoins, si une assurance est proposée à un Agent en dehors de ses limites, mais par un Assuré résidant dans sa circonscription et sur des objets situés dans les arrondissements ou départements limitrophes, elle peut être souscrite. Faculté d'assurer, dans certains cas, hors de leur circonscription.

Il en est de même encore lorsque des motifs particuliers, tels que des liaisons d'affaires, de famille ou de société déterminent une préférence que l'Agent de la localité n'eût pas obtenue.

Dans tous les autres cas, elle ne peut être souscrite qu'en vertu d'une autorisation spéciale du Directeur.

Art. 4. Lorsqu'un Agent général est nommé, il reçoit, en même temps que sa commission, un matériel composé de tous les imprimés nécessaires à son instruction et à l'organisation de son Agence. Sont pourvus d'un matériel par la Compagnie.

Art. 5. Il ne peut, sous aucun prétexte, et sans l'autorisation spéciale du Directeur, se charger des affaires d'aucune autre Compagnie d'assurance, de quelque nature qu'elle soit, ni de celles d'aucun établissement analogue. Ne peuvent s'immiscer à une autre Compagnie.

Art. 6. Les Agents généraux ne peuvent souscrire d'assurances pour leur compte personnel qu'avec l'approbation spéciale du Conseil d'administration.

Art. 7. Les Agents généraux rédigent et signent les Polices aux conditions générales, et ne peuvent en stipuler de particulières qu'avec l'approbation de la Compagnie.

Ils touchent le montant des Polices et des primes annuelles et échues de leur Agence, et paient, mais sans avoir droit à aucune remise, les intérêts ou dividendes de chaque Compagnie aux actionnaires de leur circonscription.

Ils poursuivent, lorsqu'il y a lieu, les retardataires ou récalcitrants; le tout en se conformant rigoureusement aux instructions générales et particulières de l'Administration.

Si, en raison de l'urgence, ils ne peuvent attendre ces instructions, ils prennent, avant d'agir, l'avis d'un homme de loi.

S'il survient des contestations entre l'une ou l'autre des Compagnies et ses assurés, ils en réfèrent à l'Administration, qui leur transmet ses instructions.

Art. 8. Un des premiers devoirs des Agents généraux est de chercher à étendre le plus possible leurs relations de société, les moyens de persuasion étant d'autant plus faciles qu'ils sont appuyés sur un plus haut degré d'intimité.

Ils répandront en nombre suffisant, partout où leur distribution est jugée utile, les prospectus qui leur seront envoyés par l'Administration.

Ils auront soin de faire apposer de temps en temps, et de les renouveler quand il en sera besoin, des affiches dans les communes de leur circonscription qui ont le plus d'importance par leur population, leur commerce ou leurs marchés.

Ils devront chercher aussi à se ménager la bienveillance des autorités locales, dans le but d'en obtenir les assurances de toute nature qui dépendent de leur autorité ou de leur crédit.

Art. 9. Lorsque les assurances souscrites par l'*Abeille Bourguignonne* arrivent à leur terme, les Agents généraux doivent veiller avec une constante sollicitude à leur renouvellement, car il est tout aussi important pour l'*Abeille Bourguignonne*, et plus important peut-être, de conserver ses assurés que d'en acquérir de nouveaux.

Art. 10. L'expérience démontre tous les jours que les assurances passent facilement d'une Compagnie à une autre à l'expiration des Polices. En conséquence, sans imiter le fâcheux exemple de dénigrement que donnent trop souvent des Compagnies rivales, les Agents généraux doivent, après avoir porté leur attention sur les assurances des autres Compagnies, solliciter loyalement la reprise ou le renouvellement, en faveur de l'*Abeille Bourgui-gnonne*, de celles près d'arriver ou arrivées à leur terme.

SECTION II

DES SOUS-AGENTS.

Art. 11. Les Agents généraux sont tenus d'établir dans chacun des cantons de leur circonscription des Sous-Agents, qu'ils nomment et révoquent à
volonté, et dont ils sont personnellement responsables.

Il leur est interdit d'en établir ailleurs.

Ils doivent mettre le plus grand soin à tenir au complet le personnel de
leurs Sous-Agents, et ils peuvent en multiplier le nombre autant qu'ils le
jugent convenable à leurs intérêts et à ceux de la Compagnie.

Art. 12. Les Sous-Agents ne correspondent qu'avec l'Agent général qui
leur a donné leur mandat.

Art. 13. Le concours des Sous-Agents étant un des principaux éléments
de succès de l'Agent général, celui-ci doit s'attacher à ne fixer son choix que
sur des personnes actives, entreprenantes, et assez généralement bien vues
pour avoir accès chez tout le monde et inspirer la confiance.

Les personnes qui conviennent le mieux pour les fonctions de Sous-Agents
sont celles qui, par leurs affaires, ont de fréquentes relations avec le public,
tels que les percepteurs des contributions, les greffiers de justice de paix,
les secrétaires de mairie, les instituteurs, les hommes qui font le commerce des
denrées ou produits de récoltes pour leur compte ou à la commission, les facteurs des postes, les gardes particuliers, etc.

Art. 14. Les Sous-Agents ont spécialement pour mission :

1° De faire des démarches continuelles et persévérantes auprès de toutes
les personnes en position de se faire assurer dans toute l'étendue de leur
circonscription ;

2° De recueillir et rédiger les propositions d'assurance ; d'indiquer aux
personnes qui désirent s'assurer le taux des primes et les applications spéciales du tarif, et d'arrêter, sauf l'approbation supérieure, les conditions
particulières de l'assurance ;

3° De remettre à l'Agent général les propositions, et d'en recevoir en
échange les Polices, à l'effet de les remettre et faire signer à ceux qui ne
pourraient se transporter au bureau de l'Agence ;

4° De poursuivre la rentrée des primes et de faire toutes autres recettes,
mais seulement lorsque l'Agent général, qui en a la responsabilité, les y
aura spécialement autorisés ;

5° Enfin, de surveiller et de faire le posage des plaques.

Ils ne peuvent, dans aucun cas, suppléer ou remplacer l'Agent général
dans l'exercice de ses fonctions, ou être autorisés par lui à signer des

Obligation de l'établisser
des Sous-Agences.

Choix des Sous-Agents.

Fonction des Sous-Agents.

Polices ou à contracter un engagement quelconque au nom de l'*Abeille Bourguignonne*. Il est même formellement interdit à l'Agent général de leur confier des Polices signées en blanc.

Leur zèle à stimuler. Art. 15. L'Agent général doit stimuler sans relâche le zèle de ses Sous-Agents, leur donner toutes les instructions nécessaires pour les mettre à même d'agir avec intelligence et profit, et ne point tolérer l'inactivité ou le découragement.

Agent ambulant. Art. 16. Il serait même bon, pour le cas où les Sous-Agents ne montreraient pas assez de zèle, que l'Agent général s'attachât en outre au siége même de l'Agence, sous le titre d'*Agent ambulant*, un homme actif et capable, continuellement occupé de visiter les cultivateurs et les propriétaires, et de solliciter leurs assurances. C'est un moyen duquel le succès d'une Agence peut dépendre en partie, l'expérience ayant démontré que les sollicitations adroitement et obstinément faites restent rarement sans succès.

enseignements à fournir sur les Sous-Agents. Art. 17. L'Agent général devra faire connaître au Directeur général les noms, prénoms, professions et demeures de tous ses Sous-Agents, afin que celui-ci puisse s'informer du mérite et de l'importance de leurs services.

SECTION III

RÉTRIBUTION DES AGENTS GÉNÉRAUX.

Remises grêle. Art. 18. Leurs remises se composent, pour la *Grêle :*

1° De 15 % par an sur les assurances d'une durée de un à quatre ans. Cette remise est portée à 20 % pour la première année, lorsque l'assurance est souscrite pour cinq ans et plus, et à 15 % sur la recette des années suivantes, quelle que soit la durée de l'assurance ;

2° De un franc par Police ;

3° De cinquante centimes par Avenant ;

Remises incendie. Art. 19. Et, pour la compagnie *Incendie :*

1° D'une remise proportionnelle sur le montant des primes qu'ils encaissent et provenant des assurances souscrites par eux ou leurs prédécesseurs. La quotité de cette remise est fixée par un traité particulier ;

2° D'une remise d'un franc par Police ;

3° De cinquante centimes par Avenant ;

4° Et d'une remise, également déterminée par le même traité, sur le prix des diverses plaques grandes, moyennes ou petites.

Les frais de correspondance des Sous-Agents avec l'Agent général et leur rétribution sont à la charge de ce dernier. Art. 20. Au moyen des remises ci-dessus, les Agents généraux correspondent à leurs frais avec leurs Sous-Agents et sont tenus de les rétribuer comme ils le jugent convenable, l'Administration n'intervenant en aucune manière dans leurs arrangements; mais l'Agent général, qui, en raison de l'éminente efficacité de leur concours, comprendra bien ses intérêts, leur fera une part aussi large que possible dans ses allocations.

Art. 21. Indépendamment desdites remises, il est tenu compte aux Agents généraux de leurs déboursés de correspondance avec la Direction générale, tels que ports de lettres et de paquets, de ceux d'apposition d'affiches, d'insertion dans les journaux et de déplacement pour cause de sinistre, mais sans qu'il soit ajouté aucun honoraire à ce déplacement, les réglements de sinistre faisant partie des charges inhérentes à leurs fonctions.

Déboursés dont l'administration tient compte aux Agents généraux.

Du reste, l'occasion que procure toujours un sinistre de faire des assurances dans le lieu où il est arrivé est une ample compensation à ce dérangement.

SECTION IV

DE LA TRANSMISSION DES AGENCES GÉNÉRALES.

Art. 22. Les Agents généraux ont la faculté de transmettre leur emploi, et, si leurs fonctions viennent à cesser par suite de leur décès, leurs héritiers ont la même faculté; mais, dans l'un et l'autre cas, l'Agent ou ses héritiers doivent proposer le candidat au Conseil d'administration, qui l'admet ou le refuse.

Faculté de transmission accordée au titulaire ou à ses héritiers.

Art. 23. Dans le cas où il serait pourvu au remplacement d'un Agent général, il pourra, selon que le Conseil d'administration en décidera, être accordé au titulaire, sur son successeur, une remise de 5 % par an sur les primes des Polices qu'il aura souscrites, et qui, le jour du remplacement, auront encore plus de trois années à courir. Cette remise n'est due au titulaire remplacé qu'au fur et à mesure des encaissements opérés par son successeur.

Cas de remplacement.

Art. 24. Si les fonctions des Agents cessent par suite de suppression de l'Agence, le titulaire et ses ayants droit ne peuvent prétendre à aucune indemnité à quelque titre que ce soit.

Suppression de l'Agence.

SECTION V

DES INSPECTEURS.

Art. 25. Indépendamment des Agents généraux, l'*Abeille Bourguignonne* a des Inspecteurs chargés d'opérer dans le personnel les mutations nécessaires, de vérifier la gestion et la comptabilité des Agents généraux, de veiller à tous les besoins du service, et dont, au surplus, les pouvoirs et les attributions sont déterminés par la procuration ou les instructions dont ils sont porteurs ou qu'ils reçoivent dans le cours de leur mission.

Inspecteurs; leurs attributions.

CHAPITRE II

Des Propositions d'assurances et de leur Vérification.

SECTION PREMIÈRE

DES PROPOSITIONS D'ASSURANCE PROPREMENT DITES, D'ASSURANCE SUPPLÉMENTAIRE,
D'ASSURANCE ANTICIPÉE OU AVEC EFFET DIFFÉRÉ.

§ 1er

De la Proposition d'assurance proprement dite.

Forme de la Proposition.   **ART. 26.** La Proposition d'assurance est le préliminaire de la Police.

Ce qu'elle doit contenir.   Lors donc qu'un Agent a décidé, par exemple, un fermier à assurer ses récoltes ou un propriétaire ses bâtiments, il doit faire signer par celui-ci une Proposition sur une formule imprimée et destinée à cet usage, contenant la désignation de l'objet de l'assurance, les évaluations données par l'Assuré, et indiquant le taux des primes ainsi que les conditions particulières, s'il en a été stipulé.

L'Agent général à qui une Proposition est remise doit l'enregistrer aussitôt sur le registre à ce destiné. Il y appose le numéro d'enregistrement, en suivant rigoureusement l'ordre des numéros et des dates.

Effet de la Proposition : elle n'engage ni l'Assuré ni la Compagnie.   **ART. 27.** La Proposition n'est qu'un projet d'assurance, qui n'engage ni l'Assuré ni la Compagnie ; ils ne sont, l'un et l'autre, obligés que par la Police, lorsque celle-ci a été signée par les parties et que la prime stipulée a été payée.

Elle n'est point indispensable.   **ART. 28.** Aussi est-il recommandé aux Agents généraux de s'abstenir de la formalité de la Proposition lorsque la Police est susceptible d'être rédigée avec soin et signée séance tenante.

Dans le cas contraire, et s'ils ont la confiance du Proposant, ils peuvent, après lui avoir fait signer la Proposition, lui faire également signer en blanc les trois originaux de la Police. Par ce moyen, l'Assuré se considérant comme définitivement engagé, n'est plus accessible aux sollicitations de la concurrence.

ART. 29. Les Propositions d'assurance suivies de Police sont annexées à leurs ampliations, lesquelles sont déposées aux archives de la Compagnie.

ART. 30. Toute Proposition envoyée à la Direction générale dans une autre forme que celle indiquée à l'art. 26, et non accompagnée des renseignements voulus, sera ajournée jusqu'à plus ample informé.

Art. 31. Tous usufruitiers, locataires, fermiers, administrateurs, créanciers, détenteurs ou séquestres, enfin tous intéressés à la conservation de la chose, sont admis à la faire assurer même chacun séparément, pourvu qu'ils déclarent à quel titre.

Quelles personnes peuvent s'assurer.

§ 2

Propositions d'assurance supplémentaire.

Art. 32. Elle a lieu toutes les fois que des objets ont été assurés pour une partie seulement, et que le Proposant veut faire assurer le surplus.

Assurances supplémentaire. Exemples.

Ainsi, un fermier n'a assuré que ses froments, il veut assurer ses vignes;

Un propriétaire n'a assuré que ses bâtiments, il veut assurer son mobilier, ses marchandises.

Elle a lieu encore lorsque des objets n'ont été assurés que pour une partie seulement de leur valeur, et que le Proposant veut faire couvrir le surplus : ainsi, une galerie de tableaux n'a été assurée que pour la moitié de sa valeur, on se décide plus tard à la faire assurer pour le tout. Cette assurance peut naître aussi de l'augmentation de valeur qu'ont subie des objets déjà assurés, tels que : de nouvelles constructions, des réparations, des augmentations de mobilier ou de marchandises, etc.

§ 3

Des Propositions d'assurance anticipée ou avec effet différé.

Art. 33. Cette proposition a lieu ordinairement quand tout ou partie des objets proposés à l'assurance sont déjà assurés à une autre Compagnie, et que le Proposant veut, par anticipation, les faire couvrir par l'*Abeille Bourguignonne*, mais avec effet seulement à partir du jour de l'expiration de l'assurance primitive.

Assurance anticipée avec effet différé.

Cette combinaison peut avoir pour cause le désir du Proposant de fixer à l'avance les conditions de sa Police et de s'assurer ainsi pour l'avenir les avantages actuels de la Compagnie.

Son but.

L'Agent doit donc vérifier si la Police en cours d'exécution est susceptible de se prolonger par tacite reconduction, et, dans ce cas, veiller à ce que l'Assuré, pour ne pas laisser passer le délai fatal, fasse immédiatement notifier à qui de droit son intention de ne pas renouveler.

Vérification importante à faire.

Art. 34. La tacite reconduction s'entend du renouvellement de la Police qui s'opère de plein droit, et pour le même nombre d'années, si l'Assuré n'a pas, dans le délai fixé par la Police, déclaré à la Compagnie son intention de ne pas continuer l'assurance.

Tacite reconduction.

Art. 35. Cette déclaration doit, sur le refus de celle-ci de l'accepter par écrit, être faite par le ministère de l'huissier ; ces frais sont à la charge de l'As-

Moyen de la prévenir.

suré ; mais, s'il les veut éviter, il est de jurisprudence qu'il peut notifier sa déclaration par une lettre chargée (en conservant soigneusement le bulletin de chargement), et à la condition que le destinataire aura, par son émargement sur le registre de la poste, reconnu avoir reçu la lettre, ce dont il faudra s'assurer; car, s'il l'a refusée ou s'il était absent, le ministère de l'huissier devient indispensable.

ART. 36. Les assurances supplémentaires et les reprises d'assurances anticipées ou avec effet différé, offrant à MM. les Agents une source féconde d'opérations, sont particulièrement recommandées à leur zèle.

SECTION II

DE LA VÉRIFICATION.

Vérification de la Proposition.   ART. 37. Lorsque la Proposition est reçue par un Sous-Agent, elle est transmise immédiatement à l'Agent général, qui, avant de rédiger la Police, doit s'assurer que toutes les vérifications prescrites ont été faites exactement.

Sur quels points portent les vérifications.   ART. 38. Ces vérifications doivent porter principalement sur les quatre points suivants, savoir :

1° La moralité et la solvabilité de l'Assuré ;
2° La désignation de l'objet de l'assurance ;
3° L'évaluation des sommes assurées ;
4° L'application du tarif.

§ 1er

Moralité et solvabilité de l'Assuré.

Moralité et solvabilité. — En quoi elles consistent.   ART. 39. La moralité s'entend de la réputation du Proposant, et la solvabilité, de l'état de ses affaires.

On sent que ces deux conditions ne doivent être l'objet que d'informations discrètement prises, et de manière à éviter toute investigation blessante. Si l'une ou l'autre est douteuse, la proposition doit être rejetée sans hésitation, surtout en matière incendie.

§ 2

Désignation de l'objet de l'assurance.

Désignation : comment elle doit être faite.   ART. 40. Elle doit être établie aussi clairement et exactement que possible, c'est-à-dire de manière à éviter toute fraude, erreur ou confusion en cas de sinistre.

Ce paragraphe recevra tout son développement dans son application spéciale à chacune des Compagnies, seconde partie.

§ 3

Evaluation des sommes assurées.

ART. 41. L'appréciation des sommes assurées demande, de la part de l'Agent, une attention toute particulière, l'assurance étant un moyen de conserver et non d'acquérir, et ne devant garantir à l'Assuré que la juste indemnité de ses pertes. — *Evaluation.*

Il doit avertir le Proposant qu'il est de son intérêt de faire garantir les objets à assurer pour leur valeur réelle, et qu'il y aurait préjudice pour lui s'ils étaient assurés pour une somme supérieure ou inférieure. — *Explications à donner au Proposant.*

Il lui expliquera que, s'il faisait assurer une somme supérieure à la valeur réelle, il paierait sans utilité un excédant de prime; — *Assurance au-dessus de la valeur réelle.*

Que, dans le cas contraire, il s'exposerait, s'il survenait un sinistre total ou partiel, à supporter une partie des dommages, attendu que la Compagnie n'est responsable vis-à-vis de lui que dans la proportion du montant de son assurance (art. 12 Police *Grêle*, et 4 Police *Incendie*). — *Assurance au-dessous de la valeur réelle.*

Dans l'intérêt commun, l'assurance doit toujours être plutôt au-dessous qu'au-dessus de la valeur réelle, et l'on sent combien est importante la rigoureuse application de ce principe en matière incendie. — *Dangers de l'exagération des valeurs en matière incendie.*

§ 4

Application des tarifs.

ART. 42. Les tarifs indiquent le taux des primes applicables aux diverses natures des risques. — *Tarifs.*

ART. 43. Toutes les primes portées au tarif sont strictement obligatoires; il ne peut y être apporté aucune modification. — *Toutes les primes sont obligatoires.*

ART. 44. Toutefois, si une proposition d'assurance est faite en dehors des tarifs, l'Agent devra l'adresser à la Direction générale, accompagnée de renseignements spéciaux. — *Proposition en dehors des tarifs.*

Si la proposition est agréée, avis en est donné à l'Agent général, lequel confectionne ensuite la Police, en ayant soin de faire précéder sa signature de ces mots : Sauf approbation du Directeur général.

Cette Police doit être envoyée aussitôt à celui-ci ; elle n'a d'effet qu'après cette approbation.

ART. 45. Lorsque le total de la prime présente une fraction de demi-décime (de sou), on doit, pour la simplification de la comptabilité, l'éviter en forçant, — *Forcement des centimes à l'avantage de la Compagnie.*

à l'avantage de la Compagnie, le produit de la multiplication du droit de timbre et de répertoire par la valeur assurée (1).

Le droit de timbre et de répertoire est au moins de 5 centimes, quelque minime que soit la somme assurée.

Pour le surplus du présent chapitre, et par application spéciale à chacune des Compagnies, voir titres 1 et 2 de la seconde partie.

CHAPITRE III

De la Police, de ses effets et de sa confection.

Formes de la Police.

ART. 46. La Police est faite sur des imprimés fournis par l'Administration.

Elle est datée du siége de la Direction générale pour le département de la Côte-d'Or; et, pour les autres départements, du siége de l'Agence, et non d'un autre lieu.

La date qui doit lui être donnée est celle du jour auquel elle a été inscrite au registre des Polices.

Point de départ de ses effets actifs et passifs.

ART. 47. Ses effets actifs et passifs commencent le lendemain, à midi, du jour de la remise de la Police contre le paiement de la prime et du coût de la Police.

Elle peut n'être en vigueur qu'à une époque postérieure à sa date.

ART. 48. Elle ne peut jamais avoir d'effet rétroactif, mais on peut stipuler qu'elle ne sera en vigueur qu'à une époque postérieure à sa date.

Ses conditions générales.

ART. 49. La Police se compose de deux parties distinctes : les conditions générales, qui sont imprimées, et les conditions particulières, qui sont manuscrites.

Les conditions générales dérivent des Statuts de chacune des deux Compagnies et des principes du droit.

Il ne peut y être dérogé.

Il ne peut y être dérogé sous aucun prétexte.

Il est interdit à MM. les Agents, sous leur responsabilité, d'introduire dans la Police aucune interprétation ni commentaire, ni d'en biffer la moindre partie.

Ses conditions particulières.

ART. 50. Les conditions particulières sont celles que l'Agent est destiné à

---

(1) Exemple : soit une assurance de valeurs diverses ensemble de 80,000 fr., donnant pour prime. 78 32

Pour droit de timbre et de répertoire. 2 40

Et pour total à payer. 80 72

Dans ce cas, l'on force de 3 centimes ceux du droit de timbre et de répertoire, ce qui produit 2 fr. 43 c. au lieu de 2 fr. 40 c., et l'on obtient un total de 80 fr. 75 c.

remplir, mais sous la réserve de l'approbation du Directeur général, qui seul a qualité pour en autoriser la stipulation.

Art. 51. La Police doit contenir :

1° Les nom, prénoms, profession et demeure de celui qui se fait assurer;

2° La qualité dans laquelle il agit ;

3° La désignation claire et précise des objets sur lesquels porte l'assurance, leur évaluation, c'est-à-dire le montant des sommes assurées ;

4° La durée périodique de l'assurance ;

5° Le taux et le montant des primes.

Ce qu'elle doit contenir.

Nota. — On ne doit pas se servir dans la Police du mot *estimé*. On assure telle somme pour tel objet, mais l'objet n'est pas estimé à la somme de. . . . . Il faut aussi éviter l'emploi de ces mots : *valant*, *évalué*, qui pourraient aussi fournir aux Assurés le prétexte de soutenir que la Compagnie, dérogeant à l'une de ses conditions générales, a reconnu ou accepté la somme assurée pour base définitive et réglementaire en cas de sinistre.

Mots dont on doit éviter l'emploi.

Art. 52. La Police ne doit contenir aucun blanc. Lorsque les conditions particulières ne remplissent pas l'espace qui leur est destiné, il faut tirer des lignes ou des barres sur la partie vide, afin qu'on n'y puisse rien intercaler.

Il ne faut y laisser aucun blanc.

Art. 53. Elle ne doit non plus contenir ni ratures, ni surcharges, ni mots interlignés, sans que le tout ne soit approuvé par une indication paraphée des parties.

Approbation des surcharges et ratures.

Art. 54. Les sommes et les dates doivent être écrites en toutes lettres.

Sommes et dates en toutes lettres.

Art. 55. La Police est faite en triple original, dont un pour l'Assuré, un autre pour la Direction générale, et le troisième pour les archives de l'Agence qui l'a souscrite.

Dans tous les cas, elle est rédigée en autant d'originaux qu'il y a de parties contractantes ayant un intérêt distinct, et il en est fait mention (art. 1325 Code Napoléon).

Nombre d'originaux de la Police.

Art. 56. Chaque original doit être signé par toutes les parties contractantes. L'assurance n'est consommée qu'après l'accomplissement de cette formalité.

Si l'Assuré ne sait point signer, il appose sa marque en présence de deux témoins mâles et majeurs, qui certifient son adhésion et qui signent leur attestation.

La Police peut aussi être signée par un fondé de pouvoirs ou par une personne solvable agissant pour le compte de l'Assuré et comme se portant fort pour lui.

Signatures.

Des modèles annexés aux présentes Instructions guideront MM. les Agents dans la rédaction des Polices de toute nature ; ils sont priés de s'y conformer exactement.

Modèles.

Art. 57. La Police ne doit être délivrée à l'Assuré qu'après paiement de la prime, si elle est au comptant ; dans ce cas, elle porte quittance de la prime de

Délivrance de la Police à l'Assuré.

première année. Si l'assurance est anticipée et le paiement de la prime différé, la Police est remise à l'Assuré contre le simple paiement du coût de celle-ci, et il est stipulé dans la Police que la prime de la première année n'est payable qu'à l'époque où la Police prendra son effet.

Défense de remettre à qui que ce soit des Polices en blanc ou incomplètes.

ART. 58. L'Agent général ne doit, sous aucun prétexte, remettre ou envoyer à qui que ce soit, même à ses Agents particuliers, ainsi que déjà il a été dit, des Polices non remplies ou signées en blanc.

Si cependant, pour prévenir les menées de la concurrence, l'Agent général croit pouvoir sans inconvénient remettre à ses Sous-Agents des petites Polices en blanc à l'effet par eux de les faire signer à l'Assuré après les avoir remplies, cette faculté lui est laissée sous sa responsabilité, mais à cette condition que, jusqu'à son approbation et sa signature, ces Polices n'auront d'autre effet que celui d'une simple Proposition.

Numéros d'ordre.

ART. 59. La Police porte à droite un numéro d'ordre de la Direction générale, et à gauche un numéro d'ordre de l'Agence. La série de l'un et de l'autre doit être suivie sans interruption, même en cas de changement d'Agent.

Mention de l'autorisation de la Compagnie.

ART. 60. Lorsqu'une Assurance a été souscrite en vertu d'une autorisation spéciale du Conseil d'administration ou de la Direction, la date et le numéro de la lettre d'autorisation devront être mentionnés en tête de la Police, au-dessus de ces mots : *L'Abeille Bourguignonne.*

Autre mention.

ART. 61. Il faut mentionner de la même manière la communauté des risques qui peut exister entre deux ou plusieurs Polices, en mettant en tête de la Police ces mots : *Risque commun avec la Police ou les Polices n^os.*

Envoi immédiat des Polices exceptionnelles.

ART. 62. Les Polices portant sur assurances exceptionnelles ou autres sujettes à l'autorisation du Conseil d'administration ou de la Direction générale, devront être envoyées à celle-ci immédiatement après la rédaction.

Classement et conservation des Polices.

ART. 63. Les Polices de l'Agence doivent être classées par ordre de numéros et renfermées sous clef.

Envoi du bordereau n° 1.

ART. 64. L'Agent général doit, tous les quinze jours pour les Assurances *grêle,* et tous les mois pour les Assurances *incendie,* qu'il y ait ou non des Polices souscrites dans ces intervalles, en informer la direction au moyen de l'envoi en forme de lettre d'un bordereau n° 1, qu'il remplit à cet effet.

Coût de la Police.

ART. 65. Les frais de la Police sont fixés à la somme de 2 francs, que l'Assuré doit payer en même temps que la Prime de la première année.

Il ne peut être fait remise de tout ou partie de cette somme.

CHAPITRE IV

Des Réassurances.

Réassurances.

ART. 66. On entend généralement par réassurance une assurance contractée de Compagnie à Compagnie ou par une Compagnie avec une autre, en raison d'une Police souscrite par l'une d'elles, et dont elles conviennent de partager le risque.

ART. 67. Les réassurances sont faites directement par la Compagnie et sans le concours de l'Assuré ou de l'Agent, soit qu'elle cède une partie des risques souscrits par elle, soit qu'elle prenne à sa charge une portion de ceux souscrits par une autre Compagnie, selon les conventions faites entre elles. *Par qui elles sont faites.*

Lors donc qu'un Agent général est informé qu'une Compagnie est disposée à se donner un ou plusieurs coassureurs, il en avise immédiatement la Direction générale.

Si l'Agent est instruit d'un projet de réassurance important et qu'il ait lieu de penser qu'une part sera faite à l'*Abeille Bourguignonne*, il en préviendra aussitôt la Direction, afin qu'elle n'accepte pas en réassurance une autre partie de ce même risque de la part d'une autre Compagnie.

En même temps, et s'il est possible, il lui fera connaître le chiffre qui pourra être attribué à l'*Abeille Bourguignonne*.

CHAPITRE V

Du Renouvellement, des Résiliations et Annulations.

SECTION PREMIÈRE

DU RENOUVELLEMENT.

ART. 68. On nomme renouvellement la continuation d'une assurance faite par la Compagnie après l'expiration du terme pour lequel elle avait été contractée. *Ce qu'on nomme renouvellement.*

ART. 69. Les renouvellements d'assurance s'opèrent par la confection d'une nouvelle Police, rédigée en triple original, en remplacement de l'ancienne, et dans laquelle on fait mention de ce changement en employant cette formule: *La présente Police remplace celle qui a été souscrite le. . . . . sous le n°. . .* *Les renouvellements se font par de nouvelles Polices.*

Avant de consentir à ce renouvellement, l'Agent doit s'assurer si la Prime contenue en l'ancienne Police se trouve bien dans les conditions du tarif en vigueur à l'époque du renouvellement.

S'il y a lieu à augmentation et si l'Assuré n'y consent pas, l'Agent devra refuser le renouvellement.

ART. 70. Si l'assurance qu'il s'agit de renouveler n'a eu lieu qu'avec l'approbation de la Compagnie, la proposition de renouvellement doit lui être préalablement soumise, comme s'il s'agissait d'une affaire nouvelle. *Cas dans lequel ils sont soumis à l'approbation de la Compagnie.*

Envoi à la Direction de l'ancienne et de la nouvelle Police.

Art. 71. Lorsqu'une Police est renouvelée, elle doit, ainsi que celle qui la remplace, être envoyée à la Direction générale, appuyée du bordereau de renouvellement.

Envoi mensuel d'un bordereau d'extinction et de renouvellement.

Art. 72. A la fin de chaque mois, les Agents généraux font connaître à la Direction, par l'envoi d'un bordereau, les assurances éteintes dans le mois, celles renouvelées, et les causes du non-renouvellement des autres.

SECTION II

DES RÉSILIATIONS ET ANNULATIONS.

Résiliations de Polices avec remplacement par de nouvelles Polices. — Mention à faire.

Art. 73. Lorsqu'une Police résiliée pour le temps qui en reste à courir est remplacée par une autre Police, on fait mention de ce changement dans celle-ci, en employant cette formule : *La présente Police résilie et remplace celle qui a été souscrite sous le n°*. . .

Résiliations pures et simples et annulations de Police. — Se font par Avenant.

Art. 74. La forme des résiliations pures et simples, c'est-à-dire sans remplacement par une autre Police, de même que celle des annulations, a lieu par Avenant; elle sera indiquée dans la section suivante.

Quant au surplus de cette matière, et par application spéciale à la Compagnie *incendie*, voir 2e partie, articles 289 et suivants.

CHAPITRE VI

Des Avenants.

Avenants. — Causes qui en nécessitent l'emploi.

Art. 75. Les Assurances, dans leur cours, peuvent éprouver des changements pour diverses causes, telles que :

Les changements de culture, les démolitions, les constructions, la diminution ou l'augmentation de la prime, les mutations de propriétaires par vente ou décès, etc. Tous ces changements à une Police, ou seulement l'un d'eux, font l'objet d'un Avenant.

Leur forme.

Art. 76. L'Avenant porte le numéro de la Police qu'il a modifiée.

Les Avenants sont faits sur des imprimés fournis par la Compagnie, et sont rédigés en autant d'originaux que les Polices. Ils énoncent les motifs et les effets du changement, et, de même que les Polices, ils sont datés du chef-lieu de l'Agence et signés par les parties.

Une des ampliations est annexée à la Police qu'il concerne, une autre est transmise à la Direction, et la troisième est remise à l'Assuré.

Leurs numéros d'ordre.

Art. 77. Lorsqu'il est fait successivement plusieurs Avenants à une même Police, on les distingue par ces mots : *Avenant n° 1, Avenant n° 2*, etc.

Art. 78. Un Avenant ne peut s'appliquer collectivement à plusieurs Polices ; il faut faire autant d'Avenants qu'il y a de Polices à modifier.

On ne peut faire d'Avenant collectifs.

Art. 79. Les Agents ne peuvent souscrire, sans l'approbation du Direc-teur général, d'Avenant aux assurances exceptionnelles, c'est-à-dire qui ont eu besoin de cette même autorisation.

Avenants soumis à l'approba-tion de la Compagnie.

Art. 80. Ils ne peuvent, dans aucun cas, souscrire d'Avenant aux Polices qui n'appartiennent pas à leur Agence.

Avenants interdits.

Art. 81. Le coût d'un Avenant à payer par l'Assuré est d'un franc.

Coût de l'Avenant.

Art. 82. Lorsque des changements, réductions ou augmentations sont demandés par les Assurés, MM. les Agents doivent, avant de les admettre, s'enquérir avec soin si ces demandes sont bien motivéss et si les primes échues ont été payées ; dans le cas contraire, l'Avenant est ou rejeté ou ajourné.

Cas de rejet ou d'ajournement de l'Avenant.

Art. 83. En cas de mutation totale, le nouveau propriétaire est substi-tué aux droits et obligations de l'ancien, à la charge par lui de faire la déclara-tion de la mutation à l'Agent de la Compagnie dans l'arrondissement duquel se trouvent les objets assurés. Cette substitution s'opère également par un Ave-nant fait seulement en double expédition, dont l'une est annexée à la Police, et l'autre remise au nouveau propriétaire.

Déclaration à faire par le nou-veau propriétaire, en cas de mutation totale ou partielle.

Mais, si la mutation n'est que partielle, l'Avenant sera fait en quadruple original : l'un pour le vendeur, l'autre pour l'acheteur, et les deux autres pour la Compagnie et l'Agent.

Art. 84. *Les résiliations pures et simples*, c'est-à-dire sans remplacement par une autre Police, et les annulations s'opèrent par Avenants ; mais ces résiliations et annulations ne peuvent être faites, consenties ou notifiées par un Agent sans une autorisation spéciale du Directeur.

L'Avenant de résiliation pure et simple ou d'annulation est soumis à l'autorisation préa-lable du Directeur.

Dans le premier cas, l'Assuré doit les frais de l'Avenant s'il est le provoca-teur de la résiliation, et, dans le deuxième cas, il ne les doit qu'autant que la cause d'annulation provient de son fait.

Cas dans lesquels l'Assuré sup-porte les frais de cet Ave-nant.

Les autres instructions en matière d'Avenant seront traitées dans leur ap-plication spéciale à chacune des Compagnies, 2ᵉ partie, titres 1 et 2.

CHAPITRE VII

Du Recouvrement des Primes.

Art. 85. L'Assurance n'a d'effet qu'après le paiement de la prime. D'après ce principe, l'Assuré doit payer comptant, contre la remise de la Police, la prime de la première année, si l'Assurance est faite pour plusieurs années.

Primes au comptant

Primes des années suivantes. Leurs quittances extraites d'un registre à souche.

ART. 86. Les primes des années suivantes se paient chaque année sur des quittances à souche signées par l'Agent général.

A cet effet, l'Agent devra remplir ces quittances dans le mois qui précède leur échéance, en ayant soin de remplir en même temps le talon de la souche.

Les quittances doivent être détachées de la souche en coupant par le milieu la ligne transversale qui contient ces mots : *L'Abeille Bourguignonne.*

Toute quittance extraite de la souche doit pouvoir être représentée aux Inspecteurs, soit par le montant en numéraire inscrit au livre de caisse, soit par la quittance elle-même, soit enfin par un reçu de Sous-Agent qui prouve qu'elle est entre ses mains en recouvrement.

Ce registre à souche facilite aux Agents généraux le contrôle de leurs opérations.

Quittances irrécouvrables.

ART. 87. Les quittances non payées qui sont irrécouvrables sont retournées à la Direction, avec annotation épinglée du motif de leur non-valeur.

La date des quittances ne doit être mise que le jour même où elles sont payées.

ART. 88. La date des quittances reste en blanc et ne doit être mise, par l'Agent général, que le jour même où elle lui est payée.

Les primes sont portables et non quérables.

ART. 89. Pour le département de la Côte-d'Or, les primes sont payables au bureau de la Direction générale ; et, pour les autres départements, au domicile de l'Agent général de l'arrondissement où la Police a été souscrite.

L'usage de présenter les quittances à domicile n'est pas une renonciation aux conditions générales de la Police.

ART. 90. Cependant la Compagnie, pour rendre les recouvrements plus prompts et plus faciles, engage ses Agents à faire présenter les quittances à domicile lors de l'échéance, mais sans entendre déroger en cela aux conditions de la Police, qui rendent formellement la prime portable au domicile de l'Agent.

Le non-paiement ne dégage point l'Assuré.

ART. 91. L'Assuré qui n'a pas payé sa prime annuelle à l'époque fixée ne peut, s'il éprouve un sinistre avant d'être libéré, réclamer aucune indemnité (art. 6 Police *Grêle* et Police *Incendie*). Mais de ce que les effets d'assurance se trouvent ainsi suspendus par son fait, il n'en résulte pas qu'il se trouve délié de ses engagements envers la Compagnie. Celle-ci, au contraire, se réserve en pareil cas la faculté ou de résilier l'assurance, ou d'en exiger la continuation en poursuivant le paiement de la prime par toutes les voies de droit.

Devoir de l'Agent de faire avec exactitude le recouvrement des primes.

ART. 92. Il suit de ce qui précède qu'il est pour les Agents d'un devoir rigoureux de faire le recouvrement des primes avec exactitude, car il importe de ne pas laisser les Assurés dans une fausse sécurité, et d'éviter à la Compagnie, en cas de sinistre, la nécessité d'opposer des refus d'indemnité qui produisent toujours un fâcheux effet.

Non-valeurs.

ART. 93. Lorsque les primes ne sont pas acquittées aussitôt les échéances, il faut examiner si elles ne sont pas dans le cas d'être portées en non-valeur.

Poursuites contre les retardataires.

ART. 94. Dans le cas contraire, on doit en poursuivre la rentrée devant la juridiction du domicile de l'Agent général.

A cet effet, l'Agent devra se pourvoir de l'autorisation et d'un pouvoir spécial du Directeur général.

Art. 95. Les poursuites contre les retardataires doivent avoir lieu dans le mois de juin au plus tard (art. 6 Police *Grêle*), et dans la quinzaine qui suit le délai de grâce accordé par l'art. 6 Police *Incendie.* Délai de rigueur.

Art. 96. Elles sont précédées de deux avertissements dont la Compagnie pourvoit ses Agents. Lettres d'avertissement.

Art. 97. Si, après avoir reçu les deux lettres d'avertissement, l'Assuré persiste à ne point se libérer, on le fait appeler par-devant le juge de paix du domicile de l'Agent au moyen d'une lettre émanée de ce magistrat. Poursuites.

En cas d'inefficacité de cette mesure, et si la demande n'excède pas 200 fr., on fait citer le retardataire par ministère d'huissier devant le même juge de paix.

Si, au contraire, la demande excède 200 fr., c'est-à-dire la compétence du juge de paix, une distinction est à faire : si l'Assuré est commerçant, et si les objets de l'Assurance font partie de son commerce, on le fait assigner directement devant le tribunal de commerce du domicile de l'Agent signataire de la Police ; sinon, on le fait citer en conciliation devant le juge de paix, pour, en cas de non-conciliation, procéder ensuite devant le tribunal de première instance.

Art. 98. Avant la délivrance de l'exploit, l'huissier sera prié d'adresser lui-même une dernière lettre d'avertissement. Dernier avertissement donné par l'huissier préalablement aux poursuites.

Art. 99. Dans l'intérêt de l'*Abeille Bourguignonne*, il faut borner autant que possible les actes de rigueur ; en conséquence, s'abstenir de diriger des poursuites pour une prime au-dessous de 5 francs ; et, si dans une commune, il y a des retardataires, on ne les fera pas citer tous à la fois : on commencera par le plus influent, afin que sa condamnation serve d'exemple aux autres et les détermine à se libérer. Eviter, autant que possible, de multiplier les actes de rigueur.

Art. 100. L'Agent général ne doit jamais employer le ministère d'un défenseur devant le juge de paix pour poursuivre la rentrée des primes ; il doit s'y présenter lui-même nanti des pouvoirs du Directeur général. Interdiction d'employer des défenseurs devant des tribunaux de paix.

Art. 101. Il doit constamment tenir la Direction au courant des poursuites, afin qu'elle avise soit à les continuer, soit à les arrêter pour éviter des frais irrecouvrables. L'Agent doit tenir le Directeur au courant des poursuites.

Art. 102. En cas de mutation totale ou partielle, l'Agent ne doit recevoir la prime offerte par le nouveau propriétaire qu'après lui avoir transféré l'assurance par un Avenant ou une nouvelle Police. Et, dans le cas où le nouveau propriétaire refuserait de souscrire l'Avenant ou la Police, l'Agent poursuivrait le paiement de la prime contre l'ancien propriétaire, conformément aux conditions générales de la Police. Cas de refus de la prime offerte par le nouveau propriétaire.

Art. 103. Dans le but d'éviter toute surprise en cas de sinistre, il est expressément interdit aux Agents, sous leur responsabilité, de recevoir aucune prime pour des Assurances souscrites à une autre Agence. Défense de recevoir aucune prime pour des assurances souscrites à une autre Agence.

Responsabilité de l'Agent pour défaut de recouvrement ou de poursuites.

Art. 104. L'Agent général en retard de recouvrement pourra, par délibération du Conseil d'administration, et sauf les explications du comptable, lesquelles seront fournies par écrit, être définitivement constitué débiteur envers la Compagnie :

1° De celles des primes au comptant que, dans les trois mois à partir de la date de la Police, il n'aura point encaissées, ou que, dans le même délai, il n'aura point fait figurer sur le bordereau mensuel d'annulation ;

2° De celles des primes échues des années suivantes dont il n'aura pas fait l'encaissement dans le même délai à partir de l'échéance quant à celles *Grêle* (art. 6 de la Police), et à partir de l'échéance du délai de grâce quant à celles *Incendie* (art. 6 de la Police), et pour la rentrée desquelles il ne justifiera pas des mesures prescrites par l'art. 94 ci-dessus.

CHAPITRE VIII

Sinistres.

Cette matière, qui comprend la déclaration à faire par le sinistré, l'expertise, les frais d'expertise, le réglement et le paiement de l'indemnité, offrant quelques dispositions communes aux deux Compagnies, ces mêmes dispositions vont faire l'objet des deux sections suivantes ; le surplus sera traité dans ses applications spéciales à chaque Compagnie (2ᵉ partie).

SECTION PREMIÈRE

DES EXPERTISES.

Dispositions générales.

Art. 105. Il y a dans l'expertise de tout sinistre deux écueils à éviter avec soin : le trop de facilité ou le trop de sévérité. Si, d'un côté, il faut toujours avoir présent à l'esprit qu'un contrat d'assurance n'est qu'un contrat d'indemnité qui, sous aucun prétexte, ne doit procurer de profit à celui qui s'assure, d'un autre côté, il faut, dans de sages limites, et notamment lorsque le sinistre est de peu d'importance, savoir éviter tout ce qui peut, avec quelque apparence de raison, faire passer l'administration pour rigoureuse ou tracassière ; mais il y aurait faiblesse à ne point résister à des prétentions en opposition évidente avec les conditions de la Police.

L'impression que produit cette fermeté s'efface vite, et l'éloge l'a bientôt remplacée lorsque la Compagnie s'est acquittée avec loyauté et promptitude de ses obligations.

ART. 106. Le choix des experts exige toute l'attention des Agents ; il faut que l'expert de la Compagnie joigne aux connaissances spéciales à l'objet de l'expertise une probité reconnue et un caractère honorable. Il peut, au besoin, être pris hors du lieu du sinistre. Choix des experts.

ART. 107. Pour estimer les dommages causés par la grêle, on s'adresse à des propriétaires ruraux ou à des cultivateurs éclairés ; il en est de même lorsqu'il s'agit d'incendie en matière de récoltes en meules ou engrangées, de mobilier aratoire, de bestiaux, etc. Choix des experts *grêle.*

ART. 108. Pour estimer les dommages éprouvés par les bâtiments incendiés, l'expert doit être pris parmi les personnes familières avec les travaux de construction, telles qu'architectes, entrepreneurs, maçons, charpentiers. Pour les usines et fabriques et pour les marchandises, on désigne des commerçants, des fabricants ou des constructeurs de métiers connaissant le genre d'affaires ou d'industrie de l'Assuré. Choix des experts *incendie.*

Quant aux mobiliers de ménage, les personnes aptes sont les commissaires-priseurs, les marchands de meubles, tapissiers et fripiers.

ART. 109. La nomination des experts se fait par un compromis conforme aux modèles nos 10 *Grêle* et 45 *Incendie;* il doit être signé par l'Agent, le sinistré et les experts, avant toute opération. Formes de la nomination des experts.

ART. 110. Si le sinistré refuse de concourir à cette nomination, ou s'il veut faire insérer dans le compromis des clauses ayant pour but de dénaturer l'expertise, l'Agent se pourvoit devant le juge compétent pour faire nommer d'office l'expert du sinistré (art. 11 Police *Grêle* et 24 Police *Incendie*).

Dans ce cas, la Police remise aux experts leur sert de compromis.

ART. 111. S'il y a lieu d'appeler un tiers expert, l'Agent examinera s'il doit se prévaloir des art. 10 Police *Grêle* et 18 Police *Incendie* pour exiger que ce tiers expert soit choisi hors du lieu où réside le sinistré.

ART. 112. Les Agents doivent péremptoirement refuser de faire procéder à toute expertise ou reconnaissance de dommage lorsque le sinistré sera en retard du paiement de sa prime (art. 9 Police*Grêle* et 6 Police *Incendie*). Devoir de refuser l'expertise en cas de retard dans le paiement de la prime.

ART. 113. Cette opération sera seulement ajournée jusqu'à la décision de la Compagnie, lorsque le sinistré se trouvera dans un des cas de nullité ou de déchéance prévus par la Police. Ajournement de l'expertise dans les cas de nullité ou de déchéance.

ART. 114. L'Agent doit veiller à ce qu'aucune fausse désignation ou erreur ne soit commise au préjudice de l'une ou de l'autre des parties. Il requerra, au besoin, les experts de faire au sinistré ou à toute autre personne toutes interpellations qu'il jugera utiles et convenables, et d'en faire mention ainsi que des réponses dans le procès-verbal. Surveillance des opérations des experts, interpellations, protestations.

Il exigera aussi, selon les circonstances, l'insertion de tous dires, protestations, réserves, etc., dans l'intérêt de la Compagnie, et veillera enfin à ce que l'expertise soit régulièrement faite et n'occupe que le nombre de vacations strictement nécessaires.

Instructions préliminaires à donner aux experts.

Art. 115. Chacun des articles d'une même Police devant être considéré comme formant une assurance distincte, les experts auront à faire autant d'estimations qu'il y aura de sommes partielles assurées par la même Police.

Art. 116. Les experts n'ont point à s'immiscer dans la fixation de l'indemnité, leur mission est de se borner à reconnaître et à constater l'importance des dommages, sans se préoccuper de savoir par qui et dans quelle proportion les pertes seront supportées. Ils doivent donc simplement résoudre les questions qui leur seront posées; c'est ensuite entre la Compagnie et le sinistré que se règle définitivement l'indemnité, conformément aux clauses de la Police.

Caractère de l'expertise.

Art. 117. En un mot, n'étant point arbitres, ils ne prononcent sur rien; leurs opérations consistent en un avis motivé que les parties peuvent accepter, modifier ou refuser en toute ou en partie, et qui sert de document au juge en cas de contestation.

Tiers expert.

Art. 118. S'il y a lieu d'appeler un tiers expert, il a toute indépendance de son opinion, sans être tenu d'adopter celle de l'un ou de l'autre de ses collègues; mais il concourt avec eux à la délibération qui se prend à la majorité des voix. Il peut même exiger que tout ou partie de l'opération des deux autres experts soit recommencée.

Art. 119. Si les deux experts ne peuvent s'entendre sur le choix du tiers expert, ils renverront par la clôture de leur procès-verbal les parties à se pourvoir devant qui de droit.

Forme des procès-verbaux d'expertise.

Art. 120. Les procès-verbaux d'expertise sont faits en double sur les *imprimés* destinés à cet usage; ils sont légalisés par le maire du lieu du sinistre ou par le maire du domicile de l'Agent général. Un des doubles est délivré au sinistré, l'autre est envoyé à la Compagnie. Modèles n°s 11 *Grêle* et 46 *Incendie*.

Art. 121. D'après les dispositions des art. 10 Police *Grêle* et 18 Police *Incendie*, les experts sont dispensés de toutes formalités judiciaires. En conséquence, ils ne prêtent point serment; ils ne sont point tenus de rédiger leur procès-verbal sur les lieux, et ne doivent point le déposer au greffe ni le faire enregistrer.

Frais de l'expertise, de quoi ils se composent; ils sont totalisés pour être supportés par moitié entre la Compagnie et l'indemnisé.

Art. 122. Dans tous les cas d'expertise définitive, et aussitôt qu'elle est terminée, l'Agent doit dresser l'état des frais qu'elle a occasionnés.

Ces frais, qui, aux termes des art. 11 et 20 Polices *Grêle* et *Incendie*, sont totalisés et supportés par moitié (1) entre la Compagnie et le sinistré, se composent :

1° Des honoraires et déboursés dus aux experts, soit d'après leur qualité indi-

(1) *NOTA BENE.* — Une récente décision du Conseil d'administration de la Compagnie *Grêle* vient de modifier ainsi le premier alinéa de l'art. 11 de la Police : « Chacune des parties supporte « les frais par elle faits pour parvenir à l'expertise, lorsque celle-ci alloue une indemnité (c'est-à- « dire lorsque la perte est au moins d'un vingtième) ; autrement tous les frais sont à la charge de la « partie qui a provoqué cette mesure. »

viduelle, soit d'après l'usage des lieux, mais jamais au-delà de ceux alloués par le tarif judiciaire en matière civile.

Ce tarif alloue pour les départements 3 fr. par vacation de 3 heures aux artisans, aux laboureurs, et 6 fr. aux architectes et aux autres artistes; de plus, il leur est alloué pour frais de voyage et nourriture, aux premiers 3 fr., et aux seconds 4 fr. 50 c. par myriamètre (deux lieues et demie).

Pour toute distance parcourue au-delà de deux myriamètres, il ne peut être compté que quatre vacations par jour.

Lorsque l'expert du sinistré aura déclaré ne point vouloir d'honoraires, l'Agent veillera à ce que mention en soit faite au procès-verbal, s'il en est dressé, et, dans le cas contraire, à ce que cette déclaration soit constatée en toute autre forme, mais de manière à la rendre irrévocable;

2° Des frais personnels de l'Agent et de ceux de l'Inspecteur, lorsqu'il en est accompagné, pour leur transport, retour et consommation de bouche.

Les frais de transport et retour, tant de l'Agent que de l'Inspecteur, ne se calculent au plus qu'à partir du siége de l'Agence.

La note de ces frais et de ceux de bouche doit être établie sur les imprimés fournis par l'Administration.

ART. 123. Chaque article de dépense excédant 5 francs doit être appuyé d'une quittance justificative délivrée par la partie prenante, pour être annexée audit état, lequel doit être joint lui-même au dossier du réglement.

Justifications, par quittance de chaque article de dépense excédant 5 francs.

ART. 124. Toutes les prescriptions contenues dans l'article qui précède sont obligatoires, et les Agents sont priés de s'y conformer. Toute contravention aurait pour effet:

Contraventions. — Ses effets.

1° Le rejet de la dépense non justifiée;

2° L'ajournement du réglement définitif du sinistre, et par conséquent du paiement de l'indemnité. L'Agent demeure avec raison responsable des conséquences de ce retard; car, pour être présenté au Conseil d'administration, le dossier d'un sinistre doit être complet, non-seulement pour les pièces réglementaires qui ont servi à l'expertise, mais encore pour les frais; et, en effet, le principal et les frais sujets à être ordonnancés ne doivent pas l'être séparément.

ART. 125. Toutes les dépenses relatives à un sinistre sont payées par la caisse de l'Agence, lors même que les opérations auraient été dirigées par un Inspecteur avec ou sans la présence de l'Agent. A cet effet, lorsque l'Agent opérera concurremment avec l'Inspecteur, il soldera, sur l'ordre de celui-ci, les frais qui seront faits, et lorsque l'Inspecteur aura procédé seul au réglement, l'Agent lui remboursera les dépenses sur le vu et en échange des pièces justificatives dont il a été parlé précédemment, et il les joindra au dossier de réglement.

SECTION II

DU RÉGLEMENT DÉFINITIF DU SINISTRE ET DU PAIEMENT DE L'INDEMNITÉ.

Envoi du dossier de réglement à la Direction.

ART. 126. Aussitôt l'expertise terminée, l'Agent envoie à la Compagnie toutes les pièces réglementaires relatives à l'expertise, telles que la déclaration de sinistre, l'état détaillé des pertes, le compromis ou la nomination des experts, le procès-verbal d'expertise, les originaux des exploits qui ont pu être signifiés ; il joint aussi à cet envoi l'état des frais.

Fixation de l'indemnité par le Conseil d'administration.

ART. 127. Lorsque toutes les pièces relatives à un sinistre ont été remises à la Direction générale, le Conseil d'administration examine si elles sont régulières et détermine le montant de l'indemnité.

Si, au contraire, il y a lieu à observation, si l'expertise est sujette à rectification, ou si un arbitrage devient inévitable, l'Agent reçoit les instructions nécessaires.

Interdiction de payer l'indemnité sans ordonnancement du Conseil d'administration. Obstacles au paiement.

ART. 128. Aucune indemnité de sinistre ne peut être payée sans avoir été ordonnancée par le Conseil d'administration.

ART. 129. Le paiement est fait comptant, à moins qu'il n'existe du chef du sinistré un empêchement ou une incapacité légale de recevoir.

Cas d'empêchement.

ART. 130. Le cas d'empêchement est une saisie-arrêt ou opposition.

Exemples de cas d'incapacité légale.

ART. 131. Les cas d'incapacité légale sont *notamment* :

1° Une minorité ou interdiction non pourvue de tutelle ;

2° Une faillite ou déconfiture ;

3° Une succession vacante ;

4° Une indivision ;

5° Une mise sous l'assistance d'un conseil judiciaire ;

6° Un état notoire d'imbécillité, de démence ou de fureur.

Défense de donner ni signature ni visa sur aucun exploit.— Tenue d'un registre spécial.

ART. 132. Si, avant ou après le sinistre, il est signifié à l'Agent des saisies-arrêts ou oppositions, des cessions, transferts ou tous autres actes, il ne doit donner aucun visa ni signature ; il se borne à recevoir les exploits et à les mentionner en tête des Polices qu'ils concernent. La même mention sera faite dans la colonne d'observations du registre des Polices, et finalement reproduite sur un registre spécial tenu par ordre alphabétique, indiquant en premier ordre le nom patronymique du débiteur ou du cédant et le numéro de la Police. (Voir modèles nos 25 Compagnie *Grêle* et 70 Compagnie *Incendie*.)

Cette mesure a pour but de faciliter les recherches, de manière à prévenir l'irrégularité des paiements et à mettre ainsi à couvert la responsabilité de la Compagnie vis-à-vis des tiers.

Ces formalités remplies, l'Agent transmettra immédiatement les exploits à la Compagnie, après y avoir émargé le numéro et la date de la Police, l'indication de l'Agence et le nom de l'assuré.

CHAPITRE IX

Des Transactions.

Aʀт. 133. Si, pendant ou avant l'expertise, l'Agent estime qu'il sera plus avantageux de transiger, il peut, sauf l'approbation de la Compagnie, faire des propositions à l'Assuré et en rendre compte au Directeur, en lui faisant connaître les motifs qui lui font préférer ce mode de réglement. Néanmoins, il ne faut l'employer qu'en connaissance de cause, c'est-à-dire lorsque l'incertitude ne porte que sur un dommage peu important et sur l'indemnité duquel on est à peu près fixé.

Au surplus, cette matière recevra plus tard ses applications spéciales à chacune des Compagnies.

On se borne à ajouter ici que l'expertise n'étant jamais obligatoire pour l'Assuré ni pour la Compagnie, et ne dérogeant en rien à leurs droits respectifs, qui leur demeurent toujours réservés, il peut souvent convenir autant aux intérêts de l'Assuré qu'à ceux de la Compagnie de terminer à l'amiable les difficultés. Dans ce cas, après s'être renseigné sur le mérite des prétentions respectives des parties, sur l'importance du dommage et sur la valeur des fins de non-recevoir ou des exceptions que peut invoquer la Compagnie, on peut établir les bases de l'arrangement, que l'on doit toujours soumettre à son approbation, en l'accompagnant de renseignements spéciaux.

Transaction après ou sans expertise. — Ses bases doivent être soumises à l'approbation de la Compagnie.

Aʀт. 134. Au reste, toute transaction faite après ou sans expertise est expressément subordonnée à la ratification de la Compagnie, lors même qu'elle en aurait approuvé les bases.

Ratification par la Compagnie.

Les frais de la transaction sont à la charge des parties, chacune pour moitié.

CHAPITRE X

De la Comptabilité.

Aʀт. 135. La comptabilité des Agents généraux est établie, pour chaque Compagnie, par deux registres que l'Administration leur fournit, et dont la tenue régulière leur est prescrite, savoir :

Registres à tenir.

1° Un registre *des Polices*, destiné à inscrire les Polices ou assurances souscrites par l'Agent ;

Registre des polices.

Registre de caisse.

2° Un registre *de Caisse*, destiné à inscrire les recettes et les dépenses que l'Agent à faites pour le compte de la Compagnie.

Ces deux registres sont cotés et paraphés par la Direction générale, et doivent être arrêtés par l'Agent à la fin de chaque mois, suivant la formule indiquée aux modèles qui seront à la suite des présentes Instructions.

Registre de quittances à souche.

Indépendamment de ces deux registres, les Agents généraux sont nantis d'un registre de quittances *à souches* dont l'emploi est indiqué à l'article 86.

Manière de tenir le registre des Polices.

Art. 136. Les Agents généraux doivent inscrire *jour par jour*, et par ordre de dates et de numéros, sur le registre des Polices, toutes les assurances souscrites, en ayant soin de laisser en blanc toutes les colonnes des *primes à recouvrer*, lesquelles ne sont remplies qu'au fur et à mesure des paiements.

Cette manière de procéder fait apercevoir d'un seul coup d'œil aux Agents les primes arriérées de leur agence.

L'enregistrement des Polices est fait sommairement, sans blanc, ni lacune, ni interligne.

Inscription des Polices.

Art. 137. L'inscription des Polices est faite par deux séries de numéros: l'une, placée *à droite*, est celle de la Direction générale, et l'autre, placée *à gauche*, est celle de l'Agence.

Pour que les numéros des deux séries et les dates des assurances soient toujours correspondants, c'est au moment même de la confection des Polices que doit avoir lieu leur enregistrement, et non lorsqu'elles reviennent signées par les Assurés.—Les Agents doivent s'abstenir de bisser les numéros des Polices.

Dans le cas où une police restera sans effet, elle sera annulée, conformément à l'art. 139 ci-après.

Inscription des Polices anticipées.

Art. 138. Quand il se présente des Polices anticipées ou dont les primes sont payables postérieurement au mois de leur inscription, il faut néanmoins les inscrire au registre des Polices à la date où elles sont faites et sous leur numéro d'ordre, mais en ayant soin de remplir par des guillemets toutes les colonnes destinées à l'inscription des valeurs assurées et des primes, et en mettant à la colonne des observations ces mots : *Assurances anticipées, primes payables le*..... (date de l'échéance). On procède ensuite à une seconde inscription complète en tête du mois dans lequel le paiement des primes doit avoir lieu. Les primes payées annuellement sont portées à cette seconde inscription, la première ne servant que pour *mémoire* et pour donner aux Polices les numéros d'ordre, qui, autrement, seraient interrompus (1).

Exemple : une Police faite en septembre a sa prime payable en novembre.

---

(1) Pour la facilité de cette seconde inscription, on recommande à l'Agent l'usage d'un cahier mémento de douze pages contenant chacune un des mois de l'année, et destiné à classer ces Polices par le mois dans lequel elles prennent cours, quelle que soit l'année.

En consultant le premier de chaque mois tant ce mémento que la première inscription faite sur le registre même des Polices, l'Agent aura la certitude de ne commettre ni oubli ni omission.

La deuxième inscription étant faite sur ce registre, on bâtonne la mention sur le mémento.

On inscrit d'abord cette Police à son numéro d'ordre, au mois de septembre, sans émarger aucune somme, et on met à la colonnne d'observations : *Police anticipée, prime payable.... novembre;* puis, en novembre, on inscrit cette Police en tête du mois, en lui laissant le numéro d'ordre sous lequel elle a été inscrite en septembre. *Cette seconde inscription, faite à l'encre rouge, indique que la Police a été faite antérieurement, et explique ainsi pourquoi le numéro d'ordre est en dehors de la série.*

De cette manière, le registre des Polices sert en même temps de *carnet d'échéance,* car il suffit de faire le relevé des primes de tous les mois correspondants dont il s'agit d'opérer les recouvrements, pour avoir l'état exact des primes à encaisser chaque mois.

ART. 139. Lorsqu'une Police est annulée, résiliée ou modifiée ; lorsqu'il y a renouvellement, remplacement, réassurance, communauté de risques, etc., on fait mention de ces circonstances dans la colonne d'observations du registre. *Mentions diverses à faire.*

Lorsqu'une assurance est souscrite en vertu d'une autorisation spéciale de la Compagnie, il en est également fait mention.

Toutes les fois qu'une Police est devenue sans effet, on peut barrer la ligne d'un léger trait de plume horizontal, en laissant subsister néanmoins le motif de l'annulation dans la colonne d'observations.

ART. 140. Le *livre de caisse* sert à inscrire toutes les recettes et dépenses que l'Agent a été autorisé à faire pour le compte de la Compagnie. Ce registre doit, *Tenue du livre de caisse.* comme celui des Polices, être tenu *jour par jour,* sans blanc, ni lacune, ni interligne, et être aussi arrêté à la fin de chaque mois.

La recette des primes doit être inscrite article par article, avec indication de l'année à laquelle chaque prime payée est afférente.

On ajoute à la première année, mais par article séparé, le coût de la Police et de la Plaque.

ART. 141. Le dernier jour de chaque mois, les Agents généraux, après avoir arrêté leurs registres, dressent leurs comptes avec la Compagnie. *Comptabilité mensuelle.*

ART. 142. A cet effet, l'administration leur fournit des bordereaux imprimés *Bordereaux.* dont ils sont tenus de faire emploi. Ils doivent les dater et les signer.

Ces bordereaux n'étant point tous d'un usage commun aux deux Compagnies, ils seront énumérés et expliqués aux titres 1 et 2 de la seconde partie, par application spéciale à la comptabilité de chacune d'elles.

ART. 143. Toutes les pièces comptables doivent être adressées à la Direction *Délai pour l'envoi des pièces comptables.* générale, à Dijon, du *cinq* au *dix* de chaque mois, sans que cet envoi puisse jamais être retardé pour quelque cause que ce soit.

Les Polices et toutes autres pièces qui ne seraient pas rentrées seront remises pour la comptabilité du mois suivant.

ART. 144. Cet envoi doit être annoncé par une lettre d'avis séparée, donnant *Lettre d'avis.* le détail de l'envoi. Dans cette même lettre, les Agents devront rendre un compte sommaire de la situation de leur agence, des améliorations qu'ils y ont apportées et des succès qu'ils espèrent retirer de leurs efforts.

Envoi de fonds.   Art. 145. Les fonds provenant de la balance du décompte de la fin de chaque mois devront être versés du 1er au 5 du mois suivant, de la manière indiquée à l'art. 156.

Cet envoi ne doit jamais être différé.   Ce paiement ne doit jamais être différé, quelque minime que puisse être le solde en caisse.

Pas même en vue de paiement de sinistres.   Art. 146. La Compagnie se chargeant de fournir les fonds pour le paiement des sinistres, MM. les Agents ne devront pas retenir ou conserver en mains les fonds de leur comptabilité dans le but de les appliquer aux sinistres.

Recouvrement des primes pour une autre Agence.   Art. 147. Lorsqu'un Agent général se charge, par obligeance, de recouvrer des primes pour un autre Agent, il ne doit pas faire figurer ces pièces dans son compte, mais s'entendre avec son collègue pour lui faire tenir le montant de ces recouvrements.

Bordereau négatif.   Art. 148. Lorsqu'il n'aura été fait aucune opération dans le courant d'un mois, l'Agent devra en donner avis à la Compagnie, par lettre, en se servant des imprimés destinés à cet usage.

Art. 149. Egalement, si, dans le courant d'un mois, il n'a été effectué aucune annulation, changement ou renouvellement de Police, il faut en donner avis à la Compagnie, soit en lui adressant un bordereau négatif certifié, soit en faisant mention de cette circonstance au bas du bordereau n° 1.

Comptabilité avec les Sous-Agents.   Art. 150. Indépendamment de leur comptabilité avec la Direction générale, les Agents généraux sont invités à tenir un compte courant régulier avec chacun de leurs Sous-Agents. Ils y porteront les primes et quittances dont ils leur confieront le recouvrement, les versements qu'ils recevront en retour, et les commissions et bonifications dont ils sont convenus avec eux.

Recouvrements par les Sous-Agents.   Art. 151. Il est recommandé aux Agents généraux de ne jamais remettre à leurs Sous-Agents des quittances de primes à recouvrer en trop grande quantité, et surtout de ne pas leur en confier de nouvelles avant qu'ils n'aient rendu compte de celles précédemment remises.

Inspection de la comptabilité des Sous-Agents.   Art. 152. Toute la comptabilité relative aux Sous-Agents doit être représentée aux Inspecteurs avec toutes les autres pièces, livres, registres et papiers de l'Agence.

Ecritures personnelles de l'Agent.— En éviter la confusion avec celles de la Compagnie.   Dans aucun cas les écritures relatives à la gestion de l'Agence ne doivent être confondues avec celles des propres affaires de l'Agent; et les fonds de la Compagnie doivent aussi être mis à part, afin qu'à tout moment ses Inspecteurs puissent en faire la vérification.

CHAPITRE XI

Mode d'envoi des lettres, pièces de comptabilité et Fonds.

Art. 153. Les avis de sinistre par lettres vertes pour la grêle, et rouges pour l'incendie, doivent être pliés en forme de lettre, et envoyés par la poste avec affranchissement, de même que toutes les autres lettres.

Envoi par la poste : Des lettres.

Les imprimés ne contenant d'autre écriture que la date et la signature doivent aussi être envoyés par la poste, mais sous bande, attendu qu'ils jouissent d'une réduction de port, à la condition d'être affranchis au départ.

Des imprimés.

Doivent être également envoyés sous bande par la poste, comme papiers d'affaires, les Propositions, les Polices, les Avenants, les pièces de comptabilité, celles composant le dossier d'un sinistre, les bordereaux et autres documents pour le service des deux Compagnies.

Des papiers d'affaires.

Le port est de 50 centimes pour chaque paquet de 500 grammes et au-dessous.

Au-dessus de 500 grammes, le port est augmenté d'un centime par chaque 10 grammes ou fraction de 10 grammes.

Lorsque le poids de ce qui est adressé à la Direction ne dépasse pas 100 grammes, y compris la lettre d'envoi et l'enveloppe, on affranchit comme d'ordinaire.

Si, au contraire, le poids dépasse 100 grammes et jusqu'à 3 kilogrammes, on en extrait la lettre d'envoi et tout ce qui pourrait avoir le caractère de correspondance; on les affranchit, et on envoie le reste comme papiers d'affaires, suivant le mode indiqué au troisième alinéa du présent article.

Les bandes mises sur les paquets ne doivent pas couvrir plus du tiers de leur surface.

Pour protéger les pièces qu'ils contiennent, les paquets doivent être mis dans une chemise de papier fort ou ciré, mais ouverte par les deux bouts. Si le paquet est un peu volumineux, il faut, de plus, y mettre une ficelle en croix fermée seulement par une rosette que les employés de la poste puissent défaire au besoin.

Si le paquet à expédier dépasse 3 kilogrammes, il doit être déposé aux messageries ou confié à l'administration des chemins de fer.

Messageries ou chemins de fer.

Cependant, avant de prendre cette détermination, surtout pour les localités éloignées du siége de l'*Abeille Bourguignonne*, l'Agent devra s'informer si, avant d'arriver à sa destination, l'envoi doit changer de voiture en route, et, dans ce cas, s'assurer du prix réel du port. Toutefois, si la différence n'est pas sensible, il conviendra alors de diviser l'envoi pour en faire deux paquets, et les confier à la poste, qui offre toujours plus de sécurité et d'exactitude dans son service.

Responsabilité des contraventions.

Art. 154. En cas de contravention par un Agent aux dispositions de l'arrêté du 27 prairial an XI et de la loi du 22 juin 1854, en envoyant des imprimés contenant d'autre écriture que la date et la signature, et en insérant dans un imprimé ou dans un paquet de papiers d'affaires une lettre ou note ayant le caractère d'une correspondance même avec l'Administration, ou pouvant en tenir lieu, il en sera personnellement responsable.

Correspondance distincte pour chaque Compagnie.

Art. 155. Chacune des deux Compagnies ayant sa comptabilité à part, il est expressément recommandé aux Agents généraux de correspondre séparément pour l'une et pour l'autre, afin de ne point mêler leurs affaires dans la même lettre.

Emploi du papier grand format.

Ils emploiront le papier grand format et, autant que possible, bleuâtre pour la grêle, et blanc pour l'incendie, ainsi que le pratique l'Administration elle-même.

Lorsqu'il y aura lieu à l'envoi de deux lettres, elles seront, après avoir été dédoublées s'il est possible, mises sous une seule enveloppe d'un papier tel que la dépêche n'excède pas le poids ordinaire de 7 grammes 1/2.

Adresse des lettres et paquets envoyés à la Direction.

Les lettres et les paquets sont adressés à M. Maas, directeur de l'*Abeille Bourguignonne*, à Dijon. L'adresse des paquets doit porter en outre en suscription : d'un côté, le nom du lieu de départ : *Agence de.....* ; et, de l'autre côté, en gros caractères, le mot *Imprimés.*

Versement des fonds.

Art. 156. Pour opérer la remise des fonds dont ils sont dépositaires, soit pour solde de leur comptabilité mensuelle, soit pour toute autre cause, MM. les Agents doivent en effectuer le versement de la manière suivante :

1° Dans les villes pourvues de banquiers, en un mandat sur Paris, Lyon ou Dijon, à un mois ; — 2° Dans les autres localités, en autorisant la Compagnie à fournir sur eux à vue ou en envoyant leur réglement en un billet également à vue à l'ordre du Directeur ; — 3° Enfin, en un mandat sur la poste, à l'ordre du *caissier* de la Compagnie, M.   . Ce dernier mode ne devra être employé que faute des deux premiers.

L'Administration ne reçoit en paiement aucun effet, mandat ou billet de commerce.

Art. 157. L'administration n'accepte de la part des Agents généraux aucun effet, mandat ou billet de commerce en paiement de leurs comptes. Toute valeur autre que celles indiquées à l'article précédent leur est retournée à leurs frais.

CHAPITRE XII

Dispositions générales d'ordre et de surveillance.

Correspondance de l'Agent.

Art. 158. Chaque Agent doit tenir copie de sa correspondance relative aux affaires de la Compagnie et donner à ses lettres une série suivie de numéros.

Classement de ses lettres.

Il doit classer, par ordre de dates et de numéros, et mettre en liasse toutes les lettres qui lui sont adressées par la Compagnie.

Dans le cas de décès, démission ou révocation d'un Agent, les Polices et Avenants, les plaques, les registres, les imprimés, les copies de lettres, la correspondance de la Compagnie et toutes autres pièces composant le matériel administratif, doivent être remis par l'Agent ou ses ayants-cause à son successeur, ou à l'Inspecteur qui, par ordre de l'Administration, réclamera la remise du service.

Remise du matériel après décès, démission ou révocation.

Art. 159. Pour diminuer les frais de transport des plaques et autres objets matériels nécessaires au service de leur Agence, les Agents sont priés d'éviter autant que possible à la Direction les envois partiels et trop souvent réitérés.

Les Agents ne doivent demander que tous les six mois l'approvisionnement de matériel dont ils ont besoin.

En conséquence, il leur est recommandé de dresser tous les six mois, en janvier et juillet, un état général de leur approvisionnement, sur le vu duquel ils demanderont, par un seul envoi, tous les objets dont ils seront présumés avoir besoin pendant le semestre suivant. Cette demande sera ainsi réitérée de six mois en six mois, en tenant compte chaque fois du restant en magasin.

Il leur est également recommandé, mais sans aucune dérogation aux présentes instructions, d'user le plus possible du bénéfice du poids de 500 grammes dont il vient d'être parlé art. 153, en ne multipliant point sans utilité les petits envois à la Direction.

Doivent, autant que possible, ne pas multiplier sans utilité les petits envois à la Direction.

Art. 160. Les Agents ne peuvent rien faire imprimer, publier ou insérer dans les journaux sans l'autorisation spéciale et expresse de la Compagnie.

Ne peuvent recourir à aucune voie de publicité sans l'autorisation de la Compagnie.

S'il est fait par d'autres Compagnies ou par des particuliers des publications qui puissent intéresser la Compagnie, ils doivent en donner avis au Directeur général.

Art. 161. Lorsque, dans la circonscription d'une Agence, il surviendra des sinistres importants étrangers à la Compagnie, l'Agent devra en donner connaissance à l'Administration par lettre ordinaire, et lui faire connaître toutes les particularités remarquables qu'ils pourront présenter dans leurs causes et leurs effets.

Doivent informer la Direction des sinistres importants, quoique étrangers à la Compagnie.

Art. 162. L'Agent général, à moins d'autorisation spéciale de la Compagnie, ne doit intervenir dans aucun acte ayant pour objet de subroger des tiers aux droits des Assurés, pour quelque motif que ce soit. Il ne doit pas non plus relater ou stipuler de semblables subrogations dans les Polices, soit au moment de leur confection, soit après, par Avenant.

Défense d'intervenir dans aucune subrogation, ni d'en stipuler dans la Police.

FIN DE LA PREMIÈRE PARTIE.

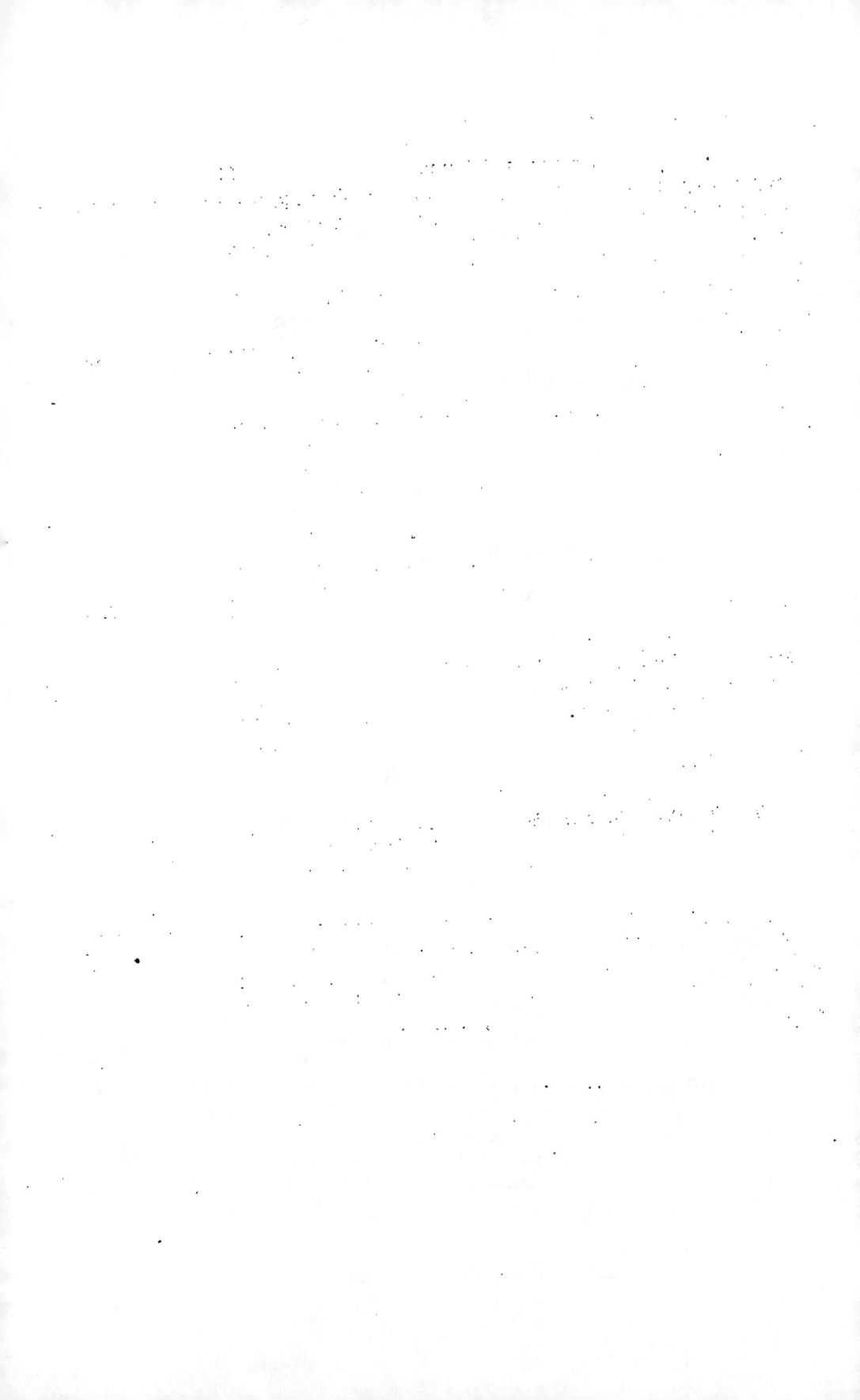

DEUXIÈME PARTIE

INSTRUCTIONS SPÉCIALES

A CHACUNE DES COMPAGNIES.

TITRE PREMIER

COMPAGNIE GRÊLE

Les formes de l'assurance, traitées au chapitre II de la première partie en ce qu'elles ont de commun aux deux Compagnies, sont l'objet des chapitres suivants en ce qu'elles ont de spécial à la Compagnie *Grêle*. Ces chapitres sont donc l'appendice obligé dudit chapitre II, auquel MM. les Agents devront essentiellement se reporter.

CHAPITRE PREMIER

Des Propositions d'assurance et de leur Vérification.

SECTION PREMIÈRE

DES PROPOSITIONS D'ASSURANCE PROPREMENT DITE ; DES PROPOSITIONS D'ASSURANCE SUPPLÉMENTAIRE ; DES PROPOSITIONS D'ASSURANCE ANTICIPÉE OU AVEC EFFET DIFFÉRÉ.

§ 1er

Des Propositions d'assurance proprement dite.

ART. 163. *Observations préliminaires.* — Dans les communes où les primes sont élevées en raison de la fréquence des sinistres, les Agents ne devront faire des assurances que dans une certaine mesure, c'est-à-dire en les éparpillant dans chacune desdites communes, de manière à ne point agglomérer trop de risques dans une même localité. Mais dans les communes où les primes sont les plus faibles, ils opéreront sans limites.

Eviter l'agglomération des risques.

3

Désignation des héritages et évaluation des produits.

ART. 164. Lorsqu'un propriétaire-cultivateur ou un fermier dont la solvabilité est notoire veut faire assurer ses récoltes, il doit remettre à l'Agent de la Compagnie une déclaration contenant l'évaluation de ses produits, et dans laquelle il désigne les métairies, corps de fermes ou labourages, les vergers, les bois, etc. ; leurs noms ou lieux-dits ; leurs contenances en hectares, ares et centiares ; et, s'il est possible, leurs marques et numéros cadastraux, ainsi que deux au moins de leurs tenants et aboutissants, sans néanmoins faire de ces désignations une condition rigoureuse lorsqu'elle pourrait faire avorter ou même simplement faire ajourner l'assurance, sauf à les remplacer par d'autres désignations propres à prévenir toute confusion, erreur ou fraude en cas de sinistre.

Cette déclaration est importante, parce qu'elle sert de base à la promesse qui forme l'engagement synallagmatique entre l'Assuré et la Compagnie. On ne saurait donc apporter trop d'attention à sa confection.

Les désignations devront être faites avec le plus grand soin, afin qu'il ne s'élève pas de difficulté lorsque l'on consultera la déclaration pour reconnaître si les parties endommagées par la grêle sont réellement celles qui ont été assurées. Toute erreur et même toute désignation insuffisante pouvant être préjudiciable à l'Assuré, l'Agent de la Compagnie doit le prévenir lorsqu'il ne croit pas la déclaration bien faite ni assez détaillée.

Vignes.— Recommandation en ce qui les concerne.

ART. 165. Une recommandation importante, et que les Agents ne doivent point perdre de vue, c'est qu'en raison du long temps pendant lequel les vignes restent exposées au fléau, et quelle que puisse être l'élévation de la prime, la Compagnie n'en fait point un objet particulier d'assurance.

Toutefois, l'assurance pourra n'avoir pour objet que des vignes, lorsque les pièces seront isolées les unes des autres, et que l'évaluation de leur produit total n'excédera pas 3,000 fr., sans néanmoins que le total des assurances dans une même commune puisse dépasser 20,000 fr. Au-delà de ces limites, la proposition d'assurance devra être soumise au Conseil d'administration.

Fixation de la prime.

ART. 166. L'évaluation de quantité des divers produits une fois déclarée par le Proposant, et leur appréciation en argent déterminée par lui, il reste à fixer la prime selon les différentes classes auxquelles appartiennent les objets assurés, en leur faisant l'application des tarifs, ainsi qu'il sera expliqué à la section suivante.

En cas d'exagération des quantités et prix, la proposition doit être refusée.

ART. 167. Lorsque les quantités et prix portés par le Déclarant paraîtront hors de toute proportion avec le produit ou avec le prix ordinaire des objets de même nature, l'Agent devra refuser la proposition.

Indication par sommes rondes de dizaines sans unités.

ART. 168. La valeur des articles assurés doit être indiquée par sommes rondes de dizaines sans unités.

Bois taillis.

ART. 169. Lorsqu'il s'agira de bois taillis, la proposition devra indiquer l'âge et la superficie.

Betteraves.

ART. 170. Et lorsqu'il s'agira de betteraves, elle devra indiquer si elles sont plantées par graines ou non.

Art. 171. Un propriétaire ne peut assurer en bloc une partie aliquote de ses récoltes, telle qu'un quart, un tiers ; mais il peut n'assurer que tout ou partie de telle récolte qu'il lui plaît ; ainsi, par exemple, seulement toutes ses parcelles de froment, ou seulement telles parcelles de ses froments, en déclarant excepter les autres de l'assurance.

Mais c'est dans de semblables circonstances que les Agents doivent exiger la plus rigoureuse exactitude dans la désignation ; s'il ne peut y être suppléé de manière à ce que l'identité soit constatée avec certitude en cas de sinistre, l'assurance doit être refusée.

Faculté d'assurance partiell

Rigoureuse exactitude dans
désignation.

§ 2
Propositions d'assurance supplémentaire.

Art. 172. (Voir art. 32.)

Propositions d'assurance su
plémentaire.

§ 3
Propositions d'assurance anticipée ou avec effet différé.

Art. 173. (Voir art. 33 et suivants.)

Propositions d'assurance ant
cipée avec effet différé.

SECTION II
DE LA VÉRIFICATION.

Art. 174. Cette matière étant suffisamment traitée aux art. 37 et suivants, nous ajouterons seulement, en ce qui concerne l'application des tarifs, ce qu'il y a de spécial à la Compagnie *Grêle*.

Vérification.

Art. 175. Pour établir les tarifs, les produits assurables ont été classés par espèces :

Etablissement des tarifs.

1° D'après la nature des objets, selon qu'ils sont plus ou moins susceptibles de résister à la grêle ;

2° D'après le volume qu'ils ont, eu égard à la surface qu'ils présentent à l'attaque du fléau ;

3° D'après l'espace de temps plus ou moins long qu'ils restent exposés à ses chances.

Cependant, quels que soient les soins apportés à une bonne classification des risques, il n'est pas douteux que celle à laquelle on s'est arrêté ne soit susceptible d'une amélioration dont l'expérience sera le meilleur guide.

Dans cette vue, les Agents devront faire connaître, autant que possible, à la Compagnie la statistique de leur contrée, ainsi que tout ce qui pourrait donner lieu à l'élévation ou à l'abaissement de ses tarifs, et, lorsqu'ils pourront se procurer les tarifs des autres Compagnies, ils devront les faire parvenir à la Direction.

L'*Abeille Bourguignonne*, en attendant la statistique de toute la France dont s'occupe le gouvernement, et qui lui permettra d'établir d'une manière définitive ses tarifs, a provisoirement adopté comme modèle-type celui qui suit :

Tarif des Primes *à faire payer dans la circonscription de l'Agent.*

ARRONDISSEMENT de. . . . . .   DÉPARTEMENT de. . . . . . .

1er Risque.   Echelle des Risques divers.

NOM DU CANTON.	PRIME DU CANTON par 100 francs de valeurs assurées en				COMMUNES FAISANT EXCEPTION A LA PRIME CANTONALE.					
	1re Classe.	2e Classe.	3e Classe.	4e Classe.	NOMS DES COMMUNES.	PRIME EN				
						1re Classe.	2e Classe.	3e Classe.	4e Classe.	
	fr. c.	fr. c.	fr. c.	fr. c.		fr. c.	fr. c.	fr. c.	fr. c.	
1er Risque. — Canton de.........	» 50	» 60	2 »	3 »	2e Risque. — Commune de......	» 60	» 90	3 »	4 50	
					3e — Id.	» 80	1 20	4 »	6 »	
					4e — Id.	1 »	1 50	5 »	7 50	
					5e — Id.	1 20	1 80	6 »	9 »	
					6e — Id.	1 40	2 10	7 »	10 50	
					7e — Id.	1 60	2 40	8 »	12 »	
					8e — Id.	1 80	2 70	9 »	13 50	
					9e — Id.	2 »	3 »	10 »	15 »	
					10e — Id.	2 10	3 30	11 »	16 50	

Ainsi de suite, en augmentant par 20 centimes les risques 11e, 12e, 13e, etc., etc., pour la 1re classe, et, pour les autres, suivant les rapports qui existent entre elles.

NOTA. — Les classes comprennent :

1re *Classe* : — Blés, seigles, méteils, maïs, prairies naturelles et artificielles, pommes de terre, betteraves, garance de 2e et 3e année.

2e *Classe* : — Avoine, orge, millet, bois au-dessus de cinq ans.

3e *Classe* : — Betteraves à graine, sarrasin, fèves, lentilles, vesces, pois, haricots et plantes potagères, colza, navette, camelines, moutarde, lin, chanvre, safran, pastel, garance de 1re année, cerises, prunes, abricots, pêches, amandes, noix, châtaignes, fruits à cidre et à couteau, mûres, mûriers, figues, oranges, citrons, oseraies, bois au-dessous de cinq ans.

4e *Classe* : — Vignes, olives, houblons, tabacs.

Les communes dont les noms ne sont pas indiqués dans la colonne ci-dessus sont tarifées à la prime du canton dont elles font partie.

On voit que les différentes natures de production sont divisées en quatre classes.

La prime cantonnale est celle qui s'applique à la commune la moins grêlée et à toutes les autres communes du canton qui sont identiquement dans cette condition.

La prime exceptionnelle s'applique aux autres communes du même canton qui ont été plus maltraitées ; les taux sont conséquemment plus élevés que celui de la prime cantonnale.

Au reste, pour l'une comme pour l'autre prime, le taux est déterminé selon la rareté ou la fréquence des sinistres.

La première colonne contient donc le nom du canton.

La deuxième, la prime cantonnale pour chacune des quatre classes de récolte.

La troisième, le nom des communes auxquelles s'applique la prime exceptionnelle ; et l'on sent que, d'après la règle des inclusions, désigner ces mêmes communes c'est en même temps désigner celles auxquelles s'applique la prime cantonnale, sans qu'il soit besoin de les nommer, raison pour laquelle il ne leur a point été réservé de colonne.

La quatrième, enfin, contient la prime exceptionnelle aussi pour chacune des quatre classes de récolte.

La vérification ainsi faite, la proposition est dressée et présentée à la signature du Proposant (art. 26, et modèle n° 5).

CHAPITRE II

De la Police.

ART. 176. Cette matière, dans son application spéciale aux assurances *Grêle*, se trouvant épuisée dans la première partie, art. 46 et suivants, les Agents voudront bien s'y reporter. Il y est seulement ajouté ici que, par dérogation à l'art. 4 de la Police, qui en fixe la durée à cinq ans au moins, en raison de la concurrence des autres Compagnies qui assurent même pour un an, les Agents pourront suivre cet exemple ; mais ils devront réunir tous leurs efforts pour obtenir, autant que possible, une période de neuf et même de dix années. (Modèle n° 6.)

Police.

CHAPITRE III

Des Réassurances.

ART. 177. (Voir art. 66 et 67.)

Réassurance.

CHAPITRE IV

Du Renouvellement, des Résiliations et Annulations.

SECTION PREMIÈRE

DU RENOUVELLEMENT.

Renouvellement.   **ART. 178.** (Voir art. 68 et suivants.)

SECTION II

DES RÉSILIATIONS ET ANNULATIONS.

Résiliations et annulations.   **ART. 179.** (Voir art. 73 et 74.)

CHAPITRE V

Des Avenants.

Avenants.   **ART. 180.** (Voir art. 75 et suivants, modèle n° 7.)

CHAPITRE VI

Du Recouvrement des Primes.

Recouvrement des primes.   **ART. 181.** (Voir art. 85 et suivants.)

CHAPITRE VII

Des Sinistres, de la Déclaration, de l'Expertise et des Frais d'expertise, et du Paiement de l'indemnité.

SECTION PREMIÈRE

DE LA DÉCLARATION.

Déclaration à fournir par le sinistré.   **ART. 182.** Aux termes de l'art. 7 de la Police, le sinistré est tenu de faire une déclaration conforme au modèle qui lui a été délivré à cet effet en même temps que sa Police, et de l'adresser franco à l'Agent général qui a signé la Police, dans les cinq jours qui suivent le sinistre, sous peine de déchéance.

Cette déclaration doit contenir toutes les énonciations énumérées en l'art. 8, et être visée par le maire de la commune où sont situées les récoltes atteintes par la grêle, lequel atteste dans son visa le fait de grêle. (Modèle n° 8.)

ART. 183. L'Agent doit transmettre immédiatement cette déclaration à l'Administration au moyen d'une lettre *verte*. (Art. 153 et modèle n° 9.)

Sa transmission immédiate à la Direction, au moyen d'une lettre verte.

SECTION II.

DE L'EXPERTISE ET DES FRAIS D'EXPERTISE.

ART. 184. Aussitôt après la déclaration du sinistre, l'Agent doit examiner s'il n'est pas dans l'un des cas de nullité ou de déchéance prévus par l'art. 9 de la Police, qui sont :

Examen préalable des cas de nullité ou de déchéance.

1° Toute fausse déclaration dans la Police portant un caractère de fraude ;

2° Toute dissimulation dans la Police, par l'Assuré, d'une partie de ses produits assurables ; ce qui s'entend de ses produits de même nature situés dans la même commune, et qu'il n'aura pas déclaré excepter de l'assurance ;

3° Toute fraude commise en portant sur la déclaration du sinistre une ou plusieurs parcelles non comprises dans la Police d'assurance ;

4° Toute introduction dans ladite déclaration de récoltes atteintes par la grêle antérieurement à la date de la signature de la Police ;

5° Le défaut de cette déclaration à temps utile ;

6° Enfin, le non-paiement de la prime avant le sinistre.

Si le sinistré se trouve dans l'un de ces cas, l'Agent devra en informer immédiatement la Direction générale et attendre ses instructions.

ART. 185. Il ne peut, sauf le cas où l'importance présumée du dommage ne s'élèverait pas au-delà de 100 fr., faire procéder à l'expertise sans y avoir été préalablement autorisé par une lettre émanant du Directeur général.

Interdiction de faire l'expertise sans autorisation lorsque l'importance présumée du sinistre s'élève au-delà de 100 f.

ART. 186. S'il est à la connaissance de l'Agent que l'un des Inspecteurs de la Compagnie se trouve dans le voisinage, il le prévient immédiatement.

Avertissement à l'Inspecteur qui peut se trouver dans le voisinage.

ART. 187. L'un des premiers devoirs de l'Agent en arrivant au lieu du sinistre est de s'informer de la qualité du terrain, du mode de culture, du rendement, etc., afin de pouvoir assister intelligemment à l'expertise, et faire, au besoin, toutes réquisitions ou observations dans l'intérêt de la Compagnie.

Assistance de l'Agent à l'expertise.

ART. 188. La nomination des experts étant signée des parties (modèle n° 10), si la grêle est tombée à une époque où il est permis d'espérer que le dommage qu'elle a causé se réparera de lui-même, il n'est fait qu'une première expertise pour être suivie d'une seconde quelques jours avant la récolte.

Dans ce cas, les experts indiquent que l'expertise n'est que provisoire, et le

Expertise provisoire.

sinistré déclare, s'il est possible, quel jour il entend faire la récolte; sinon, il se soumet à le faire connaître authentiquement huit jours d'avance à l'Agent général souscripteur de la Police. Il est fait mention du tout au procès-verbal.

Expertise définitive. ART. 189. Au jour indiqué, il est dressé un second procès-verbal.

Fixation de l'indemnité. ART. 190. Aux termes de l'art. 12 des conditions générales de la Police, c'est la valeur réelle au moment du sinistre, reconnue par les experts, qui sert de base à la fixation de l'indemnité, à moins que l'évaluation donnée par le sinistré dans la Police ne soit inférieure à cette valeur réelle, cas auquel il devient son propre assureur pour la partie non assurée.

Formes du règlement par experts. ART. 191. Le règlement par experts se fait dans les formes déterminées par les art. 10, 11, 12, 13, 14 et 15 de la Police. (Voir aux instructions générales, art. 105 et suivants, et modèle n° 11.)

Le paiement se fait au comptant contre une quittance dont les frais sont à la charge de la partie prenante. (Modèle n° 12.)

CHAPITRE VIII

Des Transactions.

ART. 192. Dans le cas où le dommage causé par la grêle n'atteint qu'une valeur de 100 fr. au plus, il convient de régler, autant que possible, de gré à gré au moyen d'une transaction avec le sinistré, et de faire le moins possible de frais.

Au-dessus de cette importance, l'expertise doit toujours avoir lieu, à la condition de l'autorisation préalable, ainsi qu'il est dit à l'art. 185.

Formes de la transaction. ART. 193. Les transactions sont faites sous seing privé, rédigées et signées séance tenante.

Elles sont écrites sur formules imprimées, timbrées, en autant d'originaux qu'il y a de parties ayant un intérêt distinct, et l'approbation du Directeur général y est toujours essentiellement réservée. (Modèle n° 13.)

On inscrit ensuite en tête de ce sous-seing le numéro de la Police et le nom du sinistré, ainsi que celui de l'Agence; puis, en gros caractères, les mots : *Sinistre. — Transaction.*

Pièces qui doivent accompagner l'envoi de la transaction à la Direction générale. Les pièces à envoyer à la Direction sont :

1° La déclaration de sinistre ;

2° La transaction accompagnée de renseignements spéciaux ;

3° Et les quittances de toutes les dépenses faites à l'occasion du sinistre et de son règlement.

Ces quittances, qui doivent porter en tête ces mots : *Compagnie Grêle — Sinistre un tel* (le nom de l'Assuré), sont celle des frais de voiture et celle des frais de bouche.

Les frais de voiture et de bouche se composent de ceux de l'Inspecteur ou représentant de la Compagnie, de ceux de l'Agent général ou particulier, ainsi que de ceux du sinistré;

4° Enfin, le bordereau n° 11, en double expédition, portant inscription de toutes les dépenses.

En cas de ratification par le Conseil d'administration, et par suite de son ordonnancement, le paiement est fait contre une quittance dont les frais sont supportés par la partie prenante.

CHAPITRE IX

Bordereaux de la Comptabilité.

Bordereau

Art. 194. Les bordereaux imprimés (art. 142) dont les Agents sont tenus de faire emploi indépendamment des registres spécifiés en l'art. 135, sont, pour la Compagnie *Grêle*, au nombre de neuf, savoir :

Bordereau n° 1. — Il est la copie textuelle du registre des Polices. Sur ce bordereau doivent figurer celles de toute nature souscrites pendant le mois, lors même qu'elles ne seraient ni rentrées ni payées.

Il sert aussi à inscrire à l'encre rouge les Avenants souscrits pendant le mois, mais sans leur donner de numéros d'ordre, attendu qu'ils doivent n'avoir que celui de la Police, sauf ceux qui servent à les distinguer les uns des autres lorsqu'il en est fait plusieurs à une même Police. (Art. 77 et modèle n° 16.)

Bordereau n° 2. — Il contient les Polices rentrées pendant le mois et dont les primes n'avaient pas été payées à leur date. (Modèle n° 17.) A ce bordereau sont joints les doubles desdites Polices.

Bordereau n° 3. — Il contient les recettes faites pendant le mois pour primes échues des assurances anciennes pour lesquelles il n'y a point eu d'Avenant dans l'année. (Modèle n° 18.)

Bordereau n° 4. — Il est l'état des primes échues pendant le mois et non encore recouvrées, avec indication du motif du non-recouvrement. (Modèle n° 19.)

Bordereau n° 5. — Il s'emploie à inscrire les Polices remplacées, résiliées, expirées ou annulées pendant le mois, et à faire connaître les motifs qui ont amené les changements. (Modèle n° 20.)

Bordereau n° 7. — Il contient les dépenses du mois pour ports de lettres et paquets adressés à la Direction générale ou émanant d'elle. (Modèle n° 21.)

Bordereau n° 8. — Il sert à établir le décompte récapitulatif et détaillé des remises à prélever sur les primes de première année des assurances portées en recette sur les bordereaux n°ˢ 1 et 2. (Modèle n° 22.)

Bordereau n° 9. Il contient le décompte de toutes les recettes et dépenses du mois, c'est-à-dire la situation de l'Agence. (Modèle n° 23.)

Bordereau n° 11. — Il contient toutes les sommes portées en dépense dans le décompte du mois pour réglement de sinistres. (Modèle n° 24.)

NOTA. — Les Bordereaux n°ˢ 6 et 10 sont supprimés ici comme étant à l'usage exclusif de la Compagnie *Incendie.*

MODÈLE N° I

RÈGLEMENT D'EXÉCUTION

ORGANISATION DU SERVICE.

Séance du 26 mars 1857.

Le Conseil d'administration,

Vu les articles 22 et 26 des statuts, arrête les dispositions suivantes :

ARTICLE 1ᵉʳ.

La Compagnie l'*Abeille Bourguignonne* est représentée, dans chaque arrondissement, par des Agents généraux qui ont seuls le pouvoir de signer les Polices d'assurance et de donner valable quittance.

Des Agents spéciaux pourront en outre être établis avec les mêmes pouvoirs dans les localités qui seront fixées par l'administration.

ART. 2.

L'Agent général est tenu de fournir à la Compagnie un cautionnement qui ne pourra dans tous les cas être moindre de 1,000 fr., ni excéder le quart de la recette annuelle des primes de son Agence.

Le cautionnement peut être fait soit en rentes sur l'Etat, soit en espèces, et alors il portera 4 p. 0/0 d'intérêts annuels, soit encore par tout autre moyen qui, étant proposé par l'Agent général, devra être soumis à l'approbation du Conseil.

ART 3.

Dans chaque Agence, il est tenu, pour le compte de la Compagnie, deux registres cotés et paraphés par le Directeur et visés par l'Administrateur de service. L'un sert à inscrire les recettes et dépenses, et l'autre les Polices souscrites par l'Agent. Ces registres doivent être remplis sans blanc, lacune ni interligne, article par article, avec le numéro d'ordre et la date ; ils sont arrêtés et signés par l'Agent, le dernier jour de chaque mois, et représentés aux Inspecteurs et autres personnes chargées de les vérifier toutes les fois que ceux-ci le requièrent.

ART. 4.

Les Agents généraux correspondent avec le Directeur, qui leur transmet les ordres et instructions relatives aux opérations de la Compagnie.

Ils lui envoient tous les mois leurs comptes avec les fonds dont ils ont fait la recette.

Ils sont dépositaires et responsables envers la Compagnie des fonds encaissés, des Polices, des registres et documents de l'Agence, enfin de tout le matériel qui leur est expédié.

Art. 5.

Les Sous-Agents, Commis ambulants ou autres sont les délégués des Agents généraux, par qui ils sont nommés et rétribués, et envers lesquels ils sont responsables, ces derniers et les Agents spéciaux désignés au § 2 de l'article 1er ci-dessus étant les seuls dont la signature engage la Compagnie.

Art. 6.

Les rétributions accordées aux Agents généraux sont fixées par un traité particulier qui est joint au présent règlement.

Art. 7.

Avant d'entrer en fonctions, les Agents et employés de la Compagnie l'*Abeille Bourguignonne* prennent envers elle l'engagement :

1° De lui remettre immédiatement, à sa première réquisition, tous objets qui leur auraient été confiés : les fonds encaissés, les registres, titres, Polices, correspondance, et, en général, tout ce qui est relatif à leur Agence ou aux fonctions qu'ils auront exercées, le tout contre récépissé ;

2° De faire juger au siége de la Société toutes contestations qui pourraient s'élever entre eux et la Compagnie ;

3° De ne point agir ni directement ni indirectement contre les intérêts de la Compagnie l'*Abeille Bourguignonne*, ni dans l'intérêt d'autres Compagnies d'assurances contre la Grêle pendant qu'ils sont en fonctions et les trois années après qu'ils les auront cessées, sous peine de dommages-intérêts.

Pour copie conforme :

Le Secrétaire,   *Le Directeur*,

Vu :

Le Président du Conseil d'administration,

MODÈLE N° 2

FORMULE du traité arrêté par le Conseil d'administration dans sa séance du 26 mars 1857.

M. A.-J. MAAS, Directeur général, agissant au nom de la Compagnie l'*Abeille Bourguignonne*, qu'il représente, et demeurant à Dijon, rue Devosge, 31, d'une part ;

Et M.

Agent général de ladite Compagnie pour l'arrodissement d

demeurant à   , d'autre part ;

Sont convenus des dispositions suivantes :

ART. 1er.

M.

en sa qualité d'Agent général de la Compagnie l'*Abeille Bourguignonne*, s'oblige et s'engage à gérer, dans l'intérêt de ladite Compagnie, les opérations dont il est chargé, et à se conformer à toutes les dispositions du règlement d'exécution arrêté par le Conseil d'administration dans sa séance du 26 mars 1857 sur l'organisation du service.

Il reconnaît avoir reçu un exemplaire de ce dernier règlement, auquel il adhère, et il s'engage également à suivre les diverses instructions qui lui seront adressées par la Compagnie dans le cours de sa gestion.

ART. 2.

Pendant tout le temps que M.   exercera les fonction-d'Agent général de la Compagnie, il jouira des rétributions ci-après-stipulées, savoir :

1° 20 p. 100 sur la recette des primes de la première année des assurances de cinq ans et au-dessus ;

2° 15 p. 100 sur la recette des primes de la première année des assurances dont la durée sera de moins de cinq ans ;

3° Enfin, 15 p. 100 sur la recette des primes à prélever à l'échéance de chacune des années suivantes.

Pour tenir lieu de frais de bureau et de correspondance avec les Sous-Agents, il sera accordé à M.   un franc par Police pour droit de rédaction et d'expédition, à prendre sur les deux francs payés par l'assuré ; cinquante centimes par Avenant.

La Police remplacée donne droit également à un franc de rédaction sur les deux francs que doit payer l'Assuré.

ART. 3.

Il sera tenu compte à l'Agent général par la Compagnie de tous déboursés pour ports de lettres et paquets envoyés par lui à la Direction ou venant d'elle.

Aucune autre dépense, de quelque nature qu'elle soit, ne pourra être admise si elle n'a été spécialement et par écrit autorisée par la Direction.

Art. 4.

Si, par le fait d'inexécution des règlements ou de négligence dans l'observation des diverses instructions de la Compagnie, l'Administration croit devoir envoyer un Inspecteur dans une Agence, et s'il résulte de l'enquête à laquelle celui-ci se sera livré que les faits qui sont imputés à l'Agent général sont vrais, les dépenses de correspondance et d'inspection seront à la charge de ce dernier.

Si ces faits sont assez graves, ce dont le Conseil d'administration est seul juge, pour motiver le retrait du mandat de la Compagnie, sans cependant priver l'Agent général de la remise sur les Polices souscrites par lui ou ses Agents pendant sa gestion, il supportera les dépenses indiquées au paragraphe précédent ; mais il lui sera accordé par son successeur 5 p. 100 par an sur les primes stipulées dans les Polices susdites qui auront au moins quatre primes à payer, lesquels 5 p. 100 il recevra à mesure des encaissements des primes de l'année.

Si, enfin, l'instruction établit aux yeux du Conseil d'administration que l'Agent a, par sa conduite, encouru la révocation, il n'aura droit à aucune indemnité, et en outre les frais d'inspection et de correspondance resteront à sa charge.

Dans les trois cas ci-dessus indiqués, l'Agent général pourra toujours fournir au Conseil d'administration les observations qu'il croira utiles à sa justification.

Dans le cas où le Conseil d'administration jugerait nécessaire de supprimer l'Agence, il ne sera dû à l'Agent général aucune autre indemnité que moitié de la remise pour encaissement de primes, à moins que l'Administration ne lui laisse le soin de cet encaissement jusqu'à extinction des Polices en cours de l'Agence.

Art. 5.

Toutes contestations qui pourront naître sur l'interprétation ou l'exécution du présent traité seront jugées par le tribunal civil du siège de la Société.

Le siége de la Compagnie est à Dijon.

Le présent traité aura son effet à partir du

MODÈLE N° 3

COMMISSION D'AGENT GÉNÉRAL

Le Conseil d'administration,

En vertu des pouvoirs qui lui sont attribués par les statuts (art. 22 et 26) et sur la proposition faite par le Directeur, nomme, par la présente, M.

Agent général à la résidence de   ,

arrondissement de   , département de   ,

pour représenter la Compagnie l'*Abeille Bourguignonne* dans ledit   , et en cette qualité recevoir les propositions d'assurance, faire ou faire faire les éva-luations des objets à assurer, déterminer les primes et les conditions des assurances, signer et délivrer les Polices, recevoir le montant des primes et en poursuivre le paiement; en cas de sinistre, vérifier les faits, nommer des experts, faire faire les estimations des dommages, payer le montant des pertes sur l'avis du Directeur, et enfin suivre et exécuter toutes les instructions qui lui seront transmises conformé-ment aux statuts de la Compagnie.

Fait à Dijon, le   185   .

Vu :   Pour le Conseil d'administration :

L'Administrateur de service,   *Le Directeur,*

MODÈLE N° 4

COMMISSION DE SOUS-AGENT

En vertu des pouvoirs qui me sont conférés par M. le Directeur général de la Compagnie l'*Abeille Bourguignonne*, je déclare nommer
pour Sous-Agent dans le canton de   M.
demeurant à

En conséquence, je l'autorise à solliciter et à recueillir pour moi et en mon nom les propositions d'assurances, à vérifier la valeur des articles de récoltes présentés à l'assurance, à prendre la situation exacte des biens en indiquant la contenance par espèce de récoltes et en désignant le produit espéré en nature et en argent; à tou-cher, en échange des Polices signées par moi, le montant des primes au comptant; à recevoir sur mes billets et quittances portant mon acquit la prime annuelle des assu-rances, et à me représenter auprès des justices ds paix dans toutes les demandes ou poursuites relatives au recouvrement desdites primes.

Il est formellement interdit à M.   de statuer définiti-vement sur aucune proposition d'assurance, de signer ni modifier aucune Police ou quittance de prime, et de prendre aucun engagement verbal ou écrit au nom de la Compagnie ou au mien.

Fait à   , le   185   .

L'*Agent général,*

Je, soussigné, déclare accepter les pouvoirs ci-dessus et promets de m'y confor-mer ponctuellement.

A   le   185   .

Le Sous-Agent,

AGENCE DE DIJON.

—

P O L I C E N° 1.

Durée : cinq ans.

(1) Nom, prénoms, profession du Proposant.

(2) Dire pour compte de qui.

MODÈLE N° 5

PROPOSITION D'ASSURANCE SUR RÉCOLTES

M. (1) MAURICE (Henri), demeurant à Daix, commune de Daix, canton de Dijon (nord), arrondissement de Dijon, département de la Côte-d'Or, agissant pour (2) son compte, propose à la Compagnie d'assurer contre la grêle pendant cinq années les récoltes désignées ci-après, et situées dans les communes de Daix, Hauteville et Fontaine, canton de Dijon (nord), département de la Côte-d'Or.

Nos d'ordre des articles.	SITUATION DES BIENS. COMMUNES, LIEUX-DITS et dénominations particulières.	ESPÈCES de RÉCOLTES.	CONTENANCES. hect.	ares.	cent.	Produit par parcelle en double-décal., hect. ou kil., selon l'espèce de récolte.	Prix du doub.-déc., de l'hectol. ou du kilog., selon l'espèce de récolte.	VALEURS ASSURÉES PAR CLASSE. 1re classe.	2e classe.	3e classe.	4e classe.	TOTAL DES SOMMES assurées.	TAUX de la prime par 100 francs de valeurs assurées.	PRIME pour chaque article.
	Daix.					**D.-D.**								
1	En Cude.	Blé.	»	34	28	20	3	»	60	»				
2	Champ-Levé.	Id.	»	12	85	10	»	»	30					
3	En Bas-Lieu.	Id.	1	2	»	100	»	»	300	»	»	»	675	1	»	6	75
4	Champ-Clup.	Seigle.	»	68	50	100	2	»	200					
5	Paille, 40 fr. l'hectare.	»	»	»	»	»	»	»	85					
	Hauteville.													
6	Champ-Perdrix. . . .	Blé.	»	60	25	70	3	»	210					
7	Aux Charmes. . . .	Id.	2	»	»	120	»	»	360	»	»	»	700	1	70	4	90
8	Derrière-le-Clos. . .	Id.	»	17	14	15	»	»	45					
9	Paille, 30 fr. l'hectare.	»	»	»	»	»	»	»	85					
	Daix.													
10	En Perdrisée.	Orge.	»	96	»	120	2	»	»	240				
11	Champ-Rouge. . . .	Avoine.	»	30	»	30	1	50	»	45	»	»	323	1	50	4	85
12	Paille, 30 fr. l'hectare.	»	»	»	»	»	»	»	38					
	Fontaine.													
13	En Ponnière.	Orge.	1	34	»	320	2	»	»	640				
14	Paille, 40 fr. l'hectare.	»	»	»	»	»	»	»	53	»	»	693	1	50	10	40
15	En Rompot.	Colza.	»	25	71	10	4	50	»	»	45	»	95	3	»	2	85
16	Id.	Fèves.	»	34	28	20	2	50	»	»	50				
	Hauteville.					**H.**								
17	Champ-Perdrix. . . .	Vigne.	»	68	50	30	20	»	»	»	»	600	900	4	20	37	80
18	Champ-Clup.	Id.	»	25	85	15	20	»	»	»	»	300			
	Daix.													
19	En Cude.	Vigne.	»	34	28	20	20	»	»	»	»	400	400	6	»	24	»
	Fontaine.					**K.**								
20	Aux Plantes.	Houblon.	»	68	»	300	4	»	»	»	»	1200	1360	6	»	81	60
21	Id.	Tabac.	»	17	14	200	»	80	»	»	»	160			
	Total des valeurs assurées par classe. . . .								1375	1016	66	2660	5146		
	Timbre et Répertoire, 0,03 c. par 1,000 fr.								»	»	»	»			20
	Coût de la Police, 2 fr., ci.								»	»	»	»		2	»
	SOMME A PAYER.								»	»	»	»		175	35

Le Proposant déclare que les objets proposés ne sont assurés par aucune autre Compagnie ni Caisse d'assurance.

La présente Proposition n'a d'autre effet que de servir de base à l'assurance, laquelle ne sera valable qu'après la signature, l'échange de la Police et le paiement de la prime.

Fait à Dijon, le 8 mars 1858.

L'Agent, Signé : BAUDIN.   *Le Proposant*, Signé : MAURICE.

MODÈLE N° 6

POLICE. — CONDITIONS PARTICULIÈRES

La **Compagnie l'ABEILLE BOURGUIGNONNE** assure contre la **Grêle** aux conditions générales qui précèdent, et particulières ci-après :

A M. MAURICE (Henri), demeurant à Daix, commune de Daix, canton de Dijon (nord), arrondissement de Dijon, département de la Côte-d'Or, agissant pour son compte, propose à la Compagnie d'assurer contre la grêle pendant *cinq* années les récoltes désignées ci-après, et situées dans les communes de Daix, Hauteville et Fontaine, canton de Dijon (nord), département de la Côte-d'Or.

DÉCOMPTE.

CLASSES.	MONTANT PAR CLASSE	
	DES VALEURS assurées.	des PRIMES.
1re	1375	11 65
2e	1016	15 25
3e	95	2 85
4e	2660	143 40
TOTAUX.	5146	173 15
Timbre et Répertoire à 3 cent. par mille.	»	20
Total de la prime.	173	35
Police. . . .	2	»
TOTAL à payer pour la première année. . .	175	35

N° d'ordre des articles.	SITUATION DES BIENS. COMMUNES, LIEUX-DITS et dénominations particulières.	ESPÈCES de RÉCOLTES.	CONTENANCES.			Produit par parcelle en double-décal., hect. ou kil., selon l'espèce de récolte.	Prix du doub.-déc., de l'hectol. ou du kilog., selon l'espèce de récolte.	VALEURS ASSURÉES PAR CLASSE.				TOTAL DES SOMMES assurées.	TAUX de la prime par 100 francs de valeurs assurées.	PRIME pour chaque article.
			hect.	arcs.	cent.			1re classe.	2e classe.	3e classe.	4e classe.			
	Daix.					**D.-D.**								
1	En Cude.	Blé.	»	34	28	20	3 »	60						
2	Champ-Levé.	Id.	»	12	85	10	» »	30						
3	En Bas-Lieu. . . .	Id.	1	2	»	100	» »	300	»	»	»	675	1 »	6 75
4	Champ-Clup.	Seigle.	»	68	50	100	2 »	200						
5	Paille, 40 fr. l'hectare.	»	»	»	»	»	» »	85						
	Hauteville.													
6	Champ-Perdrix. . . .	Blé.	»	60	25	70	3 »	210						
7	Aux Charmes. . . .	Id.	2	»	»	120	» »	360	»	»	»	700	» 70	4 90
8	Derrière-le-Clos. . . .	Id.	»	17	14	15	» »	45						
9	Paille, 30 fr. l'hectare.	»	»	»	»	»	» »	85						
	Daix.													
10	En Perdrisée.	Orge.	»	96	»	120	2 »	»	240					
11	Champ-Rouge.	Avoine.	»	30	»	30	1 50	»	45	»	»	323	1 50	4 85
12	Paille, 30 fr. l'hectare.	»	»	»	»	»	» »	»	38					
	Fontaine.													
13	En Ponnière.	Orge.	1	34	»	320	2 »	»	640			693	1 50	10 40
14	Paille, 40 fr. l'hectare.	»	»	»	»	»	» »	»	53	»	»			
15	En Rompot.	Colza.	»	25	71	10	4 50	»	»	45	»	95	3 »	2 85
16	Id.	Fèves.	»	34	28	20	2 50	»	»	50	»			
	Hauteville.													
17	Champ-Perdrix.	Vigne.	»	68	50	30	20 »	»	»	»	600	900	4 20	37 80
18	Champ Clup.	Id.	»	25	85	15	20 »	»	»	»	300			
	Daix.													
19	En Cude.	Vigne.	»	34	28	20	20 »	»	»	»	400	400	6 »	24 »
	Fontaine.					**H.**								
20	Aux Plantes.	Houblon.	»	68	»	300	4 »	»	»	»	1200	1360	6 »	81 60
21	Id.	Tabac.	»	17	14	200	» 80	»	»	»	160			
	Total des valeurs assurées par classe. . . .					**K.**		1375	1016	95	2660	5146		
	Timbre et Répertoire, 0,03 c. par 1,000 fr.							»	»	»	»	» »	» 20
	Coût de la Police, 2 fr., ci.							»	»	»	»	» »	2 »
	SOMME A PAYER.							»	»	»	»	» »	175 35

L'Assuré déclare, sous peine de n'avoir droit à aucune indemnité en cas de sinistre :

1° Que les récoltes énoncées au tableau qui précède forment la totalité de ses ensemencements pour l'année 1857 ;

2° Qu'elles ne sont assurées à aucune autre Compagnie d'assurance ;

4

3° Qu'aucune d'elles n'a encore été atteinte cette année par la grêle.

L'assurance est faite pour la récolte de chacune des années 1857, 58, 59, 60 et 61, à partir de demain 9 mars, à midi.

La prime de la première année, y compris le droit de timbre et de répertoire et le coût de la Police, est de cent soixante-quinze francs trente-cinq centimes, suivant détail au tableau placé en tête de la présente Police.

La Compagnie reconnaît avoir reçu de M. MAURICE (Henri) le montant de la susdite somme de cent soixante-quinze francs trente-cinq centimes pour prime, droit de timbre et Police.

DÉPARTEMENT
de la Côte-d'Or.

Les conditions imprimées et manuscrites de la présente Police sont ainsi convenues et arrêtées entre les parties, pour être exécutées de bonne foi.

AGENCE DE DIJON.

Fait triple à Dijon le huit mars mil huit cent cinquante-six.

POUR LA COMPAGNIE :

ANNÉE 185 .
Décompte.

L'Assuré, MAURICE.   *L'Agent général*, DUBARD.

CLASSES	MONTANT PAR CLASSE DES VALEURS assurées.	des PRIMES.	
1re	1330	9	89
2e	614	9	21
3e	»	»	»
4e	2160	114	21
TOTAUX.	4104	133	31
Timbre et Répertoire à 3 cent. par mille.		»	14
Total de la prime.		133	45
Avenant. . . .		1	»
TOTAL à payer. . .		134	45

MODÈLE N° 7

Avenant *à la Police n° 1, datée de Dijon le 8 mars 1856.*

DÉCLARATION D'ASSOLEMENT

De M. MAURICE (Henri), propriétaire-cultivateur, demeurant à Daix, commune du même nom, canton de Dijon (Nord), arrondissement de Dijon, département de la Côte-d'Or.

N° d'ordre des articles.	SITUATION DES BIENS. COMMUNES, LIEUX-DITS et dénominations particulières.	ESPÈCES de RÉCOLTES.	CONTENANCES.			Produit par parcelle en double-décal., hect. ou kil., selon l'espèce de récolte.	Prix du doub.-déc., de l'hectol. ou du kilog., selon l'espèce de récolte.	VALEURS ASSURÉES PAR CLASSE.				TOTAL DES SOMMES ASSURÉES.	TAUX de la prime par 100 francs de valeurs assurées.	PRIME pour chaque article.	
			hect.	arcs.	cent.			1re classe.	2e classe.	3e classe.	4e classe.				
	Fontaine.					D.-D.									
1	En Rompot.	Blé.	»	25	71	20	3	50	70				192	1	»	1	92
2	Id.	Id.	»	34	28	27	»	»	95							
3	Paille, 45 fr. l'hectare.	»	»	»	»	»	»	»	27							
	Hauteville.															
4	Derrière-la-Ferme. . . .	Blé.	2	»	»	180	3	50	630				1138	»	70	7	97
5	En Verdière.	Id.	1	50	»	100	»	»	350	»	»	»				
6	Paille, 45 fr. l'hectare.	»	»	»	»	. »	»	»	158							
	Daix.															
7	En Bas-Lieu.	Orge.	1	2	»	130	2	25	»	293			614	1	50	9	21
8	En Champ-Clup. . . .	Id.	»	68	50	120	»	»	»	270	»	»				
9	Paille, 30 fr. l'hectare.	»	»	»	»	»	»	»	»	51						
	Hauteville.					H.										
10	Champ-Perdrix.	Vigne.	»	68	50	39	15	»	»	»	»	585	855	4	20	35	91
11	Champ-Clup.	Id.	»	25	85	18	15	»	»	»	»	270				
	Fontaine.					K.										
12	Aux Plantes.	Houblon.	»	68	»	250	4	50	»	»	»	1125	1305	6	»	78	30
13	Id.	Tabac.	»	17	14	180	1	»	»	»	»	180				
	TOTAUX.								1330	614	»	2160	4104	»	»	133	31

L'Assuré déclare, sous peine de n'avoir droit à aucune indemnité en cas de sinistre :

1° Que les récoltes énoncées au tableau qui précède forment la totalité de ses ensemencements pour l'année 1857 ;

2° Qu'elles ne sont assurées à aucune autre Compagnie d'assurance ;

3° Qu'aucune d'elles n'a encore été atteinte cette année par la grêle.

L'assurance est faite pour la récolte de l'année 1857, à partir de demain 9 mars, à midi.

En conséquence de ce qui précède, les capitaux formant l'objet de l'assurance pour la présente année 1857 s'élèvent à quatre mille cent quatre francs.

Les frais de timbre et de répertoire, à 0,03 c. par 1,000 fr., sont de quatorze centimes, et un franc pour coût d'Avenant.

La somme totale à payer par l'Assuré, suivant le détail porté ci-dessus, est de cent trente-quatre francs quarante-cinq centimes, que la Compagnie reconnaît avoir reçue comptant.

Le présent Avenant restera annexé à la Police ci-dessus relatée, et à dater de ce jour aura la même force que s'il en faisait partie.

Fait triple à Dijon le huit mars mil huit cent cinquante-sept.

L'Assuré, MAURICE.   *Pour la Compagnie*, DUBARD.

MODÈLE N° 8

DÉCLARATION DE SINISTRE

Département de la Côte-d'Or.

Agence de Dijon.

COMMUNE DE DAIX.

Nom de l'Assuré :

MAURICE (HENRI).

Je, soussigné, MAURICE (Henri), demeurant à Daix, canton de Dijon Nord, arrondissement de Dijon, département de la Côte-d'Or, assuré à l'*Abeille Bourguignonne*, Compagnie anonyme d'assurances à primes fixes contre la grêle, par Police n° 1, en date du 8 mars 1856, déclare que les récoltes comprises dans la Police susdite et désignées en l'état ci-dessous ont été atteintes par la grêle le 25 juin, à l'heure de trois du soir, et ont éprouvé le dommage indiqué.

Numéros d'ordre des articles sur la Police.	SITUATION DES BIENS.		NATURE des RÉCOLTES.	CONTENANCES.			Estimation portée sur la Police.	PERTE PRÉSUMÉE PAR L'ASSURÉ	
	Communes.	Lieux-dits.		hect.	ares.	cent.		en vingtième.	en argent.
4	DAIX.	Champ-Clup.	Seigle.	»	68	50	100	6	30 »
11	Id.	Champ-Rouge.	Avoine.	»	30	»	45	3	6 75
13	FONTAINE.	En Ponnière.	Orge.	1	34	»	640	4	128 »
15	Id.	En Rompot.	Blé.	»	25	71	45	10	22 50
20	Id.	Aux Plantes.	Houblon.	»	68	»	1200	5	300 »
21	Id.	Id.	Tabac.	»	17	14	200	5	50 »
			TOTAUX...........				2230		537 25

Fait à Daix le 26 juin 1857.   MAURICE.

Vu pour légalisation de la signature de M. MAURICE, propriétaire-cultivateur, par nous, maire de la commune de Daix, qui attestons que la grêle est effectivement tombée sur le finage de ladite commune le jour et à l'heure indiqués dans la présente attestation.

Fait à Daix le 26 juin 1857.

(*Sceau de la commune.*)   (*Signature du maire.*)

MODÈLE N° 9

SINISTRES.

Département de la Côte-d'Or.

Agence de Beaune.

Police n°

AVENANT N°

NOTA. — Si le sinistre dépasse 100 fr., on doit attendre les ordres de M. le Directeur pour procéder à l'expertise.

On ne doit jamais recevoir la prime après le sinistre.

AVIS DE SINISTRE (*LETTRE VERTE*)

avec envoi de copie de la déclaration du sinistré.

A Beaune, le   185

MONSIEUR LE DIRECTEUR,

J'ai l'honneur de vous envoyer copie de la déclaration du sinistre qui vient d'avoir lieu à   sur les récoltes assurées par la Compagnie au sieur   , suivant Police de mon Agence n°   en date du   185 , et Avenant même numéro, en date du   185 .

La prime a été payée le entre les mains de
(*ou :* La prime est encore due).

Observations.

La grêle a été précédée d'un vent violent.

Elle a duré environ un quart d'heure.

Les grêlons avaient la grosseur ordinaire.

Recevez, Monsieur le Directeur, l'assurance de ma considération distinguée.

L'Agent général,

MODÈLE N° 10

COMPROMIS ET NOMINATION D'EXPERTS

POUR

l'estimation des dommages.

Agence de Dijon.

Commune de Daix.

POLICE N° 1.

AVENANT N° 1.

Sinistre du 25 juin.

ANNÉE 1857.

Entre l'*Abeille Bourguignonne*, Compagnie d'assurances à primes contre la grêle, établie à Dijon, rue Devosge, 34, représentée par M. DUBARD (Pierre), Agent général, demeurant à Dijon, fondé de pouvoirs de la Compagnie, d'une part ;

Et M. MAURICE (Henri), propriétaire-cultivateur, demeurant à Daix, agissant pour son compte personnel, d'autre part ;

A été dit ce qui suit :

Par Police n° 1, passée à Dijon le 8 mars 1856 pour cinq ans, la Compagnie l'*Abeille Bourguignonne* a assuré contre la grêle à M. MAURICE une somme de 5,146 fr. sur blé, seigle, orge, avoine, colza, fèves, vignes, houblon, tabac, aux conditions générales et particulières de ladite Police.

Le 25 juin 1857, à trois heures du soir, selon déclaration faite à la Compagnie le lendemain, la grêle aurait endommagé les valeurs assurées.

En conséquence, d'après l'état détaillé et certifié par lui des valeurs détruites ou endommagées par la grêle, état qu'il affirme sincère et complet, l'Assuré demande à la Compagnie une indemnité de 537 fr. 25 c.

La Compagnie fait, en tant que de besoin, toutes réserves même de moyens préjudiciels, contre lesdites déclaration et demande.

Cependant les parties, voulant dès aujourd'hui faire constater l'état des lieux et estimer, à la charge de qui il appartiendra, le montant des dommages matériels causés par la grêle aux objets assurés, sont convenus de faire procéder contradictoirement et par experts auxdites constatation et estimation, sans nuire ni préjudicier à leurs droits respectifs, qui leur demeurent réservés.

Et, à cet effet, elles nomment pour experts, savoir :

La Compagnie, M. DUMONT (Pierre), cultivateur, demeurant à Ahuy ;

L'Assuré susdit, M. DUVAL (Jean), arpenteur-géomètre, demeurant à Messigny ;

Lesquels experts auront la mission de :

1° Reconnaître l'état des propriétés de l'Assuré et vérifier l'exactitude de la déclaration en date du 26 juin 1857, notamment en ce qui concerne la désignation faite par lui des produits atteints par la grêle et leur identité avec ceux dénommés dans la Police d'assurance ; -

2° Evaluer, en se conformant aux prescriptions des articles 1 et 12 de la Police, les pertes de l'Assuré et l'indemnité à laquelle il a droit.

NOTA. — *MM. les experts ne perdront pas de vue cette clause formelle de la Police :*

« *Elle* (la Compagnie) *ne garantit que les dommages causés par l'action mécanique de a la chute des grêlons.* »

En cas de dissentiment, les experts auront la faculté de s'adjoindre un tiers expert pour les départager, et, faute par eux de s'entendre sur le choix de ce tiers, il sera, à la requête de la partie la plus diligente, désigné par le président du tribunal de première instance de l'arrondissement où sont situées les propriétés assurées.

MM. les experts et tiers-expert sont autorisés à faire toutes les perquisitions, investigations et réquisitions qu'ils jugeront convenables pour éclairer leur religion; ils sont dispensés de toutes formalités judiciaires ainsi que du serment.

Fait double à Dijon le 29 juin 1857.

L'Assuré,　　　　　　　　　　　　　*Pour la Compagnie :*

MAURICE.　　　　　　　　　　　　　DUBARD.

Nous, experts désignés dans l'acte qui précède, déclarons accepter la mission qu'il nous confère, et promettons de la remplir en ame et conscience.

A Dijon le 29 juin 1857.

DUMONT (Pierre).　　　　　　　　　　DUVAL (Jean).

MODÈLE N° II

PROCÈS-VERBAL D'EXPERTISE

L'an mil huit cent cinquante-sept, le trente juin,

Nous, soussignés, DUMONT (Pierre), cultivateur, demeurant à Ahuy, département de la Côte-d'Or,

Et DUVAL (Jean), arpenteur-géomètre, demeurant à Messigny, même département, experts choisis, le premier par l'*Abeille Bourguignonne*, Compagnie d'assurances à primes contre la grêle, le second par M. MAURICE (Henri), suivant compromis d'autre part en date du 29 juin 1857, à l'effet de procéder à l'estimation contradictoire des dégâts causés par la grêle du 25 du même mois aux objets que la Compagnie avait assurés à M. MAURICE.

(*Et s'il y a lieu :* Enfin　　　　　　　　　　　　　　demeurant à　　　　　　　　　département de.
tiers expert nommé par　　　　　　　　à l'effet de concourir avec eux à l'estimation demandée,)

Nous sommes transportés sur les lieux, et là, en présence des parties intéressées, avons procédé aux opérations qui nous ont été confiées sous toutes réserves de leur part.

Premièrement, nous avons consulté les autorités locales, les voisins, les gens atta-

chés à l'Assuré, toutes les personnes qui pouvaient nous fournir d'utiles renseignements.

Après avoir ainsi éclairé notre religion par tous les renseignements qu'il nous a été
possible de recueillir ; après avoir constaté sur un état séparé, que nous annexons
au présent procès-verbal, la situation et la contenance des pièces de terre atteintes
par la grêle, la nature et la valeur des récoltes endommagées ou détruites, nous
répondons comme suit aux questions posées par le compromis.

Sur la première question :

Toutes les pièces de terre dénommées dans la déclaration de M. MAURICE en date
du 26 juin 1857 sont bien les mêmes que celles portées dans l'Avenant n° 1 annexé
à la Police même numéro.

Sur la deuxième question :

Les pertes de l'Assuré causées uniquement par l'action mécanique de la chute
des grêlons et évaluées conformément aux prescriptions de l'article 12 de la Police
(voir les détails de l'évaluation sur l'état annexé ci-contre) sont de quatre cent quarante-quatre francs trente-cinq centimes.

ÉTAT D'ÉVALUATION ANNEXÉ AU PROCÈS-VERBAL CI-CONTRE.

COMMUNES et LIEUX-DITS.	NUMÉRO d'ordre de la parcelle énoncé dans la Police ou l'Avenant.	NATURE des RÉCOLTES.	ÉTENDUE de la PARTIE GRÊLÉE. hect.	ares.	cent.	ÉVALUATION PAR L'ASSURÉ, en vingtièmes, de la perte présumée (*).	Expertise provisoire en vingtièmes.	Expertise définitive en vingtièmes.	Valeur assurée par parcelle.	Évaluation de la partie grêlée.	NOMBRE de vingtièmes grêlée.	INDEMNITÉ.	
Daix.													
Champ-Clup.	4	Seigle.	»	68	50	6	4	4	100	100	4	20	»
Champ-Rouge.	11	Avoine.	»	30	»	8	1	1	45	45	1	2	35
Fontaine.													
En Ponnière.	13	Orge.	1	34	»	4	2	2	640	640	2	64	»
En Rompot.	15	Blé.	»	25	71	10	8	8	45	45	8	18	»
Aux Plantes.	20	Houblon.	»	68	»	5	5	5	1200	300	5	300	»
Idem.	21	Tabac.	»	17	14	5	4	4	200	200	4	40	»
(*) Cette évaluation est celle faite par l'Assuré. (**) Cette constatation est faite par les experts.									TOTAL.			444	35

Certifié par nous, experts soussignés, l'exactitude des détails et évaluations ci-
dessus (1).

Fait à Daix le 30 juin 1857.

DUMONT (Pierre).   DUVAL (Jean).

L'Assuré, -   *Le représentant de la Compagnie,*

MAURICE.   DUBARD.

(1) Voir, quant aux frais de l'expertise, l'art. 11 de la Police.

MODÈLE N° 12

QUITTANCE D'INDEMNITÉ

Je soussigné, MAURICE (Henri), propriétaire-cultivateur, demeurant à Daix, reconnais avoir reçu à la date de ce jour, de la Société l'*Abeille Bourguignonne*, par l'entremise de M. DUBARD, Agent général, la somme de quatre cent quarante-quatre francs trente-cinq centimes pour acquit du montant des dommages à la charge de ladite Société, occasionnés par le sinistre arrivé le 25 juin 1857 aux récoltes que j'ai assurées suivant Police n° 1 en date du 8 mars 1856, modifiée par Avenant même numéro en date du 8 mars 1857.

Cette Police est maintenue pour le reste de sa durée.

Au moyen de ce paiement, je tiens quitte et décharge la Société l'*Abeille Bourguignonne* de toutes choses relatives audit sinistre et aux dommages qui en sont résultés.

Fait à Dijon le 3 juillet 1857.

MAURICE.

Vu par nous, maire de la commune de Daix, pour légalisation de la signature ci-dessus.

Fait à Daix le 3 juillet 1857.

(*Sceau de la commune.*)   (*Signature du maire.*)

MODÈLE N° 13

TRANSACTION POUR REMBOURSEMENT DE DOMMAGES

Entre les soussignés :

M. LEGRAND (Auguste), Agent général de la Compagnie l'*Abeille Bourguignonne*, à la résidence de Beaune, stipulant en cette qualité au nom de la Compagnie, d'une part ;

Et M. PERRIN (François), propriétaire-cultivateur, demeurant à Pommard, agissant pour son compte, d'autre part ;

A été dit et convenu ce qui suit :

La Compagnie l'*Abeille Bourguignonne* a, suivant Police n° 12 en date du 8 mars 1856, Agence de Beaune, assuré contre la grêle, à M. PERRIN (François), une somme de 4,291 fr. sur les récoltes désignées dans ladite Police, laquelle a été modifiée par Avenant en date du 8 mars 1857 ;

Et le 25 juin 1857 les récoltes assurées ont été endommagées par la grêle.

D'après une estimation approximative des dommages, l'Assuré demande à la Compagnie une indemnité de,

SAVOIR :

Pour 10/20 sur l'Etang-Vergy.	20	»
Pour 5/20 au Larrey.	22	»
Pour 6/20 en Champ-Perdrix	18	»
Pour 3/20 en la Vigne-Rousse.	90	»
TOTAL.	150	»

Les parties, pensant que l'indemnité n'est pas assez importante pour faire procéder à l'estimation régulière des pertes et dommages, ont réglé amiablement à la somme de *cent vingt francs* celle à rembourser par la Compagnie pour les motifs ci-dessus énoncés.

Lequel réglement amiable est fait par les parties, *sauf l'approbation du Conseil d'administration.*

Fait double à Beaune le 28 juin 1857.

L'*Assuré*,

PERRIN.

L'*Agent général*,

LEGRAND.

MODÈLE N° 14. — REGISTRE DES POLICES.

POLICES.				NOMS & PRÉNOMS DES ASSURÉS.	DOMICILES.	VALEURS ASSURÉES EN					DROIT DE TIMBRE DE LA POLICE	PRIMES ANNUELLES EN					PRIMES REÇUES POUR										Observations
NUMÉROS de l'agence.	Leur de la Direction.	DATES.	Échéance.			1re classe.	2e classe.	3e classe.	4e classe.	Total.		1re classe.	2e classe.	3e classe.	4e classe.	Total.	1re année.	2e année.	3e année.	4e année.	5e année.	6e année.	7e année.	8e année.	9e année.	10e année.	
7	4	3 avril,	1858	PAQUIS (Vincent).	Quetigny.	1850	1970	»	700	4520	» 15	9 25	11 82	» »	21 »	42 90											
8	5	7 id.	1861	LALLEMAND (Joseph).	Idem.	3190	2470	80	100	5840	» 19	19 14	23 62	2 80	4 30	50 24											
9	6	9 id.	Id.	DRBUX (Claude).	Idem.	260	140	30	200	630	» 05	4 55	1 25	» 90	9 »	12 75											
	3			Totaux du mois de		5300	4580	110	1000	10990	» 36	29 94	36 69	3 70	34 50	105 19											
	6			Totaux nets antérieurs.....		1850	1980	»	700	4540	» 13	9 50	11 88	» »	21 »	42 31											
	9			Ensemble.		7160	6560	110	1700	15530	» 49	39 84	48 57	3 70	55 50	147 50											
	3			A déduire pr résiliation suiv. bord. n° 5. .		3700	»	50	»	3750	» 10	17 50	» »	3 45	» »	21 05											
				Reste.		3460	6560	60	1700	11780	» 39	21 74	48 57	» 95	55 50	125 45											

Certifié le présent arrêté.

Dijon, le 1er mai 1857.

L'Agent général,

DUBARD.

MODÈLE N° 15

REGISTRE DE CAISSE

OU DES

Recettes et Dépenses.

NUMÉROS DES POLICES.	NUMÉROS DES QUITTANCES.	DÉSIGNATION des Recettes et Dépenses.	PRIX des Polices.	PRIX des Avenants.	PRIMES de 1re année.	PRIMES Années de l'Assurance.	PRIMES échues.	TOTAL des RECETTES	TOTAL des DÉPENSES
		EXERCICE 1857.							
2		Reçu le 5 avril de MM. Charnet (Jean), sans déclaration.			» »	1856	2 15		
3		Id. 7 id. Lebault (Charles), idem.			» »	Id.	2 25	16 25	» »
4		Id. 19 id. Chapuis (François). . .	»	1	» »	Id.	10 85		
7		Reçu le 17 avril de MM. Prieur (Vincent).	2	»	42 20	1857	» »	58 95	» »
9		Id. 30 id. Brulé (Claude).	2	»	12 75	Id.	» »		
		DÉPENSES.							
		Remises 20 pour cent sur 12 fr. 75 c.	»	»	» »		» »	» »	2 55
		Id. 15 id. 57 45.	»	»	» »		» »	» »	8 62
		Id. sur un Avenant renouvelé.	»	»	» »		» »	» »	» 50
		Id. sur deux Polices.	»	»	» »		» »	» »	2 »
		Frais de correspondance.	»	»	» »		» »	» »	1 80
3 avril.		Payé au sinistré Brulé (Police n° 9).	»	»	» »		» »	» »	24 05
Id.		Frais relatifs à ce sinistre.	»	»	» »		» »	» »	17 50
1er mai.		Envoi pour solde.	»	»	» »		» »	» »	18 18
		BALANCE.	4	1	54 95	»	15 25	75 20	75 20

MODÈLE N° 16

Bordereau *des Polices souscrites pendant le mois d'avril par l'Agent soussigné (1).*

NUMÉROS de l'Agence.	DATES des Polices.	DURÉE.	NOMS et PRÉNOMS DES ASSURÉS.	DOMICILE	VALEURS ASSURÉES EN					Droit de timbre de la Police.	PRIMES ANNUELLES EN					NOMS DES AGENTS qui ont procuré les assurances.	Observations.
					1re classe.	2e classe.	3e classe.	4e classe.	TOTAL		1re classe.	2e classe.	3e classe.	4e classe.	TOTAL.		
7	3 avril.	1858	Prieur (Vincent). . .	Gevrey.	1850	1970	»	700	4520	» 13	9 25	11 82	» »	21 »	42 20	Bernard.	
8	7 id.	1861	Lallemand (Joseph).	Id.	3190	2470	80	100	5840	» 18	19 14	23 62	2 80	4 50	50 24	Idem.	
9	9 id.	Id.	Brulé (Claude). . . .	Id. ,	260	140	30	200	630	» 05	1 55	1 25	» 90	9 »	12 75	Idem.	
			TOTAUX.		5300	4580	110	1000	10990	» 36	29 94	36 69	3 70	34 50	105 19		

Fait à Dijon le 1er mai 1857.

L'Agent général,   DUBARD.

(1) Les assurances nouvelles, Polices et Avenants, doivent seules figurer sur ce bordereau.—Ecrire à l'encre rouge les Avenants.

MODÈLE N° 17

Bordereau *des Polices rentrées pendant le mois d'avril 1857.*

NUMÉROS des POLICES	PRIMES REÇUES POUR					TOTAL.	PRIX		TOTAL.	OBSERVATIONS.
	1re CLASSE.	2e CLASSE.	3e CLASSE.	4e CLASSE.	TIMBRE de la Police.		des POLICES.	de L'AVENANT.		
7	9 25	11 82	» »	21 »	» 13	42 20	2 »	» »	44 20	
9	1 55	1 25	» 90	9 »	» 05	12 75	2 »	» »	14 75	
TOTAUX.	10 80	13 07	» 90	30 »	» 18	54 95	4 »	» »	58 95	

Arrêté le présent Bordereau à la quantité de deux Polices rentrées, présentant une somme de cinquante-huit francs quatre-vingt-quinze centimes.

A Dijon le 1er mai 1857.

L'Agent général, DUBARD.

MODÈLE N° 18

Bordereau *des Recettes faites pendant le mois d'avril pour Primes échues.*

NUMÉROS des POLICES.	NOMS DES ASSURÉS.	ANNÉE de L'ASSURANCE. (*)	RECETTE EN PRIMES.				Observations
			ANNÉES ARRIÉRÉES.		ANNÉE COURANTE.		
2	Charnet.	1856	2ᵉ	»	»	2	15	N'a pas renouvelé. Prime 1856.
3	Lebault.	1856	2ᵉ	»	»	2	25	Idem.
4	Chapuis.	1856	2ᵉ	»	»	10	85	
	TOTAUX.		»	»	15	25	

TOTAL GÉNÉRAL.   15   25

Arrêté le présent Bordereau à la somme de quinze francs vingt-cinq centimes.
A Dijon le 1ᵉʳ mai 1857.   *L'Agent général,* DUBARD.

(*) Indiquer dans la première colonne le millésime de l'année payée, et dans la seconde si c'est la 2ᵉ, la 3ᵉ ou la 4ᵉ; porter chaque prime séparément.

MODÈLE N° 19

Etat *des Primes échues pendant le mois d'avril non recouvrées au 1ᵉʳ mai 1857.*

NUMÉROS DES POLICES.	PRIMES DUES.		MOTIF DU NON RECOUVREMENT.	OBSERVATIONS DE LA COMPAGNIE.
	ANNÉE courante	ANNÉES arriérées.		
6	6 47	»	A souscrit un billet au 1ᵉʳ sept.	
TOTAL. .	6 47	»		

Situation de l'arriéré *au*

L'arriéré fin   était de
Polices nouvelles souscrites en   . .
Primes à recouvrer en   . .
Résiliations autorisées . . . .
Recettes du mois d   . .
        RESTE DU au   . .
A Dijon le 1ᵉʳ mai 1857.   *L'Agent général.* DUBARD.

MODÈLE N° 20

BORDEREAU N° 5.

AGENCE DE DIJON.

Mois d'avril 1857.

Bordereau des Polices *remplacées, résiliées, expirées* ou *annulées* pendant le mois d'avril 1857

Toutes les *annulations* ou *résiliations* doivent être constatées par un Avenant fait en double indiquant la date précise et les motifs de la résiliation.

NUMÉROS des Polices.	NOMS ET PRÉNOMS des assurés.	EFFET de la Police résiliée.	VALEURS ASSURÉES				TOTAL.	PRIMES.					TOTAL.	MOTIFS des RÉSILIATIONS.
			1re classe.	2e classe.	3e classe.	4e classe.		Droit de timbre.	1re classe.	2e classe.	3e classe.	4e classe.		
1	Gautheron (Louis)	7 avr. 56	2000	»	»	»	2000	» 06	10 »	»	» »	»	10 06	Insolvable.
5	Peyron (Charles).	19 id.	1700	»	50	»	1750	» 04	7 50	»	3 45	»	10 99	Cessation de culture.
	TOTAUX. . . .		3700	»	50	»	3750	» 10	17 50	»	3 45	»	21 05	

À Dijon le 1er mai 1857.

L'Agent général,
DUBARD.

MODÈLE N° 21

BORDEREAU N° 7.

AGENCE DE DIJON.

Mois d'avril 1857.

PORTS DE LETTRES ET PAQUETS

NUMÉROS D'ORDRE.	DATES des LETTRES OU ENVOIS.	TAXE DE LA POSTE.		Observations.
		f.	c.	
1	2 février.	»	20	NOTA. La Compagnie ne rembourse à MM. les Agents que les ports de lettres et paquets envoyés à la Direction.
2	17 id.	»	50	
3	16 mars.	»	20	
4	30 id.	»	20	
5	13 avril.	»	70	
	TOTAL. . .	1	80	

Certifié exact :

L'Agent général, DUBARD.

MODÈLE N° 22

Décompte *des Remises à prélever sur les primes de première année des assurances portées en recettes sur les bordereaux n°* 1 *et* 2.

N° DES POLICES.	DURÉE.	MONTANT des PRIMES.		POLICES REMPLACÉES.				TAUX des REMISES.	PRODUIT.		Observations.
				NUMÉROS.	ANNÉES restant à courir.	PRIMES.					
7	2 ans.	42	20	»	»	»	»	15 p' 100	6	33	
9	3 ans.	12	75	»	»	»	»	20 p' 100	2	55	
TOTAL égal à celui du Bordereau n° 2..		54	95	à reporter en Recette sur le décompte.		TOTAL.			8	88	à reporter en Dépense.

Réunion
des Bordereaux n°s 2 et 3.

Total du bordereau n° 2..	54	95
Idem n° 3..	15	25
ENSEMBLE..	70	20

Arrêté le total de la recette des primes de première année à cinquante-quatre francs quatre-vingt-quinze centimes, et le montant de la dépense pour remises prélevées conformément à mon traité, à huit francs quatre-vingt-huit centimes.

Fait à Dijon le 1er mai 1857.

L'Agent général,
DUBARD.

MODÈLE N° 23.

DÉCOMPTE DU MOIS D'AOUT 1857.

RECETTES.

Au 1ᵉʳ avril l'Agent était dépositaire de 22 Polices.

1. Solde du dernier décompte.	269	35
2. Reçu pour primes de première année, suivant bordereaux nᵒˢ 1 et 2.	54	95
3. Id. pour primes échues, suivant bordereau n° 3.	15	25
4. Id. pour deux Polices à 2 fr. l'une.	4	»
5. Id. pour un Avenant à 1 fr.	1	»

TOTAL DE LA RECETTE. 344 55

DÉPENSES.

Au 30, l'Agent reste dépositaire de 20 Polices.

PRÉLÈVEMENT POUR REMISES.

1. Sur primes de première année, suivant bordereau n° 8.	8	88		
2. Sur primes échues, suivant bordereau n° 3.	2	29		
3. Sur Polices à 1 fr. l'une.	2	»		
4. Sur Avenants à 50 cent. l'un.	»	50	344	55
5. Ports de lettres, suivant bordereau n° 7.	1	80		
6. Paiement de sinistre et frais y relatifs.	310	90		
7. Envoi pour solde	18	18		

RESTE. . . . . » »

Ces deux colonnes en blanc sont destinées à la vérification de la Compagnie.

L'Agent soussigné se reconnaît dépositaire envers la Compagnie l'*Abeille Bourguignonne* de la somme de néant.

Fait à Beaune le 31 août 1857.

L'Agent général,

DUBARD.

Nota. Conformément aux instructions, MM. les Agents doivent toujours joindre à leur comptabilité le solde du présent décompte en récépissés du banquier indiqué par la Société, et, à défaut du banquier, soit en espèces par les diligences, soit en effets sur Dijon.

MODÈLE N° 24.

BORDEREAU *général des sommes portées en dépense dans le décompte du mois d'août, pour réglement de sinistres.*

NUMÉROS des Polices.	NOMS DES ASSURÉS.	DÉTAIL DES PAIEMENTS EFFECTUÉS.	MONTANT des PAIEMENTS.	
			f	c
9	Chalut (Louis). . .	Paiement de son sinistre le 3 juillet.	293	40
	M. Gilbert, expert.	Une vacation.	6	»
		Frais de voyage et de bouche. . . .	11	50
		TOTAL.	310	90

Arrêté le présent bordereau, par l'Agent soussigné, montant à la somme de trois cent dix francs quatre vingt-dix centimes.

Fait à Beaune le 31 août 1857.　　　*L'Agent général,*
　　　　　　　　　　　　　　　　　　　DUBARD.

NOTA. Toutes les sommes portées sur ce bordereau doivent être appuyées de quittances en règle.

MODÈLE N° 25.

REGISTRE *spécial par ordre alphabétique des saisies-arrêts ou oppositions, cessions, transports ou autres actes signifiés à la Compagnie à requête des tiers.*

Noms des débiteurs OU DES CÉDANTS.	N°s des Polices.	Noms des créanciers ou DES CESSIONNAIRES.	DATES DES EXPLOITS, Noms et résidences des huissiers.	SOMMES réclamées.	
				f	c
A Amaury (Pierre). **B**	5	Bordet (Louis).	10 déc. 1857. Jacquin, à Semur.	3000	00
C					

TITRE II

COMPAGNIE INCENDIE

—◆——

CHAPITRE PREMIER

Principes spéciaux.

Art. 195. L'assurance contre l'incendie a pour but de garantir les assurés contre les pertes occasionnées par l'incendie aux objets mobiliers ou immobiliers qui forment l'objet de la Police.

Le principe que toute assurance ne doit donner lieu qu'à une indemnité, jamais à un bénéfice, lui est de la plus rigoureuse application.

On ne peut donc, en cette matière, assurer que les objets que l'on possède ou sur lesquels on a des droits, ni les faire assurer deux fois, ni les faire assurer pour une valeur exagérée.

Le contrat d'assurance peut être limité ou s'étendre à toute la valeur de l'objet assurable, sauf les restrictions portées en l'art. 298. Si l'assurance couvre une somme inférieure à cette valeur, l'Assuré est considéré comme son propre assureur pour tout ce que doit supporter dans le sinistre la partie non assurée.

On ne peut donc non plus avoir reçu de la Compagnie le montant du dommage et s'en faire payer une seconde fois par les personnes responsables, ce recours devant appartenir à la Compagnie, puisqu'elle a supporté la perte.

La famille constituant en général entre ses membres l'identité des intérêts, l'Agent ne pourra, de même que pour ses biens personnels (art. 6), souscrire d'assurance pour ceux de ses proches parents sans l'autorisation préalable de la Compagnie.

CHAPITRE II

Des risques qu'assure la Compagnie et de ceux qu'elle n'assure pas.

Art. 196. La Compagnie assure les valeurs mobilières et immobilières désignées dans la Police.

Elle assure aussi le risque locatif et le recours des voisins.

Art. 197. L'assurance du risque locatif garantit l'Assuré des effets de la responsabilité à laquelle il est soumis comme locataire, aux termes des articles 1733 et 1734 du Code Nap. (*art. 1er de la Police*).

Recours des voisins.   Art. 198. L'assurance du recours des voisins garantit l'Assuré de toute action que ceux-ci pourraient exercer contre lui pour communication d'incendie, en vertu des art. 1382, 1383 et 1384 du même Code (*même article de la Police*).

Risques qu'elle exclut de l'assurance.   Art. 199. La Compagnie n'assure pas :

1° Les dépôts, magasins et fabriques de poudre à tirer, les billets de banque, titres, contrats, lingots d'or et d'argent, et l'argent en monnaie;

2° Les diamants, pierreries et perles fines autres que ceux montés à l'usage personnel ou compris parmi les objets déposés dans les établissements publics, tels que monts-de-piété et autres (*art. 2 de la Police*).

Risques que la Compagnie s'abstient, par prudence, d'assurer.   Art. 200. L'assurance des objets ci-après désignés n'est pas interdite par les Statuts; mais, par mesure de prudence, la Compagnie s'abstient de les assurer, savoir :

1° Les récoltes sur pied ;

2° Les moulins à vent construits en bois ,

3° Les moulins à eau d'une valeur moindre de 6,000 francs ;

4° Les postes aux chevaux ;

5° Les scieries de bois ;

6° Les tuileries et briqueteries ;

7° Les maisons non habitées ou tombant en ruines ;

8° Les tourbes ;

9° Les charbons de bois et de terre hors des habitations ;

10° Les chantiers de construction ;

11° Les fours à chaux et à plâtre ;

12° L'intérieur des mines de charbon ou autres ;

13° Les fabriques de toile cirée, toile grasse, taffetas gommés et cuirs vernis ;

14° Les fabriques de résine, térébenthine, brai et goudron ;

15° Les fabriques de blanc de céruse ;

16° Les fabriques de bouchons de liége ;

17° Les fabriques d'artifices et d'allumettes chimiques ou autres ;

18° Les fabriques d'ouates ;

19° Les fabriques de garance ;

20° Les fagots en tas dans les champs ou forêts ;

21° Les bâtiments et baraques et leur contenu, construits en bois ou autres matériaux légers, et n'ayant qu'une destination temporaire ;

22° Les marchandises en route appartenant à des marchands ambulants ;

23° Les créances chirographaires et hypothécaires.

Art. 201. La Compagnie n'assure les objets ci-après désignés, savoir :

Moulins à vent.   1° Les moulins à vent construits en pierre ;

Meules de grains.   2° Les meules de grains, de paille et de fourrages,

que lorsque ces objets appartiennent à des propriétaires de bâtiments assurés ou s'assurant à la Compagnie, ou qui s'engagent par la Police même à le faire à l'expiration de leur Police en cours avec une autre Compagnie ;

3° Le linge, les effets d'habillement et les provisions de ménage dans les habitations rurales, que lorsque ces objets sont répartis dans des maisons construites en pierres et couvertes en tuiles ou ardoises, d'une valeur d'au moins 5,000 francs, et lorsque ces maisons sont en même temps assurées à l'*Abeille Bourguignonne*;

Objets mobiliers.

4° Les maisons isolées, c'est-à-dire éloignées de tout village, que lorsqu'elles sont construites en pierres et couvertes en tuiles ou ardoises;

Maisons isolées.

5° Les maisons couvertes en bois ou en chaume, que lorsqu'elles ne font point partie d'une agglomération de plus de trois maisons de même couverture et susceptibles d'être détruites par un même incendie.

Maisons couvertes en bois ou en chaume.

ART. 202. La Compagnie ne répond pas des incendies occasionnés par guerre, invasion, émeute populaire ou force militaire quelconque.

Incendies dont la Compagnie n'est point responsable.

ART. 203. Elle ne garantit les dégâts provenant de l'explosion du gaz, autres que ceux de l'incendie, qu'autant que le risque est assuré par clause spéciale de la Police.

Explosion du gaz.

CHAPITRE III

Des Propositions d'Assurance et de leur vérification.

Déjà traitée au chapitre II de la Première Partie en ce qu'elle a de commun aux deux Compagnies, cette matière est l'objet des sections suivantes en ce qu'elle a de spécial à la Compagnie *Incendie*. Elles sont donc l'appendice obligé dudit chapitre II, auquel les Agents doivent très-expressément se reporter.

SECTION PREMIÈRE

PROPOSITIONS D'ASSURANCE PROPREMENT DITE; PROPOSITIONS D'ASSURANCE SUPPLÉMENTAIRE; PROPOSITIONS D'ASSURANCE ANTICIPÉE OU AVEC EFFET DIFFÉRÉ.

§ 1er

Propositions d'assurance proprement dite.

ART. 204. Les propositions d'assurance doivent indiquer aussi exactement que possible la situation, la nature et la valeur des objets à assurer, ainsi que les dangers particuliers que ces objets peuvent présenter.

Propositions d'assurance proprement dite.

L'Agent écrit sommairement et à la suite le résultat des renseignements particuliers qu'il a pris sur le proposant et les objets à assurer.

La valeur des objets à assurer doit, autant que possible, être indiquée en sommes rondes de centaines, sans unités ni dizaines. (Modèle n° 5.)

§ 2

Propositions d'assurance supplémentaire.

Propositions d'assurance supplémentaire.

Art. 205. Voir l'art. 32 et, en outre : Si l'Agent est informé que, postérieurement à une assurance faite par la Compagnie, l'Assuré a fait garantir une somme supérieure sur les mêmes objets par d'autres assureurs, il doit en vérifier de nouveau la valeur et examiner si l'ensemble des sommes assurées n'excède pas la valeur totale réelle des objets garantis. Dans tous les cas, il adresse un rapport à la Direction générale et attend ses instructions.

§ 3

Propositions d'assurance anticipée ou avec effet différé.

Propositions d'assurance anticipée ou avec effet différé.

Art. 206. (Voir art. 33 et suivants.)

SECTION II

DE LA VÉRIFICATION.

Vérification.

Art. 207. Si la proposition est faite directement à l'Agent général, il la vérifie lui-même ou en dirige la vérification.

Si elle est faite par un Sous-Agent, l'Agent général doit s'assurer si toutes les vérifications prescrites ont été faites exactement.

En quoi elle consiste.

Art. 208. La vérification doit porter sur les quatre points suivants :
1° La moralité et la solvabilité de l'Assuré;
2° La nature des risques et des chances de sinistre;
3° L'évaluation des objets de l'assurance;
4° L'application des tarifs.

§ 1er

Moralité et solvabilité de l'Assuré.

Rejet de l'assurance en cas de doute sur la moralité ou la solvabilité du proposant.

Art. 209. La moralité de l'Assuré, qui, en cette matière, doit s'entendre non-seulement de sa probité, mais encore de sa vigilance et de ses soins, est ici d'une importance telle, qu'on ne saurait trop recommander aux Agents de faire en sorte, généralement, que l'assurance soit toujours un peu au-dessous de la valeur réelle, afin que l'Assuré reste intéressé à la conservation de l'objet couvert par l'assurance. Si donc les informations révèlent de mauvais penchants, une inconduite notoire, une probité douteuse ou des affaires embarrassées, la proposition doit être rejetée, et plus particulièrement s'il s'agit d'objets mobiliers ou de marchandises.

ART. 210. Elle doit aussi l'être lorsqu'elle porte sur des établissements ou usines en décadence ou onéreux à leurs propriétaires, ou lorsqu'ils sont mal dirigés ou gérés avec négligence. On doit rejeter également les propositions d'assurance qui paraîtront avoir pour cause le danger d'un nouveau voisinage, la crainte de haine particulière ou de menaces d'incendie.

Autres cas de rejet

Enfin, on refusera les assurances qui auraient été rejetées ou résiliées après sinistre par d'autres Compagnies; du moins, on fera part de ces circonstances au Directeur général.

§ 2

Nature des risques et des chances de sinistre.

ART. 211. Le double but de cette vérification est de refuser les assurances trop dangereuses et de déterminer, pour celles qui sont admises, le taux des primes à appliquer.

But de cette vérification.

Il faut donc examiner :

Ce qu'il faut examiner.

1° Le genre de construction des bâtiments et de leur couverture;

2° La nature des objets et marchandises qui peuvent y être renfermés, ainsi que la profession qu'on y exerce;

3° La communication des bâtiments entre eux ou leur séparation soit par un espace vide, soit par un mur de refend s'élevant sans ouverture intérieure jusqu'au faîte;

4° La contiguïté qui pourrait exister avec d'autres risques, tels que ceux d'une fabrique, usine, machine à vapeur, profession ou manipulation augmentant les dangers du feu;

5° Et enfin toutes les circonstances qui peuvent multiplier ou aggraver les chances d'incendie.

ART. 212. En général, lorsque des bâtiments sont destinés à être démolis pour une cause quelconque; qu'ils sont assujettis à un changement d'alignement; qu'ils sont en état de vétusté ou de délabrement, ou que, par des constructions vicieuses, de mauvaises distributions, un voisinage dangereux, un amas de combustibles ou toutes autres causes, ils paraissent présenter des risques trop graves, l'Agent doit en refuser l'assurance.

Assurances à refuser.

ART. 213. L'appréciation des risques de voisinage ne se détermine pas seulement par la vérification de la maison habitée par l'Assuré, mais, en outre, par l'examen des chances de communication du feu, rendues plus ou

Appréciation des risques de voisinage.

moins graves par la nature, la destination, la couverture ou la mauvaise construction des maisons voisines.

Si ces dernières chances rendaient trop probable la propagation du feu, la proposition devra être rejetée.

Assurances exagérées par d'autres Compagnies sur maisons voisines.

Art. 214. Il en sera de même dans le cas où l'Agent serait informé qu'il a été fait, par des Sociétés mutuelles ou d'autres Compagnies, des assurances exagérées à des personnes suspectes, habitant des maisons voisines d'où le feu pourrait être communiqué.

Vérification des assurances sur fabriques, usines et établissements industriels.

Art. 215. Lorsqu'il s'agit de propositions d'assurance sur des fabriques, usines et établissements industriels, l'Agent doit examiner les risques sur les lieux mêmes, avec le plus grand soin, et se faire assister, s'il y a lieu, d'un homme de l'art.

Renseignements spéciaux à fournir.

Indépendamment des vérifications ordinaires, il devra recueillir avec précision et transmettre à la Compagnie tous les renseignements indiqués aux modèles nos 5 à 16, en se servant des imprimés destinés à cet usage.

Tracé linéaire.

Un tracé linéaire, indiquant exactement, et autant que possible géométriquement, les séparations et les distances, doit être joint aux propositions de cette nature. (Modèle no 17.)

Pour toute proposition envoyée à la Compagnie dans une autre forme et non accompagnée des renseignements voulus, voir art. 30.

Assurances sur théâtres.

Art. 216. Les propositions d'assurance sur les théâtres et sur les maisons qui les avoisinent devront indiquer spécialement :

Renseignements à fournir.

1° Le genre de spectacle ;

2° Le nombre annuel des représentations, bals ou concerts (les fêtes et réceptions données accidentellement par les villes ne sont point comptées au nombre des représentations) ;

3° Les précautions habituellement prises pour éviter ou éteindre les incendies.

Le taux de la prime des théâtres et des maisons contiguës, ainsi que les conditions spéciales de la Police, sont déterminés par le Conseil d'administration.

Assurances sur moulins à blé.

Art. 217. Les propositions d'assurance sur moulins à blé (l'assurance de ceux dont la valeur serait au-dessous de 6,000 francs est interdite) mus par l'eau ou la vapeur, doivent indiquer exactement le nombre de paires de meules qu'ils renferment.

Assurances sur marchandises, mobiliers et récoltes.

Art. 218. Si des assurances sur marchandises, mobiliers et produits de récoltes sont demandées séparément des bâtiments qui les renferment, il n'en faut pas moins soumettre ces bâtiments aux mêmes vérifications que s'ils devaient eux-mêmes être garantis par la Compagnie.

Et si ces bâtiments se trouvaient dans l'un des cas d'exclusion prévus par les articles ci-dessus, l'assurance des marchandises, du mobilier et des produits de récoltes y renfermés serait refusée.

Art. 219. Lorsqu'il s'agit d'assurances sur bois taillis ou de haute futaie, l'Agent doit vérifier : 1° si les bois ne sont pas situés dans les localités où les ouvriers forestiers et les pâtres sont dans l'habitude de faire du feu ; 2° s'ils ne sont pas exposés aux dangers résultant de loges de sabotiers, de fauldes à charbon ou d'usines qui y seraient établies ; 3° s'ils ne sont pas mélangés de bois résineux ; 4° s'ils ne se trouvent pas sur un sol rempli de bruyères ou de broussailles ; 5° si, pour des causes quelconques, ils ne sont pas exposés aux effets de la malveillance des habitants des communes environnantes. L'Agent doit rendre compte de ces circonstances à la Compagnie et attendre sa décision. *Assurances sur bois et forêts.*

Les bois au-dessous de deux ans ne doivent pas être compris dans l'assurance.

La proposition devra indiquer en outre : 1° l'âge, la superficie et l'essence des bois ; 2° s'ils ne forment qu'un seul et même risque, ou s'ils sont coupés par des fossés, des chemins ou des accidents de terrain.

Art. 220. Il est expressément interdit aux Agents de remettre à l'Assuré aucune pièce qui constate la vérification des objets proposés à l'assurance. *Interdiction de remettre à l'Assuré aucune pièce relative à la vérification.*

§ 3

Evaluation des objets de l'assurance.

Art. 221. Il a déjà été dit que le proposant, dans son propre intérêt, doit être averti de ne faire garantir les objets à assurer que pour leur valeur réelle, et non pour une somme supérieure ou inférieure. *Explications à donner au proposant.*

Mais ici, et dans l'intérêt spécial de la Compagnie, l'Agent ne doit rien négliger pour reconnaître lui-même cette valeur aussi exactement que possible ; car une assurance exagérée expose toujours la Compagnie aux effets de la négligence et souvent à ceux d'un coupable calcul. *Soins que l'Agent doit apporter à la vérification de la valeur réelle.*

Art. 222. L'Agent ne doit jamais consentir à faire d'avance par experts, même aux frais de l'Assuré, une estimation destinée à lier définitivement la Compagnie. Ce serait une dérogation formelle à l'art. 4 de la Police, d'après lequel l'Assureur ne peut être tenu que de la valeur réelle au moment du sinistre. *Interdiction de consentir à une expertise préalable.*

On ne peut non plus exprimer dans la Police que les valeurs ont été reconnues et vérifiées.

Art. 223. Les maisons et bâtiments ne peuvent être assurés que pour leur valeur vénale. (Art. 368.) *Les maisons et bâtiments ne doivent être assurés que pour leur valeur vénale.*

Art. 224. Si la valeur vénale est trop difficile à apprécier, l'Agent peut se régler d'après la valeur matérielle, c'est-à-dire le cours approximatif des constructions, en faisant la différence du neuf au vieux. *Différence du neuf au vieux.*

Art. 225. Les bâtiments doivent être assurés en entier. En conséquence, s'il est proposé de n'en assurer que les parties les plus combustibles, telles que croisées, planches, charpentes, menuiserie, ou seulement les étages supérieurs, etc., on se refusera à cette demande, de même qu'à excepter de l'assurance les caves et les fondations, à moins qu'il ne s'agisse de bâtiments construits près d'un cours d'eau. Dans ce cas, toute la partie des bâtiments baignée ordinairement par l'eau peut être retranchée de l'assurance.

Bâtiments de ferme. ART. 226. La valeur des bâtiments de ferme est toujours relative à leur utilité. Ainsi, lorsque les bâtiments cessent, en raison de leur nombre, de leur dimension ou de leur situation, d'être en rapport avec l'étendue des terres à exploiter, ils deviennent à charge au propriétaire à cause de l'entretien. Dans ce cas, ils ne doivent être assurés que pour une somme égale à celle que produirait la vente des matériaux, sans y rien ajouter pour la main-d'œuvre.

Châteaux. ART. 227. La valeur des châteaux ne doit jamais être déterminée d'après les sommes qu'a coûté ou que coûterait leur construction. Ceux dont l'importance n'est plus en rapport avec le revenu des terres qui en dépendent ne doivent être assurés que pour une somme équivalente à celle que produirait la vente sur place des matériaux, et sans rien ajouter pour la main-d'œuvre.

Lorsqu'au contraire les châteaux font partie d'une grande propriété rurale, qu'ils appartiennent à des familles riches ou aisées, qu'ils sont bien entretenus, ils peuvent être assurés pour leur valeur vénale; et si cette valeur ne peut être établie avec quelque certitude, l'assurance doit être basée sur celle que produirait la vente des matériaux, en ajoutant d'un quart à un tiers pour la main-d'œuvre.

Usines, fabriques. ART. 228. Les bâtiments d'usines et de fabriques n'ayant en général qu'une valeur de destination, l'Agent ne doit les assurer que pour une somme intermédiaire entre le prix de leur construction (différence faite du neuf au vieux) et la valeur qu'ils auraient si l'on était dans le cas de renoncer à l'établissement ou de les affecter à un autre usage.

Estimation distincte sur chaque bâtiment. ART. 229. Lorsque l'immeuble proposé à l'assurance se compose de plusieurs bâtiments, on doit fixer séparément la valeur à assurer sur chacun d'eux, afin d'éviter, en cas de sinistre partiel, la nécessité d'une estimation générale pour arriver au réglement de l'indemnité.

Estimation d'un mobilier personnel ou de ménage. ART. 230. L'assurance d'un mobilier personnel ou de ménage peut être faite sur la simple déclaration du proposant, lorsque la valeur déclarée paraîtra en rapport avec sa fortune ou son état de maison. Dans le doute, il faut toujours vérifier, en ayant soin toutefois de dégager la vérification de toute recherche minutieuse, blessante ou importune.

La somme à assurer doit être répartie conformément au modèle n° 5 (1).

Mobilier industriel des marchands et petits fabricants. ART. 231. L'appréciation de la valeur à assurer sur le mobilier industriel

_____

(1) Les manuscrits et les livres rares et précieux doivent être exceptés de l'assurance.

des marchands, artisans ou petits fabricants s'opère de la même manière que pour le mobilier industriel, personnel et de ménage.

Art. 232. L'appréciation du mobilier industriel des fabriques et usines réclame une attention particulière. Elle doit être basée non sur le prix que ce mobilier a pu coûter à établir, mais sur son degré de perfection ou d'utilité, en ayant égard au temps pendant lequel il a servi et au temps pendant lequel il peut durer encore. Des métiers anciens et défectueux, des machines usées, ne doivent pas être confondus avec des objets neufs et d'un système nouveau et perfectionné.

C'est donc la valeur vénale au moment de l'assurance qui doit déterminer le montant de la somme à assurer; et, lorsque l'Agent n'aura que des lumières insuffisantes pour déterminer cette valeur, il devra consulter des personnes spécialement compétentes, et, au besoin, s'en faire accompagner sur les lieux.

Art. 233. La somme à assurer sur marchandises avec désignation s'établit d'après le cours du jour (art. 389), et en indiquant les qualités et quantités, le poids, la marque ou le numéro de chaque colis.

Les assurances sur marchandises en roulement, dans le commerce d'un négociant, d'un marchand ou d'un fabricant, se font sans désignation et pour une somme équivalente à l'étendue des affaires du proposant.

L'Agent suppléera aux connaissances qui lui manqueront pour l'appréciation des marchandises et de leur valeur à assurer, en prenant, aussi discrètement que possible, des informations auprès des collègues du proposant.

Ces sortes d'assurances se prêtant aux combinaisons de la mauvaise foi, il importe de se tenir sur la réserve et de ne les traiter qu'avec beaucoup de circonspection.

Art. 234. Les tulles, dentelles et cachemires ne peuvent être compris dans l'assurance d'un mobilier pour plus d'un dixième de sa valeur totale, et il faut que la somme assurée sur cet article soit spécialement mentionnée dans la Police (*art. 3 de la Police*).

La même règle est applicable:

1° Aux tulles, dentelles et cachemires en magasins;

2° Aux objets d'art tels que tableaux, statues et curiosités faisant partie du mobilier.

Pour les tulles, dentelles et cachemires faisant partie d'un commerce spécial, voir l'art. 302.

Art. 235. Les produits de récoltes s'évaluent d'après la quantité et la nature des terres exploitées par le proposant, en prenant le terme moyen des productions des deux ou trois années précédentes.

Art. 236. L'appréciation du mobilier aratoire et des instruments servant à une exploitation rurale se fait comme celle du mobilier industriel (art. 232), en ayant soin d'établir la différence de la valeur qui peut exister entre les objets neufs et de perfection et ceux d'un usage plus ancien.

Marginal notes:
Mobilier industriel des fabriques et usines.
Marchandises.
Tulles, dentelles, cachemires, objets d'art.
Produits de récoltes.
Mobilier aratoire.

Bestiaux.

Art. 237. L'appréciation des bestiaux s'opère d'après l'indication et la vérification de leur espèce et de leur nombre.

Il doit être stipulé s'ils sont assurés dans les écuries ou étables seulement, ou n'importe où ils se trouvent.

Bois et forêts.

Art. 238. L'appréciation de la valeur des bois et forêts se fait en raison de l'aménagement et du prix de la feuille. L'Agent doit consulter, au besoin, les agents forestiers avant de recevoir une proposition d'assurance de cette nature. (*Modèle de Police n° 30.*)

Risque locatif.

Art. 239. L'assurance du risque locatif est basée sur le prix de la location (*art. 22 de la Police*). La somme couverte peut être égale à la valeur totale du bâtiment tenu en location, mais elle ne doit pas être inférieure à vingt fois le montant annuel du loyer. (Modèle n° 19.)

Recours des voisins.

Art. 240. L'assurance contre le recours des voisins n'a point de limites déterminées ; elle dépend du plus ou moins de chances de danger qui résultent de la proximité ou de la contiguïté des bâtiments avoisinants. Une seule somme suffit pour garantir l'Assuré contre le recours de tous les voisins d'un même bâtiment ; mais, dans aucun cas, la Compagnie ne peut être tenue au-delà de la somme assurée. (Modèle n° 20.)

Avertissement à donner par l'Agent à la Compagnie en cas de diminution de valeur ou d'aggravation de risque.

Art. 241. Lorsque, pendant le cours d'une assurance, l'Agent reconnaîtra que les objets assurés, surtout quand il s'agit de fabriques et usines, ont sensiblement diminué de valeur, ou qu'ils offrent des dangers plus graves que ceux qui avaient été reconnus d'abord, il doit en instruire immédiatement la Compagnie et attendre ses instructions.

§ 4

Application des tarifs.

Tarifs.

Art. 242. Les tarifs de la Compagnie indiquent le taux des primes applicables aux diverses natures de risques ; il ne peut y être consenti aucune modification. *Cependant, lorsqu'il s'agira d'assurances de deuxième ou troisième risque de la première classe, il peut, avec l'autorisation de la Compagnie, être consenti à de légères réductions sur le prix du tarif, mais par exception seulement, et lorsque la crainte de manquer une belle affaire pourra justifier cette dérogation. Une réduction de 20 p. 100 peut être également consentie en faveur des communes et des établissements publics de bienfaisance.* (Art. 271.)

Risques communs.

Art. 243. En règle générale, les bâtiments et les objets qu'ils renferment formant un même risque, paient la même prime, qui est celle du risque le plus fort. Cependant, lorsqu'il s'agit des risques simples et de moindre gravité, les immeubles paient une prime inférieure à celle du mobilier. (Voir le tarif.)

Risques distincts.

Art. 244. Lorsqu'une assurance porte sur plusieurs bâtiments dépendant d'une même propriété, mais formant des risques distincts (art. 306 et suivants), chaque bâtiment paie la prime de son propre risque selon le tarif. Il faut stipuler la prime particulière à chaque risque, et non faire une seule prime pour le tout.

ART. 245. Lorsque des bâtiments quelconques sont contigus à une fabrique ou usine, à un théâtre, à des bâtiments couverts en bois ou en chaume, ou à tout autre établissement présentant un risque grave, le risque le plus faible est passible de la prime du risque le plus fort, lorsqu'il y a communication intérieure. (Art. 306.)

Prime des bâtiments contigus à une fabrique ou usine, à un théâtre ou à des constructions couvertes en bois ou en chaume.

ART. 246. Si les bâtiments contigus dont il est question dans l'article précédent sont séparés par un mur de refend en pierres ou briques, sans communication, la prime du risque le plus faible peut être réduite aux *deux cinquièmes* de celle du risque le plus fort. (Voir le tarif et art. 309 et 310.) Sont exceptés les maisons et bâtiments contigus aux théâtres, lesquels paient la prime prévue par le tarif particulier des théâtres.

ART. 247. Si, dans les mêmes cas, l'ouverture qui établit la communication est fermée par une porte en fer ou une porte en bois doublée de fer, la prime du risque le plus faible peut être réduite à la moitié du risque principal. (Voir le tarif.)

Communication fermée par des portes en fer ou en bois doublé de fer.

NOTA. *Cette règle n'est point applicable aux filatures de lin et de chanvre, dans lesquelles les portes en fer ne sont pas considérées comme formant séparation de risques.* (Voir le tarif.) *Elle n'est point applicable non plus au batteur dans les filatures de coton.* (Art. 284.)

ART. 248. On ne considère pas comme établissant communication une simple ouverture pratiquée dans le mur de refend pour la transmission du mouvement d'une machine.

Ouverture pour la transmission du mouvement d'une machine.

ART. 249. On ne considère pas comme une aggravation de risque donnant lieu à une augmentation de prime la contiguïté d'un bâtiment couvert en bois ou en chaume, lorsque ce bâtiment ne consiste qu'en un simple appentis peu élevé et adossé à un mur en pierres ou en briques, sans communication. Dans ce cas, chaque risque n'est passible que de la prime qui lui est propre.

Bâtiment en simple appentis.

ART. 250. Lorsque plusieurs professions dangereuses sont exercées dans le même bâtiment ou lorsqu'il y existe diverses fabriques ou usines, on applique à l'ensemble la prime de la profession la plus dangereuse.

Risques différents dans un même bâtiment.

ART. 251. Il existe quelquefois dans les établissements industriels ou autres des hangars couverts en bois qui servent à abriter des marchandises ou ustensiles. Lorsque ces hangars ne sont pas clos et ne renferment aucun foyer, on n'applique pas aux objets qu'ils recouvrent la prime des risques de troisième classe, mais seulement le double de la prime du premier risque de la première classe. (Voir le tarif.)

Hangars supplémentaires dépendant des fabriques ou usines.

ART. 252. Lorsque, dans une fabrique ou usine, il existe des ponts de communication unissant des bâtiments de risques différents, chaque bâtiment paie

Ponts de communication dans les fabriques ou usines.

la prime qui lui est propre lorsque ces ponts sont ouverts latéralement ; mais, lorsqu'ils sont fermés sur les côtés par des murs ou cloisons, le bâtiment du risque le plus faible doit être soumis à la *moitié* au moins du risque le plus grave, sans que cette moitié puisse être inférieure à la prime qui est propre au risque le plus faible.

Machines à vapeur.

Art. 253. La présence d'une machine à vapeur dans un établissement industriel ne constitue pas une aggravation de risque lorsque les fourneaux sont placés dans des constructions en pierres ou en briques, en dehors des ateliers et sans communication. Dans ce cas, la machine à vapeur, en payant la prime qui lui est propre, ne l'impose pas aux établissements qui en dépendent, lorsque ceux-ci sont portés au tarif à une prime moindre.

Bâtiments ruraux.

Art. 254. Tout bâtiment situé à la campagne et servant à une exploitation rurale doit payer la prime des fermes. (Voir le tarif.) Cependant cette prime peut être réduite à celle des petits cultivateurs (voir le tarif) toutes les fois que la somme proposée à l'assurance ne dépassera pas 3,000 fr. pour les bâtiments et 1,000 fr. pour les récoltes, les bestiaux et le mobilier aratoire.

Maison de ferme séparée des bâtiments d'exploitation.

Art. 255. Dans les risques de ferme, si la maison d'habitation du fermier ou du petit cultivateur est séparée des granges, écuries et étables par un intervalle ou par un mur de refend en pierres ou en briques sans ouverture et s'élevant jusqu'au faîte, cette maison peut être assurée, comme risque distinct, aux prix des maisons d'habitation, pourvu qu'elle ne renferme ni fourrages, ni récoltes non battues, et qu'elle ne soit pas, d'ailleurs, dans l'un des cas prévus par les art. 308, 309, 310 et 311.

Clause à insérer dans la Police.

Pour justifier la réduction de la prime dans une assurance de cette nature, il devra être dit dans la Police :

« L'Assuré déclare que la maison d'habitation est séparée des autres bâti-« ments par un espace de.... mètres (ou par un mur de refend en pierres ou en « briques, ou moellons, sans ouverture ni communication), et qu'elle ne ren-« ferme ni fourrages ni récoltes battues. »

Bâtiments de couverture mixte.

Art. 256. Les bâtiments de couverture mixte, c'est-à-dire ceux qui sont couverts partie en tuiles ou ardoises et partie en chaume ou en bois, doivent payer les *trois quarts* de la prime du risque le plus grave. (Voir le tarif.)

Moulins à blé. — Clause à insérer.

Art. 257. La prime sur moulins à blé (art. 217) étant proportionnée au nombre de paires de meules qu'ils renferment, il sera nécessaire d'insérer dans la Police une clause ainsi conçue : « M..... déclare qu'il n'existe pas dans le « moulin assuré plus de..... paires de meules, et il s'oblige, dans le cas où il « en serait établi un plus grand nombre, à se soumettre aux conditions géné-« rales de la Police (art. 9), et à payer, s'il y a lieu, une augmentation de « prime, conformément au tarif de la Compagnie.

Cette disposition est applicable même au cas où les meules d'un établissement ne fonctionneraient qu'alternativement.

ART. 258. Lorsque, dans un établissement industriel, le propriétaire parti- culier de l'immeuble n'exploite pas seul l'industrie qui s'y exerce, et qu'il fait partie d'une société d'exploitation; dans ce cas, et quelle que soit la part du pro- priétaire dans l'association, l'assurance de l'immeuble peut être consentie avec renonciation à tous recours contre les associés pour risques locatifs, sans exiger de supplément de prime. La stipulation peut en être faite dans la Police.

Fabriques et usines. —Société d'exploitation. — Renoncia- tion au recours contre les associés.

ART. 259. Lorsqu'il se trouve dans un même bâtiment des objets mobiliers ou des marchandises de différents risques, assurés ou non assurés, la totalité de l'assurance de ces objets est passible du risque le plus dangereux.

Mobiliers ou marchandises de risques différents dans un même bâtiment.

ART. 260. Par exception à l'article précédent, si des marchandises de risques différents sont assurées à la même personne, dans le même bâtiment, la prime du risque le plus faible peut être appliquée lorsque les marchandises hasar- deuses n'excèdent pas 10 p. 100 et les marchandises doublement hasardeuses 5 p. 100 de la valeur totale de l'assurance.

Tolérance de 1/10 de marchan- dises hasardeuses et de 1/20 de marchandises doublement hasardeuses.

Ainsi, par exemple, si l'on assure 50,000 fr. sur un magasin de vins, on pourra, sans supplément de prime, comprendre dans l'assurance, en le men- tionnant, soit 5,000 francs d'eaux-de-vie à vingt-quatre degrés, huiles, li- queurs, etc., *marchandises hasardeuses* (voir le tarif); soit 2,500 fr. de mar- chandises doublement hasardeuses; soit ensemble 2,500 fr. de marchandises hasardeuses et 1,250 fr. de marchandises doublement hasardeuses; soit, enfin, toute autre proportion dans laquelle les marchandises hasardeuses prises pour leur valeur, et les marchandises doublement hasardeuses calculées au double, n'excéderont pas 10 p. 100 du montant total de l'assurance. (Modèle n° 24.)

De même, dans une assurance de marchandises hasardeuses, on peut ad- mettre, sans augmentation de prime, jusqu'à concurrence de 10 p. 100, des marchandises doublement hasardeuses.

Mais au-delà des proportions ci-dessus indiquées la prime du risque le plus fort doit être exigée pour la totalité des objets assurés.

ART. 261. Les marchandises hasardeuses ou doublement hasardeuses à l'usage d'une profession, d'une usine ou d'une fabrique dont la prime est infé- rieure, ne sont soumises qu'à la prime due par cette profession, usine ou fabrique, pourvu que la quantité de marchandises n'excède pas l'approvision- nement ordinaire de l'établissement.

Marchandises hasardeuses ou doublement hasardeuses à l'usage de certaines profes- sions.

ART. 262. De même, les objets qui ne sont destinés qu'à l'approvisionne- ment d'une maison bourgeoise, tels que huiles, eaux-de-vie, liqueurs, etc.; foin, paille et fourrages pour l'entretien d'un cheval ou d'une vache, ne sont point considérés comme aggravant le risque et ne donnent pas lieu à une augmentation de prime, si leur quantité ne dépasse pas l'approvisionnement ordinaire d'une année.

Marchandises hasardeuses dans les provisions de ménage.

ART. 263. La prime fixée au tarif pour les marchandises faciles à endom- mager n'est applicable qu'à ces marchandises seules, et non aux bâtiments qui

Marchandises faciles à endom- mager.

les renferment, ni aux autres marchandises auxquelles elles peuvent se trouver réunies. (Voir le tarif.)

ART. 264. Les marchandises faciles à endommager peuvent être comprises dans la prime comme marchandises ordinaires dans l'assurance d'un mobilier personnel ou de ménage ou dans celle d'un magasin, lorsque la quantité desdites marchandises ne dépassera pas le dixième des valeurs assurées.

Au-dessus de cette proportion, les marchandises faciles à endommager paieront la prime particulière qui leur est propre.

Débit de poudre. ART. 265. Les maisons dans lesquelles il existe un débit de poudre dont l'approvisionnement n'excède pas 10 kilogrammes peuvent être assurées sans augmentation de prime ; mais lorsque le dépôt excède 10 kilogrammes elles doivent payer demi-prime en sus, ainsi que leur contenu.

Au-dessus de 20 kilogrammes l'assurance est interdite.

Récoltes en meules. ART. 266. Les récoltes en meules placées près d'un bâtiment à une distance moindre de dix mètres paient la prime de ce bâtiment, si elle est supérieure à celle des meules.

Bâtiments près des meules. Réciproquement, si la prime du bâtiment est inférieure à celle des meules, celles-ci rendent également le bâtiment passible de leur prime. (Art. 313.)

Si le bâtiment est couvert en chaume, les meules ne peuvent être assurées qu'autant qu'elles en sont distantes d'au moins trente mètres. Il faut, en outre, qu'elles appartiennent à des propriétaires déjà assurés ou s'assurant à la Compagnie pour des valeurs payant au moins en prime une somme quatre fois plus forte que la prime résultant des meules proposées à l'assurance.

Récoltes en meule rentrées dans les bâtiments.—Déclaration à faire. ART. 267. Lorsque des récoltes en meules sont rentrées dans des bâtiments avant l'expiration de la Police, l'assurance continue son effet si les bâtiments sont de première classe, à la seule charge par l'Assuré d'en faire la déclaration et de faire mentionner cette déclaration dans sa Police. (Voir le tarif.)

L'assurance pourra continuer également lorsque les récoltes seront rentrées dans un bâtiment de deuxième classe, mais à la charge par l'Assuré de payer un supplément de prime s'il y a lieu.

Risques locatifs. ART. 268. La prime du risque locatif varie suivant que l'immeuble est ou n'est pas assuré par la Compagnie, savoir :

1er cas.—Immeuble non assuré par la Compagnie. 1° Si l'immeuble n'est point assuré par la Compagnie, il est dû prime entière égale à celle de l'immeuble quand il s'agit d'une fabrique ou usine, et les *trois quarts* seulement quand il s'agit d'un simple risque, mais sans que, dans aucun cas, cette prime puisse être inférieure à 25 cent. p. 1000. (Voir tarif et modèle n° 19, 1er *cas.*)

2e cas.—Immeuble assuré par la Compagnie. 2° Si l'immeuble est assuré par la Compagnie, qu'il s'agisse d'un risque simple ou grave, il n'est dû qu'un quart de la prime de l'immeuble, mais sans que cette prime puisse être inférieure à 10 cent. p. 1000. (Même modèle, 2e *cas.*)

Dans ce dernier cas, il doit être stipulé dans la Police que la prime du risque locatif sera augmentée dans la proportion ci-dessus n° 1, si l'immeuble vient à cesser d'être assuré par la Compagnie. (*Modèle de Police même n°, 3ᵉ cas.*)

ART. 269. La prime du recours des voisins doit au moins être du *quart* de la prime la plus forte qui soit applicable à la maison de l'Assuré ou à celle des voisins auxquelles le feu pourrait être communiqué, sans que cette prime puisse jamais être au-dessous de 20 cent. p. 1000. (Voir le tarif et modèle n° 20.)

Recours des voisins.

ART. 270. Les risques locatifs et le recours des voisins ne peuvent être assurés cumulativement; l'assurance doit être distincte tant pour le montant des sommes assurées que pour le taux des primes.

Les risques locatifs et les recours des voisins ne peuvent être assurés cumulativement

ART. 271. Il est accordé aux établissements de charité, ainsi qu'aux édifices publics appartenant à l'Etat, aux départements, aux communes, aux hospices, aux cultes et aux communautés religieuses, une remise de 20 p. 100 sur le montant des primes fixées par le tarif. Cette remise ne s'étend point au droit de timbre et de répertoire, lequel doit toujours rester intact.

Etablissements de charité. — Edifices publics.—Remise de 90 0/0.

Ainsi, une propriété publique qui, si elle était privée, serait passible d'une prime de 40 cent., n'aurait à payer que 32 cent.

En outre, les fonctionnaires, préposés et employés qui sont logés gratuitement dans lesdits établissements seront affranchis de toute responsabilité locative, sans supplément de prime, toutes les fois que l'établissement est assuré par la Compagnie.

Renonciation au recours contre les fonctionnaires et employés logés gratuitement dans lesdits établissements.

Les orgues placées dans les églises paient la prime applicable aux objets faciles à endommager; mais elles jouissent également du bénéfice de la réduction de 20 p. 100.

Les bibliothèques et musées appartenant aux villes, quoique classés dans les objets faciles à endommager, peuvent être assurés à la prime des mobiliers ordinaires avec une réduction de 20 p. 100.

ART. 272. Sont exceptés, toutefois, du bénéfice de l'article précédent les théâtres ou salles de spectacle et les bâtiments contigus, lesquels paient la prime du tarif sans réduction (art. 247); mais, en compensation, la Compagnie, en faisant l'assurance d'une salle de spectacle, renonce, sans supplément de prime, à tout recours contre les directeurs exploitants.

Exception : théâtres et bâtiments contigus.

Ne sont point considérées comme salles de spectacle les maisons dans lesquelles on ne donne qu'accidentellement quelques représentations, et où il n'existe pas un théâtre organisé et permanent.

ART. 273. Les dégâts provenant d'explosion de *gaz* peuvent être garantis en même temps que les autres risques, à charge par l'Assuré d'en faire la stipulation dans sa Police et de payer la prime particulière qui est propre à ce risque. (*Art. 3 de la Police.—Voir tarif et modèle de Police n° 31.*)

Explosion de chaudières et de gaz.

ART. 274. Les primes portées au tarif sont fixées pour le terme d'une année.

Assurance pour moins d'une année.

6

Cependant on peut souscrire des assurances pour un moindre espace de temps. Dans ce cas, les assurances paient :

Un tiers de la prime annuelle pour trois mois et au-dessous ;

Deux tiers de la prime pour trois mois et un jour jusqu'à six mois ;

Prime entière pour six mois un jour à un an.

En cas de renouvellement ou de prolongation d'une assurance de cette nature, les mêmes primes seront appliquées, comme s'il s'agissait d'une assurance nouvelle. Ainsi, une assurance de trois mois, pour laquelle l'Assuré a payé un tiers de la prime, étant renouvelée ou prolongée pour trois autres mois, l'Assuré doit payer de nouveau un tiers de la prime pour cette nouvelle durée ; et ainsi de suite.

Art. 275. Une assurance faite pour une année plus une portion d'année quelconque ne paiera que la prime d'un an, augmentée de la fraction de prime afférente au temps à courir en sus. Ainsi, une assurance souscrite pour un an deux mois paiera la prime d'un an plus 2/12 : le tout doit être en un seul paiement ; mais, dans ce cas, le droit de timbre de 0,03 c. pour 0/00 sera perçu comme pour deux années entières ; de même que dans les cas prévus en l'article précédent, il le sera pour une année entière, l'assurance n'eût-elle été faite que pour deux mois.

Art. 276. Lorsqu'une assurance porte sur marchandises ou autres denrées dont les quantités varient suivant les différentes époques de l'année, il doit être stipulé également une prime variable, en suivant la progression établie par l'art. 274 pour les assurances de moins d'une année.

Ainsi, un négociant veut faire assurer ses marchandises pour 50,000 fr. pendant trois mois, pour 30,000 fr. pendant les trois mois suivants, et pour 15,000 fr. pendant le reste de l'année ; c'est comme s'il faisait trois assurances cumulatives :

La première de 15,000 fr. pour toute l'année ;

La deuxième de 15,000 fr. pour six mois ;

La troisième de 20,000 fr. pour trois mois.

Ainsi encore, en supposant que le taux de ses marchandises soit de 1 f. p. 1000, la prime devra être calculée de la manière suivante :

15,000 fr. pour un an au taux de 1 fr. p. 1000. . . . .   15 f. » c.

15,000 fr. en supplément pendant six mois au taux de 2/3 de

    franc.   10   »

20,000 fr. en supplément pendant trois mois au taux de 1/3

    de franc.   6   67

_____

50,000 fr. somme assurée.   Total de la prime. . . .   31   67

(Modèle n° 33.)

Art. 277. Les dispositions des art. 274, 275, 276 ne sont point applicables aux assurances des fabriques et usines. Ces assurances ne peuvent être sous-

Assurance pour une année ou une fraction d'année.

Marchandises variables dans le cours d'une année.

Les fabriques et usines ne peuvent être assurées pour une prime inférieure à celle d'un an.

crites pour une fraction de prime inférieure à celle d'une année, lors même que la durée de la Police aurait moins d'un an. (Voir le tarif.)

Cependant, lorsque des marchandises et approvisionnements non dangereux d'une fabrique ou usine seront placés dans des magasins de simple risque, et séparés de la fabrique sans danger de communication, de contiguïté ou de voisinage, ces marchandises et approvisionnements pourront être assurés dans les conditions ordinaires et pour toute espèce de durée.

ART. 278. S'il est proposé à l'assurance des risques non portés au tarif, on détermine la prime par analogie, quand il s'agit d'un simple risque ; et quand il s'agit d'un risque plus grave, l'Agent doit en référer à la Compagnie.

Cas imprévus. — Application de prime par analogie.

CHAPITRE IV

De la Police.

ART. 279. Les formes et les effets de la Police en général étant indiqués aux Instructions générales (art. 46 et suivants), leur complément, en ce qu'il a de spécial à la Compagnie *Incendie*, est l'objet du présent chapitre.

Sa forme et ses effets.

La Police doit désigner les objets de l'assurance d'une manière claire, en évitant l'exagération des détails sur les dimensions ou distributions des bâtiments et sur les objets mobiliers. (Voir les différents modèles de Police.)

Détail des objets.

Lorsque l'étendue des détails l'exigera, il sera fait emploi de feuilles intercalaires, lesquelles seront paraphées des parties.

Il faut éviter aussi dans la Police toute superfluité d'explications et d'emploi de termes *locaux* ou autres dénominations de nature à obscurcir, pour la Compagnie, la nature des risques.

Termes et locutions à éviter.

ART. 280. On peut assurer par une même Police plusieurs propriétés mobilières et immobilières de risques divers et situés dans des lieux différents, lorsqu'elles appartiennent à la même personne; mais la Police ne doit avoir qu'une seule et même durée. (Modèle n° 18.)

Ce qu'on peut assurer par une même Police.

ART. 281. Si une maison est occupée par un ou plusieurs locataires, on doit mentionner cette circonstance dans la Police.

Mention des locataires.

ART. 282. Lorsque l'assurance porte sur plusieurs bâtiments faisant partie de la même propriété, chacun d'eux doit être assuré séparément pour une somme spéciale, et mention doit être faite s'ils forment ou non des risques distincts.

Assurance distincte sur chaque bâtiment.—Mention à faire.

ART. 283. Pour les fermes et exploitations rurales, ainsi que pour les fabriques et usines, un tracé linéaire des lieux doit toujours accompagner la Police. (Art. 215.)

Tracé linéaire.

Et si l'assurance porte sur une usine ou fabrique, la Police doit indiquer :

1° Le moteur, soit manège, machine hydraulique ou pompe à feu ;

2° Le genre de chauffage et d'éclairage ;

3° La disposition des séchoirs, étuves, fours et autres locaux où l'on emploie le feu comme agent de fabrication.

ART. 284. Dans les filatures de coton, il faut indiquer, en outre, la situation exacte du batteur, et dire si le battage se fait ou non dans un bâtiment isolé de la filature ou séparé de celle-ci par un mur en maçonnerie sans ouverture et s'élevant jusqu'au toit. *S'il y avait communication, fût-elle même interceptée par une porte de fer, le batteur ne saurait être considéré comme un risque séparé.* (Art. 248 et renseignements divers, modèles n°° 6 et suivants.)

ART. 285. L'éclairage au gaz dans une fabrique ou usine pouvant être momentanément interrompu par accident, il importe de prévoir ce cas pour mettre les intérêts de la Compagnie et ceux de l'Assuré à couvert, en cas d'incendie.

En conséquence, la stipulation suivante peut être insérée dans la Police, si l'Assuré le demande : « Dans le cas où l'éclairage au gaz serait suspendu par « accident ou autre cause, l'Assuré aura la faculté d'éclairer l'établissement « par des quinquets à huile ; mais il sera tenu de déclarer à la Compagnie le « changement d'éclairage dans les trois jours au plus tard, sous peine de « n'avoir droit à aucune indemnité en cas d'incendie. Si l'éclairage à l'huile se « prolonge au-delà de quinze jours, l'Assuré s'engage à payer, pour l'année « entière, le supplément de prime indiqué au tarif de la Compagnie. »

ART. 286. Lorsqu'une fabrique ou usine n'est point chauffée, elle peut être assurée à la prime des fabriques ou usines chauffées à la vapeur ; mais, dans ce cas, la clause suivante devra être insérée dans la Police : « L'Assuré déclare, « sous peine de n'avoir droit à aucune indemnité en cas d'incendie, qu'il « n'existe et qu'il n'existera, en aucun temps, dans l'établissement assuré, ni « poêle, ni calorifère, ni chaufferette, ni chauffage quelconque. »

CHAPITRE V

Des Réassurances.

ART. 287. Voir aux Instructions générales, art. 66 et suivants.

Il est ajouté ici que, lorsque la Compagnie a avisé l'Agent général d'une réassurance par elle souscrite, celui-ci doit en prendre note et étendre sa surveillance aux objets réassurés, de même que s'il s'agissait d'une assurance ordinaire.

CHAPITRE VI

Du Renouvellement des résiliations et annulations.

SECTION PREMIÈRE

DU RENOUVELLEMENT.

Art. 288. Voir aux Instructions générales, art. 68 et suivants, et, en outre : Si, au lieu d'être en désaccord avec le tarif, la Police à renouveler portait sur un mauvais risque ou renfermait des conditions défectueuses telles qu'il pourrait en résulter un préjudice pour la Compagnie, l'Agent devrait, pour le cas où l'Assuré n'accéderait point aux modifications exigées, refuser le renouvellement.

Renouvellement. — Cas de refus de renouvellement.

SECTION II

DES RÉSILIATIONS ET ANNULATIONS.

Art. 289. Voir Instructions générales, art. 73 et 74.

Résiliations, annulations.

Lorsqu'une assurance sera résiliée avec remplacement par une autre Police, la Police nouvelle ne devra point être faite par anticipation, c'est-à-dire avec effet qui ne prendrait cours qu'à l'expiration de l'année ; elle doit avoir son effet *immédiat*, et la Police remplacée doit cesser. La différence de prime qui peut être due à l'Assuré pour le temps qui restait à courir sur son assurance jusqu'à l'expiration de l'année doit lui être décomptée par *ristourne*. (Voir modèle n° 26.)

Police remplacée pendant le cours d'une année.

Art. 290. On entend par *ristourne* la restitution du montant intégral ou partiel d'une prime perçue par avance sur une assurance.

Ristourne. — Définition.

La Police résiliée et celle qui la remplace doivent être envoyées à la Direction générale, appuyées du bordereau de résiliation. (Voir modèle n° 63.)

Envoi des Polices résiliées.

Dans le cas où un Assuré aurait disparu, la résiliation de sa Police sera, sauf autorisation préalable de la Compagnie, opérée en marge de la Police, à la vue d'un certificat du maire, lequel, après qu'il en aura été fait mention, y demeurera annexé.

Disparition d'un Assuré.

Art. 291. Quant aux résiliations pures et simples, c'est-à-dire sans remplacement par une autre Police, et aux annulations de Police, elles ne peuvent, ainsi qu'il l'a été dit aux Instructions générales, être consenties ou notifiées sans l'autorisation du Conseil d'administration.

Les résiliations sans remplacement sont, ainsi que les annulations, soumises à l'autorisation préalable du Conseil d'administration.

Toutes autres que celles résultant d'un acte extrajudiciaire s'opèrent par Avenant.

CHAPITRE VII

Des Avenants.

Avenants.

Art. 292. Voir aux Instructions générales, art. 75 et suivants, et, en outre :

Changements qui nécessitent une nouvelle Police.

Art. 293. Tous les changements qui auraient pour effet d'augmenter ou de diminuer les *primes* ou les *valeurs* assurées, pour quelque motif que ce soit, un sinistre partiel excepté, ne doivent pas faire l'objet d'un Avenant, mais bien d'une nouvelle Police.

Mention du remplacement.

Dans ce cas, la première Police est résiliée, et la mention suivante est faite dans la Police nouvelle qui la remplace : « La présente Police résilie et rem- « place celle qui a été souscrite sous le n°.... »

Une annotation indicative de ce changement est faite également dans la colonne d'observations du registre des Polices aux deux numéros correspon- dants de la Police remplacée et de celle qui remplace, ainsi que dans la colonne d'observations des bordereaux n°ˢ 1 et 2 (art. 422 ci-après), et sur la Police résiliée et sur le bordereau n° 4 (voir même article).

Changement qui s'opère par Avenant.

Art. 294. Lorsque le changement à opérer dans une Police ne consiste qu'à indiquer un simple changement de domicile, un changement de raison sociale ou de propriété, sans qu'il y ait modification dans les valeurs assurées ou les primes, ce changement peut être constaté par un Avenant. (Modèle n° 35, 4ᵉ *cas*.)

Exhortation aux Agents, lors- qu'ils sont informés des changements, d'avertir les Assurés de se mettre en règle.

Art. 295. Quoique les assurés soient tenus, sous peine de déchéance (*art. 9 et 11 de la Police*), de faire connaître à la Compagnie tous les change- ments qui peuvent survenir dans leurs assurances, il n'en est pas moins con- venable que l'Agent, s'il en a été informé avant que la déclaration ne lui en ait été faite, prenne l'initiative, en invitant les assurés à se mettre promptement en règle.

Examen rigoureux des deman- des de changements, réduc- tions ou augmentations.

Art. 296. Il a déjà été dit dans la première partie que, lorsque les change- ments, réductions ou augmentations sont demandés par les assurés, l'Agent doit, avant de les admettre, s'enquérir avec soin si ces demandes sont bien mo- tivées ; mais en cette matière il ne doit pas perdre de vue qu'il peut arriver que l'augmentation n'ait été que l'avant-coureur de l'incendie.

Cas de provoquer un Avenant de résiliation.

Art. 297. Dans certains cas et lorsque, par exemple, une assurance porte sur un mauvais risque, les Agents pourront profiter des circonstances d'un changement pour provoquer la résiliation de l'assurance, en faisant signer à l'assuré un Avenant à cette fin, et, à son refus, en la lui faisant notifier par huissier.

CHAPITRE VIII

Limites des Pouvoirs des Agents généraux. — Des Assurances qu'ils ne peuvent souscrire sans autorisation préalable.

Art. 298. Aux termes des statuts de la Compagnie, ses opérations sont limitées au chiffre de 100,000 fr. sur un seul et même risque. (Voir au chapitre suivant ce que l'on entend par un seul et même risque.) *Limitation apportée par les statuts de la Compagnie sur un seul et même risque.*

Afin de faire connaître aux Agents généraux les limites de leurs pouvoirs, la Compagnie fixe ainsi qu'il suit le maximum des sommes qu'ils peuvent assurer *sur un seul et même risque*, contenant et contenu, sans autorisation préalable, savoir : *Maximum des sommes sur un seul et même risque sans autorisation préalable.*

1° 10,000 fr. sur récoltes en *meules*, lorsque les meules seront placées à moins de 10 mètres de distance les unes des autres (art. 201, 313) ;

2° 10,000 fr. sur bâtiments couverts en bois ou en chaume et leur contenu (voir art. 205) ;

3° 50,000 fr. sur marchandises simplement hasardeuses (voir le tarif).

Les Agents ne peuvent, en outre, souscrire une assurance sur les objets ci-après désignés, sans autorisation spéciale, lorsque la somme proposée dépassera 20,000 fr., savoir :

1° Les fabriques et usines de toute nature autres que celles désignées en l'art. 200 ;

2° Les bois et forêts ;

3° Les bâtiments de ferme et leur contenu ;

4° Les marchandises doublement hasardeuses (voir le tarif) ;

5° Les articles de nouveautés faisant l'objet spécial du commerce du proposant, tels que : tulles, dentelles, cachemires ;

6° Les bibliothèques et les collections de tableaux, statues, gravures, curiosités et objets d'art ;

7° Les marchandises flottantes, c'est-à-dire sans désignation des magasins où elles pourraient être renfermées ni des sommes affectées à chaque magasin ;

8° L'orfévrerie et la bijouterie ;

9° L'horlogerie, les pendules exceptées ;

Pour reconnaître la valeur de ces divers objets, l'Agent doit consulter des personnes aptes à les apprécier. Dans tous les cas, ils doivent être spécialement désignés dans la Police, condition de rigueur ;

10° Les *maisons et bâtiments* de tous risques et leur contenu, lorsqu'ils sont contigus à une fabrique ou usine, à un théâtre ou tout autre établissement présentant un risque grave.

Art. 299. Dans les communes rurales où la majorité des bâtiments seront couverts en bois ou en chaume et où il n'existera pas de pompes à incendie, les Agents ne pourront assurer au-delà d'une somme de 30,000 fr., toutes les assurances réunies, sans l'autorisation spéciale de la Compagnie.

Lorsque les Agents recevront des propositions qui porteront le risque de la Compagnie à des sommes excédant les maximums fixés aux articles précédents, soit en raison de l'agglomération ou réunion dans un même lieu des objets à assurer, soit parce que les sommes proposées viendraient en augmentation à une ou plusieurs assurances antérieures, ils devront, au préalable, en référer à la Compagnie.

Aassurances exceptionnelles. ART. 300. Toutes les assurances énumérées dans les articles qui précèdent et soumises à l'approbation préalable de la Compagnie sont qualifiées d'*assurances exceptionnelles*. (Voir art. 62.)

Renseignements spéciaux et confidentiels à envoyer à la Direction générale. ART. 301. Avant de souscrire une Police de cette nature, MM. les Agents devront adresser à la Compagnie une proposition accompagnée des renseignements spéciaux et confidentiels indiqués aux divers modèles de proposition nᵒˢ 6 à 16. (Voir, en outre, art. 215 et 216.)

Confection des Polices exceptionnelles. — Réserve à stipuler. Si la proposition est agréée, avis en est donné à l'Agent, qui confectionne ensuite la Police, en ayant soin de faire précéder sa signature de ces mots : *sauf approbation de la Compagnie.*

Envoi des Polices exceptionnelles. Cette Police faite, elle doit être aussitôt envoyée à la Compagnie pour être revêtue de l'approbation de celle-ci; elle n'a d'effet qu'après cette approbation. (Voir art. 39 et 60.)

Pour soumettre une Police à l'approbation de la Compagnie, l'Agent ne devra envoyer que l'une des trois ampliations, et de préférence l'une des deux petites, afin de diminuer les frais de port. (Voir art. 153.)

Durée des autorisations. ART. 302. Les autorisations de la Compagnie ne sont valables que pendant trois mois; passé ce délai, si l'assurance n'a pas été consommée, l'Agent devra demander une nouvelle autorisation.

ART. 303. Toute proposition d'assurance qui ne reposera pas sur une valeur totale d'au moins 1,000 fr. devra être refusée, à moins que la Compagnie n'ait déjà fait ou qu'elle ne fasse au même propriétaire d'autres assurances de valeurs plus importantes.

CHAPITRE IX

Des Risques en général. — Ce qu'on entend par un seul et même Risque. — Risques contigus.

Risques en général. ART. 304. On a vu aux définitions qui précèdent l'avant-propos, que le risque s'entend non-seulement de la chance courue par l'assureur, mais encore qu'on désigne sous ce nom l'objet lui-même sur lequel porte l'assurance. Ainsi on dit, en parlant de tel ou tel objet, que cet objet est un *risque* dangereux.

Art. 305. On entend par risque commun ou par *un seul et même risque* la somme totale assurée à une ou plusieurs personnes sur tous les objets mobiliers ou immobiliers qui, par leur réunion ou leur agglomération sur un même point, sont exposés à être détruits par un même incendie.

Ce qu'on entend par un seul et même risque.

Ainsi, par exemple, la Compagnie assure :

A *B*, une maison.	30,000 f.
Au même, son mobilier au premier étage. .	18,000
A *M*, ses marchandises au rez-de-chaussée. .	40,000
A *C*, son mobilier au deuxième étage. . .	12,000
Total.	100,000

Il est clair que ces quatre assurances, quoique distinctes et faites à plusieurs personnes, ne forment qu'*un seul et même risque*, puisque l'incendie de la maison ou du mobilier de *B*, celui des marchandises de *M* ou celui du mobilier de *C* peut exposer la Compagnie à une perte simultanée de 100,000 fr.

Art. 306. Les maisons et bâtiments contigus, qu'ils appartiennent ou non au même propriétaire, sont considérés comme formant un seul et même risque, à moins qu'ils ne soient séparés par des murs de refend en pierres ou briques s'élevant jusqu'au faîte, sans ouverture ni communication intérieure.

Bâtiments contigus.

Murs de refend.

Art. 307. Quand ils sont séparés par un mur de refend, comme il vient d'être dit, ils peuvent être considérés comme des risques distincts, sauf les exceptions ci-après.

Risques distincts.

Art. 308. Les maisons et bâtiments contigus qui sont couverts en chaume ou en bois sont toujours considérés comme formant un seul et même risque, lors même qu'ils sont séparés par des murs de refend en pierres ou en briques, sans communication intérieure.

Bâtiments contigus couverts en chaume ou bois.

Art. 309. Lorsqu'un bâtiment est contigu à un théâtre ou à une fabrique ou usine, ce bâtiment peut être considéré comme formant un risque distinct, s'il est séparé par un mur de refend en pierres ou briques sans *communication ;* mais, dans ce cas, il paie *néanmoins* une prime plus forte que celle qui lui serait propre à cause du risque avec lequel il se trouve en contiguïté ; ainsi, il lui serait fait application de la prime la plus forte réduite à deux cinquièmes. (Voir le tarif particulier des théâtres et art. 246.)

Bâtiments contigus à un théâtre, à une fabrique ou usine.

Art. 310. Il en est de même lorsque de deux bâtiments contigus l'un est couvert en chaume ou bois et l'autre en tuiles ou ardoises. Dans ce cas, le bâtiment couvert en tuiles ou ardoises paie également une prime supérieure à celle qui lui est propre. (Voir le tarif et ledit art. 246.)

Bâtiments couverts en tuiles contigus à un bâtiment couvert en bois ou chaume.

Art. 311. Les maisons et bâtiments isolés les uns des autres peuvent aussi être considérés comme formant un seul et même risque lorsque, par leur rapprochement ou par d'autres circonstances, il est à craindre que l'incendie de l'un d'eux puisse entraîner la perte ou l'incendie des autres.

Bâtiments isolés considérés comme un même risque.

ART. 312. La règle établie en l'article précédent s'applique aux bâtiments couverts en chaume ou en bois, lesquels, quoique séparés les uns des autres, ne peuvent être considérés comme des risques distincts, à moins que la distance qui les sépare ne soit au moins de 10 mètres.

ART. 313. Il en est de même des récoltes en meules, lorsque les meules sont placées à moins de 10 mètres les unes des autres. (Art. 201, 266 et 298.)

ART. 314. Le mobilier et les marchandises renfermés dans chaque bâtiment suivent le sort de ce dernier et font partie du même risque.

ART. 315. Les Agents doivent diviser et espacer les risques de manière à ce que la Compagnie ne puisse être exposée à la destruction de plusieurs risques par un seul et même incendie.

CHAPITRE X

Des Plaques.

ART. 316. Les plaques ont pour but de faire connaître au public les progrès de la Compagnie. C'est de tous les moyens de propagande le plus efficace. Elles ont aussi pour résultat de déconcerter le malveillant ; car, en voyant la plaque, il ne sera pas tenté d'incendier : son crime n'atteindrait pas l'assuré.

En cas d'incendie, elles excitent l'attention du public et provoquent les secours par l'appât des récompenses que la Compagnie accorde quelquefois aux personnes qui se sont le plus distinguées.

ART. 317. La Compagnie et les Assurés ont donc un intérêt réciproque à l'apposition des plaques. C'est pourquoi il est prescrit aux Agents non-seulement de ne contracter aucune assurance sans obliger l'Assuré à prendre et à payer une plaque, mais encore de la faire apposer dans l'endroit le plus apparent de la propriété ou de l'objet assuré.

ART. 318. Les Agents généraux ne doivent jamais donner de plaques en dépôt à leurs Sous-Agents; ils ne les leur remettent que lorsqu'elles ont leur placement fait, c'est-à-dire qu'en même temps que la Police est remise à l'Assuré, et contre paiement.

ART. 319. L'obligation pour les Agents de faire prendre des plaques à chaque Assuré s'étend à toutes les assurances mobilières et immobilières *sans exception*. Elle est impérieuse, surtout quand l'assurance porte sur des récoltes en meules, des chantiers et autres objets abandonnés à la foi publique.

ART. 320. Dans le cas où un Agent contreviendrait à cette disposition en contractant une assurance *sans plaque*, il n'aurait droit à aucune remise sur la Police (art. 19, n° 2), et il pourra être tenu personnellement du paiement de la plaque.

ART. 321. Le prix des plaques à payer par les Assurés est de 2 fr. 50 c. pour les grandes et de 1 fr. 50 c. pour les petites. *Prix des plaques.*

ART. 322. La plaque ne doit être délivrée à un Assuré qu'après la signature de la Police et le paiement de la prime, si celle-ci est au comptant ; posée plus tôt, il serait à craindre que l'on ne cherchât, en cas de sinistre, à induire de cette circonstance que la Compagnie se trouvait engagée. (Voir art. 27.) *Quand elles doivent être délivrées aux Assurés.*

Lorsque la Police est anticipée, la plaque peut être remise aussitôt l'assurance souscrite, mais, bien entendu, contre paiement.

ART. 323. Les Agents sont comptables de la valeur des plaques qui leur sont envoyées par l'Administration ; un compte spécial leur est ouvert à cet effet. (Art. 419 et modèle n° 64.) *Compte des plaques.*

CHAPITRE XI

Du Recouvrement des Primes.

ART. 324. Comme nous l'avons déjà dit aux Instructions générales, l'assurance ne peut avoir d'effet qu'après le paiement de la prime. *Primes au comptant.*

D'après ce principe, l'Assuré doit payer comptant la prime de la première année si l'assurance est faite pour plusieurs années, ou celle de tout le temps à courir s'il ne contracte que pour une année ou moins d'une année.

ART. 325. Lorsqu'une assurance est faite pour une ou plusieurs années et une fraction d'année (voir art. 279), la prime fractionnelle se paie comptant avec celle de la première année. *Prime d'une fraction d'année.*

ART. 326. Les primes des années suivantes doivent être acquittées au plus tard dans les quinze jours qui suivent l'échéance. (*Art. 6 de la Police.*) *Primes des années suivantes.*

ART. 327. Il a été dit aux Instructions générales que les quittances sont datées du jour où le paiement de la prime s'effectue, et qu'elles ne doivent jamais être datées par anticipation. *Date des quittances.*

Cette recommandation est ici d'une extrême rigueur, car il pourrait arriver qu'un incendié vînt retirer sa quittance avant de faire connaître le sinistre, et, dans ce cas, la quittance étant antidatée, les intérêts de la Compagnie seraient lésés et l'Agent lui-même se trouverait compromis.

ART. 328. Nous avons dit dans la première partie que, lorsque les primes ne sont pas acquittées aussitôt leur échéance, il faut examiner si elles ne sont pas dans le cas d'être portées en non-valeurs. *Cas de non-valeur.*

Ici les causes de non-valeurs sont :

1° L'extinction des risques par suite de sinistres, démolition, cessation de commerce, disparition des objets assurés, etc. ; *Extinction des risques.*

2° L'insolvabilité notoire des assurés ; *Insolvabilité.*

3° Les mauvais renseignements qu'un Agent peut avoir obtenus sur la nature d'un risque, sur l'exagération des valeurs assurées, ou sur la moralité d'un Assuré, et d'après lesquels il résulterait qu'il est de l'intérêt de la Compagnie de profiter du non-paiement de la prime pour se débarrasser du risque.

ART. 329. Dans le premier et le second cas ci-dessus, il faut stipuler la résiliation par un Avenant, conformément à l'art. 74.

Si quelques circonstances s'opposaient à ce qu'il fût procédé ainsi, l'Agent aurait soin d'en faire connaître le motif à la Compagnie.

ART. 330. Dans le troisième cas, on s'abstient de faire présenter la quittance de la prime au domicile de l'Assuré, lors de l'échéance, et, quinze jours après cette échéance, on lui fait notifier la résiliation par huissier (voir modèle n° 36); le tout, si la résiliation a été préalablement autorisée par la Compagnie, aux termes de l'art. 291.

ART. 331. Toutes les résiliations effectuées pour les causes énoncées dans les articles qui précèdent devront être portées mensuellement à la connaissance de la Compagnie par le bordereau n° 5 (art. 419), avec mention des motifs d'annulation.

CHAPITRE XII

Des Sinistres, de l'Estimation des Dommages.

SECTION PREMIÈRE

DES SINISTRES.

ART. 332. Au premier bruit qu'un incendie s'est déclaré dans son Agence, soit sur une propriété assurée par la Compagnie, soit sur des propriétés voisines pouvant communiquer le feu, l'Agent général doit se rendre immédiatement sur les lieux, afin, s'il en est temps encore, de provoquer les secours les plus actifs, surveiller le déplacement des objets sauvés, et faire, en un mot, tout ce qui pourra être utile aux intérêts de la Compagnie.

En cas d'empêchement, l'Agent doit se faire remplacer par l'un de ses Sous-Agents, ou, à défaut, par toute autre personne de confiance, en interdisant toutefois à son représentant de signer aucun acte ni de prendre aucun engagement.

ART. 333. Si, pour empêcher que le feu se communique à d'autres bâtiments assurés par la Compagnie, il y a lieu d'abattre un bâtiment assuré ou non, l'Agent doit solliciter l'autorité compétente pour qu'elle ordonne cette mesure; mais il n'en prendra pas lui-même l'initiative et ne signera aucun acte d'adhésion.

ART. 334. Si, au contraire, la démolition d'un bâtiment assuré par la Com-

pagnie était ordonnée sans une évidente nécessité, surtout si c'était pour pré-
server d'autres bâtiments non assurés par elle, l'Agent cherchera, par ses représentations, à faire différer autant que possible l'exécution de cet ordre, et,
au besoin, devra faire, par un acte extrajudiciaire, pendant ou après l'incendie,
toutes protestations et réserves nécessaires.

Art. 335. Aussitôt après un sinistre, l'Agent général doit adresser à la Com- *Avis immédiat à donner par lettre rouge.*
pagnie une lettre rouge par la poste, conformément au modèle n° 42. L'im-
primé destiné à cet usage doit être rempli à la main dans toutes ses parties, et
notamment dans celles concernant le paiement de la prime, le montant approximatif des pertes et la cause du sinistre.

L'envoi de cette pièce ne doit être différé sous aucun prétexte, lors même que
l'Agent ne pourrait y donner que des renseignements encore incomplets.

Cependant, si la perte ne dépasse pas 20 fr., l'Agent peut se dispenser d'en- *Dispense de cet avis.*
voyer cette lettre. (Art. 343.)

Art. 336. Si la Police n'a pas encore été envoyée à la Compagnie, il faut la *Envoi de la Police.*
joindre à l'envoi de la lettre rouge.

Art. 337. S'il est à la connaissance de l'Agent que l'un des Inspecteurs de *Prévenir l'Inspecteur qui se trouve dans le pays.*
la Compagnie se trouve dans le voisinage, et si la perte paraît devoir dépasser
la somme de 500 fr. (voir art. 361), il prévient également cet Inspecteur.

Art. 338. Immédiatement après le sinistre, l'Agent fera signer à l'Assuré *Déclaration à faire signer par l'Assuré.*
une déclaration conforme au modèle n° 43, et y consignera scrupuleusement
toutes ses réponses. Il cherchera surtout, par tous les moyens possibles, à connaître les causes de l'incendie.

Cette déclaration peut avoir une grande portée quand elle est faite sous la
première impression, l'Assuré n'ayant pas eu le temps de combiner ses réponses
pour cacher la vérité.

On peut, au besoin, faire signer des déclarations semblables à toutes autres *Déclarations à faire signer par d'autres personnes.*
personnes en position de donner des renseignements sur les circonstances du
sinistre.

Art. 339. Dès que l'incendie aura cessé, l'Agent s'occupera immédiatement, *Soins à donner au sauvetage.*
de concert avec l'Assuré, de la conservation du sauvetage. On désigne par
sauvetage tous les objets intacts ou avariés qui n'ont pas été détruits entièrement
par l'effet du sinistre ou par les moyens pris pour en diminuer l'importance.
Si l'Assuré s'y refuse ou s'il commet des détournements, on lui rappellera les
art. 14 et 17 de la Police, et on fera constater le cas par témoins, par le maire,
le commissaire de police, et, au besoin, par huissier.

Pour les bâtiments, si l'estimation du dommage ne peut être faite immédia- *Sauvetage des bâtiments.*
tement, il s'entendra avec l'Assuré pour prévenir les nouvelles dégradations
que les suites de l'incendie ou le mauvais temps pourraient occasionner.

Quoique la Compagnie ne soit pas tenue du paiement des dégâts qui sur-
viennent postérieurement à l'incendie (*art. 3 de la Police*), il n'en est pas

moins de son intérêt et du devoir de l'Agent de prendre toutes les mesures nécessaires pour empêcher les détériorations à la suite d'un sinistre.

Sauvetage du mobilier, des marchandises et des récoltes.

Quant aux objets mobiliers, marchandises ou produits de récoltes, on séparera les objets sains et intacts de ceux dont l'avarie pourrait se communiquer, et l'on prendra les mesures nécessaires pour que ces derniers ne puissent se détériorer davantage.

Gardiens.

Enfin, de concert avec l'Assuré, l'Agent pourra, en cas de besoin et si le sinistre en vaut la peine, établir et salarier des gardiens jusqu'au moment de l'expertise, ou faire déposer en lieu sûr les objets sauvés.

Inventaire à dresser.

Dans tous les cas, l'Agent devra, avant de quitter les lieux, dresser un inventaire, mais sans désignation de valeur, des objets sauvés (voir modèle n° 47), et le faire reconnaître et signer par l'Assuré à la garde duquel les objets sont laissés;

Le tout sans préjudice des droits de la Compagnie.

Paraphe des livres d'un commerçant.

ART. 340. Lorsque le sinistre aura frappé les marchandises d'un commerçant tenant des livres, l'Agent en demandera de suite la représentation et en paraphera les derniers feuillets, afin qu'on ne puisse rien y ajouter.

Intervention des Sous-Agents.

Dans les cantons éloignés du chef-lieu de l'Agence, les Sous-Agents pourront remplacer les Agents généraux, sous la responsabilité de ceux-ci, dans les soins prescrits par la présente disposition et par les art. 332, 333, 338 et 339; mais cette intervention ne peut être que provisoire, l'Agent général devant toujours lui-même se rendre sur les lieux aussitôt que l'avis du sinistre lui est parvenu.

Lettre rouge pour chaque sinistre.

ART. 341. Lorsque l'incendie a atteint plusieurs propriétés assurées à diverses personnes, chaque Police donne lieu à une *lettre rouge séparée*, lors même que toutes les circonstances seraient uniformes.

Déclaration à faire par-devant le juge de paix.

ART. 342. Aux termes de l'art. 15 de la Police, l'Assuré doit, immédiatement après l'incendie, faire sa déclaration devant le juge de paix de son canton. (Modèle n° 44.) L'Agent doit exiger que cette déclaration soit faite dans les termes les plus explicites, et qu'elle énonce le chiffre approximatif des pertes.

Etat détaillé des pertes à fournir par l'Assuré.

Indépendamment de cette déclaration, l'Assuré est tenu de fournir à la Compagnie, dans les quinze jours du sinistre, un état détaillé et certifié par lui des objets incendiés, avariés et sauvés, sous peine de déchéance. (*Art. 15 de la Police.*)

Déclaration devant le maire ou le commissaire de police.

ART. 343. Lorsque la perte présumée n'est que de 100 fr. ou au-dessous, l'Assuré peut être dispensé de faire sa déclaration devant le juge de paix, sauf à y suppléer par une déclaration devant le maire ou devant le commissaire de police de la commune.

Dispense de ces déclarations.

Si la perte ne dépasse pas 20 fr., l'Assuré peut être dispensé de l'une et l'autre de ces déclarations.

Enquête par le juge de paix.

ART. 344. Dans les sinistres graves soit par leur importance, soit par les circonstances qui les ont accompagnés, l'Agent peut engager le juge de paix du canton à se transporter sur les lieux pour y procéder à une enquête, sauf, s'il l'exige, à lui payer ses vacations.

ART. 345. Lorsqu'un commencement de sinistre inspirera des doutes sur la bonne foi de l'Assuré ou fera craindre pour l'avenir un sinistre plus considérable, l'Agent pourra user du bénéfice de l'art. 17 de la Police et résilier immédiatement l'assurance suivant la forme prescrite en l'art. 291. *Résiliation après un commencement de sinistre.*

Et si l'Assuré n'y consent pas, il pourra, s'il y a urgence, lui faire notifier la résiliation par huissier. (Modèle n° 37.) *Notification.*

Dans tous les autres cas, l'Agent doit se borner à donner son avis motivé sur l'opportunité de maintenir ou de résilier la Police. (Art. 399.) *Avis sur le maintien de la Police.*

ART. 346. Après la déclaration d'incendie, l'Agent général doit examiner avec soin si l'Assuré n'a point contrevenu aux conditions générales de la Police, et s'il n'est pas dans l'un des cas de nullité ou de déchéance qui y sont prévus. *Examen des cas de nullité ou de déchéance.*

Ces cas sont :

1° Les changements de propriétaire par suite de décès, vente, changement de raison sociale ou autres causes (*art. 8 de la Police*) ;

2° Les changements de constructions qui multiplient ou augmentent les risques (*art. 9 idem*) ;

3° L'établissement dans les lieux de l'assurance ou dans ceux contigus, qu'ils dépendent ou non de la même propriété, d'une fabrique, d'une usine, d'une machine à vapeur, d'une profession ou manipulation quelconques qui augmentent les dangers du feu (*idem*) ;

4° L'introduction dans lesdits lieux de denrées, marchandises ou objets quelconques qui aggravent les chances d'incendie (*idem*) ;

5° Le transport des objets assurés dans d'autres lieux que ceux désignés dans la Police (*idem*) ;

6° Le transport des effets du risque locatif et de voisins d'un lieu dans un autre (*idem*) ;

7° Les assurances faites par d'autres assureurs ou par des sociétés mutuelles, avant ou depuis la Police de la Compagnie, soit sur les objets mêmes qui sont assurés par celle-ci, soit sur d'autres objets faisant partie du même risque (*art. 10 de la Police*) ;

8° La fausse énonciation de la qualité en vertu de laquelle l'Assuré a agi dans la Police (*art. 13 idem*) ;

Le tout sans que les déclarations et mentions prescrites aient été faites (art. 9 *idem*) ;

9° Toute réticence, dissimulation ou fausse déclaration de la part de l'Assuré, soit pour diminuer l'opinion d'un risque, réduire la prime et augmenter l'indemnité, soit pour tout autre motif (*art. 13 idem*) ;

10° La non-remise, en temps utile, de la déclaration devant le juge de paix et de l'état certifié des objets incendiés, avariés et sauvés (*art.* 15 *idem*); leur soustraction ou détournement en tout ou en partie (*art.* 17 *idem*);

11° La prescription de six mois pour réclamer l'indemnité (*art.* 26 *idem*);

12° Et par-dessus tout, le non-paiement de la prime avant l'incendie (*art.* 6 *idem*). Dans le cas où, au moment d'un sinistre, la prime se trouverait avoir été payée entre les mains d'un Sous-Agent d'une probité suspecte, l'Agent général devra procéder à l'investigation la plus rigoureuse, et, au besoin, faire une enquête pour savoir si la prime a été réellement payée avant le sinistre, et s'il n'aurait pas existé une connivence entre le Sous-Agent et l'Assuré pour délivrer et antidater la quittance du paiement.

ART. 347. Si l'Assuré se trouvait dans l'un des cas prévus par l'article précédent, l'Agent devra en informer la Compagnie et attendre ses instructions.

ART. 348. L'Agent devra examiner, en outre, et faire connaître à la Compagnie :

1° Si les droits de l'Assuré sur la propriété *incendiée* sont entiers ;

2° Si des locataires non assurés par la Compagnie pour leurs risques locatifs ne se trouvent pas dans le cas de responsabilité résultant des art. 1733 et 1734 du Code Nap. (art. 197);

3° Si, aux termes des art. 1382, 1383 et 1384 du même Code, il n'y a point à exercer un recours :

Soit contre les propriétaires ou locataires des maisons voisines par lesquelles le feu se serait communiqué ;

Soit enfin contre l'Assuré lui-même, s'il se trouve dans l'un des deux cas suivants :

Lorsque, n'étant point garanti par la Compagnie contre le recours des voisins, le feu, commencé chez lui, a causé la perte d'objets appartenant à d'autres personnes et assurés par la Compagnie ;

Lorsqu'étant locataire, et n'ayant fait assurer par la Compagnie que son mobilier ou ses marchandises, l'incendie, aussi commencé chez lui, a causé à la maison des dommages que la Compagnie est tenue de rembourser au propriétaire assuré par elle.

Recours à exercer.

Intervention des personnes responsables.

ART. 349. On fera intervenir dans les expertises les voisins, locataires ou personnes responsables. A cet effet, on leur fera donner une sommation (voir modèle n° 52), mais en passant outre s'ils ne se présentent pas.

Vérification lorsque la Compagnie n'a assuré que les risques locatifs.

ART. 350. Lorsqu'un incendie arrive dans une maison non assurée par la Compagnie au propriétaire, mais dans laquelle elle a garanti des risques locatifs, il faut vérifier soigneusement si le feu n'a pas été communiqué par une maison voisine, s'il ne provient pas d'un vice de construction, ou s'il n'a pas été occasionné par une cause fortuite ou par force majeure, la Compagnie, dans ces divers cas, n'étant tenue à aucune indemnité. (Art. 394.)

Oppositions à former contre des personnes assurées par d'autres Compagnies.

ART. 351. Si une personne envers laquelle il y aurait évidemment un recours à exercer était elle-même assurée par une autre Compagnie, et si elle ne présentait pas une solvabilité suffisante, l'Agent ferait faire une saisie-arrêt entre les mains de l'Agent de cette Compagnie pour empêcher le paiement de l'indemnité.

L'original de la notification serait transmis immédiatement à l'Administration, afin qu'elle puisse aviser, et, au besoin, renouveler cette signification au siége de ladite Compagnie.

ART. 352. Si, dans ses recherches, l'Agent découvre des traces évidentes de mauvaise foi ou de malveillance de la part de l'incendié, il appellera à lui des témoignages respectables, et fera constater les faits de manière à ce qu'ils ne puissent plus être niés ou dénaturés. *Présomption de malveillance ou de mauvaise foi.*

S'ils décèlent un coupable, il n'hésitera pas à appeler sur lui l'attention de la justice, en communiquant à M. le procureur impérial ce qu'il aura appris, mais sans se porter partie plaignante ni partie civile. *Action du ministère public.*

Si le ministère public poursuit d'office, l'Agent tiendra la Compagnie au courant des progrès de l'instruction, afin qu'elle prenne le parti que les circonstances pourront lui suggérer.

Et si, nonobstant la culpabilité évidente de l'Assuré, le ministère public négligeait de le poursuivre, l'Agent en référerait à la Compagnie et attendrait ses ordres.

ART. 353. Si l'Assuré est arrêté, la Compagnie peut néanmoins avoir intérêt à faire procéder à l'expertise dans la prévision d'un acquittement; elle transmet alors à l'Agent des instructions spéciales. *Expertise en cas d'arrestation de l'Assuré.*

ART. 354. Lorsque l'incendie sera attribué à une malveillance étrangère, l'Agent devra faire connaître à la Compagnie si le coupable présumé présente quelque solvabilité. *Sinistre par malveillance étrangère.*

ART. 355. Dans les cas difficiles et urgents qui peuvent se présenter à l'occasion d'un sinistre, l'Agent est autorisé à prendre les conseils d'un homme de loi. *Dans les cas difficiles, l'Agent peut consulter un homme de loi.*

ART. 356. Les Agents généraux doivent bien se pénétrer de ceci : que plus les démarches à faire pour recueillir des renseignements sont rapprochées du moment où le sinistre a éclaté, plus ceux-ci sont complets.

L'expérience démontre, en effet, que par une foule de circonstances qu'on ne peut prévoir, telle personne qui aurait donné des renseignements si on les lui avait demandés sur-le-champ, s'en abstient quelque temps après l'événement;

Et que souvent aussi des considérations d'affaires ou de relations, ou même des sollicitations du sinistré, circonviennent telle autre personne qui aurait à faire connaître certains faits ou certaines particularités importantes, au point de la décider à garder le silence.

ART. 357. Les Agents généraux né peuvent, à moins d'en avoir reçu l'autorisation de la Compagnie, s'immiscer dans les sinistres d'une autre Agence, si ce n'est pour prendre des mesures conservatoires. *Les Agents ne peuvent s'immiscer dans les sinistres d'une autre Agence. — Exception.*

ART. 358. Lorsqu'un sinistre frappera sur des objets assurés par la Compagnie conjointement avec d'autres Compagnies, l'Agent devra se concerter avec *Sinistre sur des objets assurés par l'Abeille conjointement avec d'autres Compagnies.*

7

les Agents de ces dernières pour prendre toutes les mesures nécessaires tant pour le sauvetage que pour l'expertise.

SECTION II.

DE L'ESTIMATION DES DOMMAGES.

§ 1er

Dispositions générales.

Juste appréciation des pertes.

ART. 359. Les principes établis au chapitre Ier doivent être rigoureusement appliqués à tout réglement de sinistre, non-seulement en raison de leur équité, mais aussi à cause du dangereux exemple d'un bénéfice résultant d'un incendie : c'est exciter certains Assurés au moins à la négligence, si ce n'est au crime. Les Agents ne sauraient donc être trop scrupuleux pour réduire toujours à la plus stricte expression des pertes les sommes réclamées par les Assurés.

Sinistre de 500 f. et au-dessous.

ART. 360. Lorsque les droits de l'Assuré seront entiers et incontestables, et lorsque toutes les formalités préalables auront été remplies et que les pertes ne paraîtront pas devoir dépasser 500 fr., l'Agent, après en avoir donné avis à la Compagnie, conformément à l'art. 335, procédera lui-même à l'estimation des dommages, après toutefois s'être renseigné et éclairé, autant que possible, sur tout ce qu'il est important qu'il sache ou connaisse.

Cependant s'il existe des circonstances extraordinaires ou imprévues, l'Agent suspendra tout réglement et en rendra compte à la Compagnie, dont il attendra les instructions.

Sinistre au-dessus de 500 f.

ART. 361. Si le sinistre est présumé au-dessus de 500 fr., si l'Assuré se trouve dans l'un des cas de nullité ou de déchéance prévus par les conditions générales de la Police (art. 346), ou s'il se trouve en état d'arrestation par suite de soupçons élevés contre lui à l'occasion de l'incendie (art. 352), l'Agent, après en avoir donné avis à la Compagnie, comme il est dit en l'article précédent, doit, sous peine d'engager sa responsabilité, attendre les instructions ultérieures de la Compagnie, qui l'autorisera à procéder lui-même ou à faire procéder à l'expertise, ou enverra sur les lieux un de ses inspecteurs.

Choix des experts.

ART. 362. Dans tous les cas, l'Agent doit veiller à ce que l'expert de l'Assuré et le tiers expert réunissent les qualités requises (art. 105 à 111), et il doit faire écarter ceux qui seraient intéressés dans la construction ou la réparation des bâtiments, machines et métiers, ou portés par d'autres motifs à exagérer la valeur des objets détruits.

Recours contre des tiers. Sommation à leur faire.

ART. 363. Si la Compagnie a un recours à exercer contre un tiers par suite de l'incendie (art. 348), ce tiers sera sommé d'intervenir, comme il est dit à l'art. 349.

Art. 364. Les Agents auront soin de bien pénétrer les experts, notamment celui de la Compagnie, des effets que doit produire le contrat d'assurance ; ils leur feront particulièrement connaître que d'après les conditions de la Police, les sommes assurées ne doivent nullement servir de base à leurs opérations (*art. 4 de la Police*), et ils suivront avec assiduité tous leurs travaux, afin de ne pas les laisser dévier des principes et des règles établies.

Instructions à donner aux experts.

Art. 365. Les Agents veilleront soigneusement à ce qu'il ne soit pas introduit dans les expertises des objets non compris dans l'assurance ni d'autres objets dont l'assurance est prohibée par la Police. (Art. 199 et suivants.)

Exclusion des objets non compris dans l'assurance.

L'Assuré étant obligé par la Police de reprendre le sauvetage pour le prix de l'estimation, les Agents veilleront également à ce qu'il ne soit point déprécié. Ils feront observer aux experts que le sauvetage a ordinairement plus de valeur pour l'Assuré qui peut en faire usage que pour un acquéreur étranger.

Appréciation du sauvetage.

Art. 366. L'estimation d'une chose détruite semble, au premier abord, fort difficile ; l'expérience a prouvé qu'elle est toujours possible : le toisé des bâtiments, la notoriété publique, les titres de propriété, la cote des contributions directes, les débris de toute nature, les livres, les factures, les acheteurs, les vendeurs, les commis, les domestiques, les ouvriers, les voisins fournissent toujours assez de renseignements pour éclairer les experts.

Eléments nécessaires pour procéder à l'expertise.

Art. 367. Pour constater le montant des *pertes réelles* ou des dommages *matériels*, desquels seuls la Compagnie répond (*art. 3 de la Police*), les experts déterminent la valeur vénale de tous les objets assurés au moment de l'incendie ; ils en déduisent le montant estimatif du *sauvetage*, et la différence constitue la *perte réelle*.

Comment on constate les pertes réelles.

Art. 368. On entend par valeur réelle ou vénale au moment du sinistre, savoir :

Ce qu'on entend par valeur réelle ou vénale.

En fait d'immeubles, ce que valait intrinsèquement, au moment de l'incendie, la généralité des constructions d'après leur ancienneté, leur état et les circonstances qui pouvaient les déprécier, sans y comprendre la valeur du sol ni celle des terrains qui en dépendent, et sans égard à l'avantage de l'emplacement, des locations ou à toutes autres circonstances qui peuvent donner aux immeubles une valeur accidentelle *non matérielle*.

En fait d'immeubles.

On doit enfin prendre en considération le plus ou le moins de facilité qu'eût rencontré le propriétaire s'il eût voulu réaliser ;

En fait d'objets mobiliers, leur prix purement vénal, abstraction faite de toute considération de convenance, d'affection, de commodité ou d'utilité personnelle ;

En fait de meubles.

En fait de marchandises, matières et denrées, leur prix au cours du jour du sinistre, d'après leur qualité, leur état, le lieu où elles se trouvaient, et sans égard aux probabilités de hausse, aux éventualités ou même à la certitude des bénéfices soit par suite des commandes, de marchés à livrer ou de toutes autres circonstances ;

En fait de marchandises et denrées.

En fait de sauvetage :

1° La valeur réelle et intrinsèque de toutes les parties des objets qui ont été préservés du sinistre ;

2° La valeur réelle et intrinsèque que conservent les objets endommagés et les décombres, débris, matériaux et restes quelconques provenant des objets détruits.

Le dommage ou perte réelle est représenté par la somme qui forme la différence entre la *valeur réelle* au moment du sinistre et la *valeur du sauvetage*, sans qu'il y soit rien ajouté pour indemnité de changement d'alignement, défaut de location et de jouissance, résiliation des baux, chômage ou toute autre perte non matérielle, ni pour *pertes matérielles survenues postérieurement au sinistre.*

Art. 369. Lorsqu'un incendie aura détruit plusieurs propriétés appartenant à différentes personnes, il sera fait autant de procès-verbaux d'expertise qu'il y aura d'assurés et non pas un procès-verbal collectif.

Les procès-verbaux d'expertise doivent être accompagnés d'états détaillés qui y demeurent annexés. (Modèles nᵒˢ 48, 49, 50.)

Art. 370. Ils doivent être accompagnés, en outre, toutes les fois qu'il s'agit d'immeubles et que les pertes s'élèveront à 1,000 fr. et au-dessus, d'un tableau synoptique conforme au modèle n° 51.

Les Agents sont pourvus des imprimés à cet effet.

§ 2

De l'Expertise des Dommages sur maisons et bâtiments.

Art. 371. Quand il s'agira de faire l'estimation d'un bâtiment, les experts doivent, au préalable, se faire représenter les titres de propriété ; s'informer du montant des loyers et des contributions ; recueillir des renseignements sur la nature, sur l'âge et sur le bon ou mauvais état des constructions ; examiner quelles étaient leurs dimensions, le nombre des étages et des portes et fenêtres, les distributions intérieures, les décors, le genre des couvertures et la nature des charpentes, plafonds, etc.

Art. 372. D'après ces renseignements, les experts déterminent la valeur *vénale* ou *réelle* du bâtiment incendié. (Art. 367.)

Ils dressent un devis estimatif et détaillé de la construction, conformément aux modèles nᵒˢ 48 et 49. (Art. 120.)

Ils ont soin d'établir la différence du *neuf* au *vieux*, c'est-à-dire qu'après avoir recherché et constaté la date de la construction de l'immeuble incendié et vérifié son état d'entretien, ils font sur le prix des constructions une réduction calculée sur le temps durant lequel l'immeuble aurait pu exister encore et sur les réparations qu'il aurait exigées. *Cette réduction, qui est de toute justice, puisque la Compagnie ne garantit que la valeur réelle et non pas la valeur de la construction neuve, peut être très-considérable, surtout quand il s'agit de bâtiments construits en bois et couverts en paille. Une couverture en chaume, par exemple, durant trente années au plus, il est évident qu'elle n'a plus qu'une très-faible valeur si elle a vingt-cinq ans d'existence au moment de l'incendie.*

ART. 373. Lorsque les dommages ne s'élèveront pas au-delà de *trois cents francs* et qu'ils n'excéderont pas un dixième de la valeur de la propriété, on peut n'estimer que le coût des réparations à faire, eu égard à la différence du neuf au vieux, si d'ailleurs il est reconnu que la somme assurée n'est pas inférieure à la valeur réelle de l'immeuble. *Si la somme assurée était inférieure à la valeur de l'objet assuré, l'Assuré tomberait sous l'application de l'art. 4 de la Police, et il serait tenu de participer à la perte au centime le franc de son assurance.* (Art. 402.)

Dommages au-dessous de 300 fr.

§ 3

De l'Estimation des mobiliers, marchandises et produits de récoltes.

ART. 374. Les pertes sur objets mobiliers et marchandises n'étant pas de notoriété publique comme celles des immeubles, l'Assuré doit, après avoir fait sa déclaration au juge de paix du canton, fournir à la Compagnie un état détaillé, certifié par lui, des objets incendiés,·avariés et sauvés; et, s'il ne satisfait pas à cette obligation dans les quinze jours qui suivent l'incendie, il est déchu de tous ses droits contre la Compagnie, à moins d'impossibilité constatée. (Art. 342.)

État détaillé à fournir par le sinistré.

L'Agent, en cas de retard, suspendra l'expertise et consultera la Compagnie.

Suspension de l'expertise.

ART. 375. L'Assuré doit ensuite justifier par tous les moyens en son pouvoir de l'existence des objets assurés au moment de l'incendie et de la réalité des pertes. (*Art. 17 de la Police.*) Toutes les pièces justificatives, avec les renseignements à l'appui, sont mises sous les yeux des experts, qui les contrôlent pour en connaître la vérité.

Justification à faire par l'Assuré.

Si l'Assuré se refuse à faire ces justifications, l'Agent suspendra l'expertise et en référera à la Compagnie.

ART. 376. Lorsque la perte causée par un sinistre sur mobilier, marchandises ou produits de récoltes, n'excédera pas les proportions indiquées à l'article 373, on pourra se borner à faire l'estimation des objets détruits et avariés et de leurs débris, suivant les conditions déterminées audit article.

Perte au-dessous de 300 fr.

ART. 377. S'il résulte des circonstances de l'incendie que des objets assurés ont été volés ou perdus, mais non brûlés, on ne les comprendra pas dans les estimations : l'assurance ne s'étend pas à la perte ni au vol. (*Art. 3 de la Police.*)

Objets perdus ou volés.

Art. 378. Pour déterminer la consistance et la valeur d'un mobilier détruit, on prend en considération la position sociale de l'Assuré, sa fortune, son état de maison, l'époque de son établissement, le nombre de personnes dont se compose sa famille, etc.

On prend des informations auprès des domestiques, employés, ouvriers, voisins ou toutes autres personnes qui connaissaient, habitaient ou fréquentaient la maison de l'incendié.

On cherche à reconnaître, par l'examen des localités, si les objets réclamés ont pu y être placés, s'ils ont laissé des traces ou des débris, et *s'ils ont dû en laisser.*

Enfin, on compare la nature et la valeur des objets qui restent avec la nature et la valeur des objets déclarés comme brûlés.

L'Agent indiquera la marche tracée ci-dessus aux experts, et concourra lui-même à recueillir tous les renseignements possibles.

Art. 379. Il est essentiel que, dans l'estimation des objets mobiliers, les experts tiennent compte de l'état dans lequel ces objets se trouvaient au moment de l'incendie : de vieux meubles, du linge usé, etc., ne doivent pas être payés le prix du neuf. La valeur à rembourser à l'Assuré pour son mobilier comme pour toute autre chose ne doit pas excéder le prix qu'il en aurait retiré s'il en eût fait la vente avant l'incendie.

Art. 380. L'état (modèle n° 50) annexé au procès-verbal d'expertise contient sur cinq colonnes les indications ci-après :

1° L'état dans lequel les objets ont été trouvés au moment de l'expertise ;

2° La valeur vénale des objets existant au moment de l'incendie, eu égard à leur ancienneté et à l'usage qui a pu en être fait ;

3° La valeur, au moment de l'incendie, des objets sauvés ou intacts ;

4° La valeur, au moment de l'incendie, des objets endommagés ou avariés, sans égard aux détériorations qu'ils ont pu éprouver depuis le sinistre, et que la Compagnie ne garantit pas (*art. 3 de la Police*) ;

5° Enfin le montant de la perte totale ou partielle éprouvée sur chaque objet.

L'Agent veillera à ce que toutes ces indications soient faites avec exactitude et sans omission ni exagération.

Art. 381. Les règles tracées ci-dessus pour l'estimation d'un mobilier personnel ou de ménage peuvent être également suivies pour l'estimation d'un mobilier industriel appartenant à des marchands, artisans ou petits fabricants, ainsi que pour le mobilier aratoire.

Art. 382. Pour le mobilier industriel des fabriques, des usines, des filatures, etc., on se fait représenter le dernier inventaire.

On interroge les contre-maîtres, les ouvriers, les personnes ou mécaniciens qui ont fourni, confectionné ou réparé les métiers, machines et ustensiles.

On cherche à s'assurer de l'existence des objets réclamés, par l'inspection des emplacements qu'ils ont occupés, par l'examen des débris, ferrements et garnitures métalliques.

ART. 383. Pour déterminer la valeur, on s'informe de l'âge et du système des machines et métiers et des noms des constructeurs qui les ont établis ou réparés.

Machines et métiers.

On examine attentivement les métiers sauvés et les restes |de ceux qui auront été détruits, pour servir de point de comparaison.

ART. 384. Dans l'estimation des métiers et machines, les experts tiendront compte de la moins-value que les progrès de l'industrie auront pu faire éprouver à des objets anciens et mal établis, ainsi que de la dépréciation qui pourrait résulter de l'état de gêne ou de stagnation de la branche de commerce à laquelle appartiendra l'établissement incendié.

Ils ne perdront pas de vue qu'en aucun cas la valeur estimative même intrinsèque des objets assurés ne doit dépasser la somme que l'Assuré en aurait retirée par l'effet d'une vente.

ART. 385. Pour constater l'existence, la qualité et la valeur des marchandises assurées, les livres de l'Assuré, son dernier inventaire, les factures, les lettres de voiture, la correspondance, le témoignage des commis et employés, celui des personnes avec lesquelles l'Assuré était en relation d'affaires ou qui fréquentaient la maison ou le magasin, sont des sources où l'on puisera les renseignements nécessaires. (Art. 340.)

Estimation de marchandises.

ART. 386. Lorsque l'assurance portera sur des marchandises placées sous la surveillance des douanes ou de la régie des contributions indirectes, on profitera de ces deux circonstances pour se procurer auprès de ces administrations tous les renseignements nécessaires.

Marchandises placées sous la surveillance des douanes ou de la régie des contributions indirectes.

ART. 387. Lorsque les livres et papiers de l'Assuré auront péri dans l'incendie, ou lorsqu'il s'agira d'estimer les marchandises d'un commerçant ne tenant pas d'écritures, on suppléera aux renseignements écrits :

Cas d'incendie ou de non-existence de livres et papiers d'un commerçant.

Par les inductions que l'on pourra tirer de l'examen des localités, place par place ;

Par les débris, les cendres et les traces que le feu a laissés ;

Par un contrôle plus sévère des déclarations de l'Assuré et par des justifications plus nombreuses qu'on exigera de lui ;

Par les informations qu'on prendra auprès des gens de sa maison, de ses correspondants, de ses acheteurs et vendeurs.

Les duplicatas de factures que l'Assuré est toujours à même de reproduire seront aussi des documents précieux.

ART. 388. Si l'assurance porte sur marchandises en fabrication, les experts se feront rendre compte de la situation des travaux au moment de l'incendie.

Marchandises en fabrication.

Ils prendront en considération l'activité plus ou moins grande de l'établissement; ils s'informeront auprès des ouvriers quels étaient les métiers en activité, leur nombre, leur marche, leurs produits journaliers en quantité et qualité,

Ils consulteront, comme pour les autres marchandises, les livres qui constatent le mouvement de la fabrique, les inventaires, la correspondance, les lettres de voiture, etc., et, au besoin, ils s'adresseront aux maisons de commerce qui fournissaient les matières premières et à celles qui achetaient les produits.

Estimation au cours du jour. ART. 389. La valeur des marchandises (*art. 19 de la Police*) sera établie d'après le cours du jour, qu'il ne faut pas confondre avec le prix d'achat ou de *revient*, ni avec le prix auquel l'Assuré aurait pu vendre dans son commerce. Le cours du jour doit s'entendre du prix auquel on pouvait, le jour de l'incendie, remplacer les marchandises perdues.

Estimation de produits de récolte. ART. 390. Pour apprécier les pertes sur produits de récoltes on examinera :

1° L'étendue et la nature des terres qu'exploite l'Assuré ;

2° Les produits de la dernière récolte, eu égard aux accidents, tels que la grêle, la gelée, etc., qui auraient altéré les qualités ou diminué les quantités ;

3° L'époque de l'année, d'après laquelle les approvisionnements doivent être plus ou moins considérables ;

4° Le montant des ventes faites depuis la dernière récolte, comme aussi la consommation journalière de la ferme, eu égard au nombre d'ouvriers, à celui des bestiaux et des animaux de labour.

Si l'Assuré tient des notes ou des livres, on en exigera la représentation.

On interpellera les garçons de ferme, les journaliers, les batteurs en grange, les charretiers, les facteurs des marchés.

On comparera les produits des voisins, et on consultera les maires, adjoints et autres habitants notables de la commune.

Bestiaux, troupeaux. ART. 391. L'existence et la valeur des bestiaux, troupeaux et animaux de labour seront aussi établies par le témoignage des ouvriers et journaliers et par celui des cultivateurs voisins.

Mercuriale des grains, fourrages et denrées. ART. 392. Les grains, fourrages et autres denrées seront estimés d'après la mercuriale du dernier marché qui a précédé l'incendie, déduction faite de tous frais de battage, de transport, de factage, etc.

Estimation des bois et forêts. ART. 393. L'estimation des dommages d'incendie sur les bois et les forêts consiste à déterminer :

1° La valeur du bois assuré, eu égard à l'âge et à l'état d'aménagement, et, bien entendu, déduction faite du sol ;

2° La diminution que cette valeur a éprouvée par l'effet de l'incendie ;

3° La valeur du sauvetage, composée du bois à abattre et des souches, qui doivent servir au recepage, l'incendie n'étant pas une cause de défrichement.

On fixe les prix suivant les ventes des dernières coupes ou sur d'autres données, et on prend telles informations qu'il sera nécessaire auprès des agents et employés de l'administration forestière.

Art. 394. Lorsque l'incendie aura atteint la responsabilité d'un locataire, il faut examiner :

1° S'il y a plusieurs locataires dans les mêmes bâtiments incendiés ;

2° Si le propriétaire les occupe en partie ;

3° Si la Compagnie a assuré les risques de propriétaire et les risques locatifs à la fois ;

4° Si elle n'a assuré que les risques locatifs sans assurer la propriété.

Dans les deux premiers cas, il sera très-important de rechercher et de déterminer d'une manière certaine le point où l'incendie aura commencé ; car, dans le doute, tous les locataires et le propriétaire lui-même pourraient partager la responsabilité des dommages.

Dans le troisième cas (celui où la Compagnie aurait à la fois assuré le propriétaire et les locataires), il faut examiner si la somme assurée sur le risque locatif couvre la somme garantie au propriétaire, et, dans ce cas, il n'y a pas lieu à faire, à l'égard du locataire, une estimation particulière des dommages ni de le faire intervenir dans l'expertise.

Mais si le locataire n'a fait assurer son risque locatif que pour une partie de la somme assurée au propriétaire, la Compagnie peut avoir un recours à exercer contre lui pour l'excédant, et, dans ce cas, il doit intervenir dans l'expertise. S'il s'y refuse, il lui sera fait sommation, comme il est dit à l'art. 349.

Enfin, dans le quatrième cas (celui où la Compagnie n'aurait assuré que le locataire), il faut examiner avec soin, comme il est dit à l'art. 350, si le locataire ne peut pas faire valoir en sa faveur l'une des exceptions prévues par les art. 1733 et 1734 du Code Napoléon.

S'il y a doute sur la responsabilité du locataire, l'expertise est suspendue et l'Agent attend les ordres de la Compagnie.

Si l'expertise ne peut être suspendue, vu l'urgence, ou si l'Agent est contraint d'y assister, il doit faire les réserves les plus expresses dans l'acte de nomination des experts et dans le procès-verbal d'expertise. (Art. 114.)

Art. 395. Dans tous les cas, les Agents doivent vérifier si le locataire a fait assurer sur son risque locatif une somme égale à *vingt fois* au moins le montant annuel de son loyer ; car, dans le cas contraire, la Compagnie ne répondrait du dommage que dans la proportion de la somme assurée, et le locataire resterait son propre assureur pour le surplus. (*Voir art.* 22 *de la Police.*)

Il peut être dérogé à l'application de cette proportion lorsque la somme assurée, quoique inférieure à *vingt fois* le montant annuel du loyer, représente la valeur totale du bâtiment loué.

Art. 396. Lorsqu'il s'agira de dommages occasionnés à des propriétés appartenant à des voisins dont le recours a été garanti par la Compagnie, l'Agent doit faire toutes les recherches et prendre toutes les informations nécessaires pour connaître les causes de l'incendie, mais il doit s'abstenir de tout acte relatif à l'expertise.

Il fera connaître les faits à la Compagnie et attendra ses instructions.

CHAPITRE XIII

Du Réglement définitif des Sinistres, des frais y relatifs, et du Paiement de l'indemnité.

Envoi à la Compagnie du dossier du sinistre.

ART. 397. Aussitôt l'expertise terminée, l'Agent envoie à la Compagnie, comme il est dit en l'art. 126, toutes les pièces composant le dossier, et notamment :

1° La déclaration ou les déclarations devant l'Agent (art. 338) ;

2° La déclaration devant le juge de paix (art. 342) ;

3° L'état détaillé des objets incendiés, avariés et sauvés (voir même article) ;

4° Le compromis ou la nomination d'experts (art. 109) ;

5° Le procès-verbal d'expertise (art. 120) ou les transactions prévues par les art. 415 et 416, et accompagnées des pièces prescrites;

6° Les originaux de tous les exploits qui ont pu être signifiés à l'occasion du sinistre (art. 109, 119, 334, 345, 349, 351 et 394).

Mémoire des frais et dépenses relatifs aux sinistres.

ART. 398. L'Agent doit joindre à cet envoi un mémoire détaillé de tous les frais et dépenses occasionnés par le sinistre, avec les quittances et les pièces justificatives à l'appui.

Ces frais comprennent :

1° Les sommes payées aux experts pour leurs honoraires et déboursés et les dépenses nécessaires faites dans l'intérêt du sauvetage ;

2° La dépense personnelle à l'Agent pour frais de voiture ou de transport au lieu du sinistre et retour, plus les frais et dépenses de bouche.

De même qu'en matière d'expertise *grêle*, et par les mêmes raisons, les frais personnels de l'Agent se bornent à ses déboursés, sans rien ajouter pour vacation.

Rapport définitif de l'Agent.

Gratification à accorder.

ART. 399. Lorsque l'Agent fait l'envoi du dossier d'un sinistre à la Compagnie, il doit lui adresser en même temps un rapport détaillé contenant l'exposé des faits qui ont accompagné, précédé ou suivi le réglement. Il fera connaître le résultat de l'expertise, le montant des frais et les gratifications pécuniaires ou honorifiques qu'il lui semblerait utile d'accorder aux pompiers ou autres personnes qui auraient concouru avec éclat à arrêter les progrès de l'incendie.

Les Agents ne doivent point ici s'écarter de la prudence, afin d'éviter l'abus. Tout citoyen est tenu de porter secours lors d'un incendie; mais les gratifications ne doivent être demandées et accordées que pour des services signalés.

ART. 400. Il dira, par avis motivé, s'il est convenable ou opportun de se pourvoir contre l'expertise ou d'autoriser le paiement; s'il échoit d'user de la faculté réservée par l'art. 21 de la Police, qui autorise la Compagnie à faire reconstruire ou réparer les dégâts, à reprendre en totalité ou en partie les objets avariés pour le montant de leur estimation, ou à remplacer tout ou partie de ces objets en nature.

Enfin, il dira s'il y a lieu de maintenir l'assurance en tout ou partie ou bien d'en faire la résiliation, conformément à l'art. 25 de la Police. (Art. 345.)

Opportunité du maintien ou de la résiliation de la Police.

ART. 401. Lorsque toutes les pièces relatives à un sinistre ont été remises à la Compagnie, celle-ci examine si elles sont régulières, et, dans le cas affirmatif, elle détermine le montant de l'indemnité suivant les conditions de la Police, et ordonnance le paiement.

Examen des pièces, ordonnancement du paiement.

Si, au contraire, il y a lieu à observation, si l'expertise est sujette à rectification, ou si un arbitrage devient nécessaire, elle donne les instructions nécessaires à l'Agent.

ART. 402. S'il résulte de l'expertise qu'au moment de l'incendie la somme assurée était supérieure à la valeur réelle des objets garantis, la Compagnie ne sera tenue de payer que le dommage effectif ou les pertes réelles, et rien au-delà. — *Exemple :*

Liquidation des indemnités.

La Compagnie assure 90,000 fr. dans un magasin où il y a un grand mouvement de marchandises; au moment du sinistre il est reconnu qu'il n'existait que pour 60,000 fr. de valeurs, lesquelles ont péri en totalité : la Compagnie doit non pas les 90,000 fr. (ce qui donnerait à l'Assuré un bénéfice illicite de 30,000 fr.), mais seulement les 60,000 fr. de *pertes réelles. (Voir art. 4 de la Police et* 195 *ci-dessus.)*

Exemple.

Si, au contraire, la valeur réelle des objets garantis était supérieure à la somme assurée au moment du sinistre, la perte à la charge de la Compagnie serait réduite au centime le franc, conformément à l'art. 4 de la Police. — *Exemple :*

Il n'a été assuré que 60,000 fr. sur une propriété qui, au moment du sinistre, valait. . . . . 90,000 f.

Autre exemple.

La partie sauvée a une valeur de. 18,000
_____
Le dommage est donc de. 72,000

Dans cette hypothèse, la Compagnie n'a été, de fait, assureur que pour une partie de la valeur totale, soit deux tiers, et l'Assuré est resté son propre assureur pour l'autre tiers. La perte à la charge de chacune des parties doit donc se calculer dans la mesure de leurs intérêts réciproques, suivant la règle de proportion ci-après :

Valeur de la propriété.	Perte totale.	
90,000 f.	: 72,000 f. ::	{ 60,000 f. montant de l'assurance : $x = 48,000$ f., conting. de la Compagnie.
		30,000 f. montant du découvert : $x = 24,000$ f., contingent de l'Assuré.

Ce résultat est exactement le même que si le domaine avait été assuré par deux compagnies, savoir :

Par l'une, pour. . . . . :. . 60,000 f.

Par l'autre, pour. 30,000

Règle proportionnelle.

Telle est, en termes d'assurance, l'application de la règle proportionnelle.

Répartition au centime le franc entre plusieurs Compagnies.

ART. 403. S'il arrive, comme il est prévu par l'art. 20 des conditions générales de la Police, qu'il existe simultanément plusieurs assurances sur le même objet, le partage des pertes s'effectue également au centime le franc, de la manière suivante :

Supposons qu'il soit survenu une perte de 200,000 fr. sur un objet valant 500,000 fr., et que le propriétaire ait fait assurer pour 450,000 fr. par diverses Compagnies et soit resté à découvert pour le surplus, quelle sera la perte de chacune ? On établit la proportion comme il suit :

Valeur totale.	Perte totale.	
500,000 f.	: 200,000 f. ::	{ 100,000 f. ass. de la Cie de l'*Abeille* : $x = 40,000$ fr., contingent de l'*Abeille*.
		100,000 f. id. du *Phénix* : $x = 40,000$ fr., contingent du *Phénix*.
		100,000 f. id. *Royale* : $x = 40,000$ fr., conting. de la Cie *Royale*.
		160,000 f. id. *Générale* : $x = 64,000$ fr., conting. de la Cie *Générale*.
		40,000 f. assur. du propriétaire : $x = 16,000$ fr., contingent de l'Assuré.

Si, dans l'hypothèse ci-dessus, l'Assuré était couvert pour le tout, il n'aurait à supporter aucune portion du dommage, et la perte serait répartie entre les diverses Compagnies dans la proportion de leurs assurances respectives, comme cela est indiqué.

Les sinistrés ne peuvent faire aucun délaissement, mais la Compagnie peut prendre les objets sauvés pour le prix de l'estimation.

ART. 404. Les Assurés ne peuvent jamais faire aucun délaissement ni total ni partiel des objets assurés, avariés ou sauvés; mais si la Compagnie estime que des experts ont apprécié au-dessous de la valeur réelle des objets échappés à l'incendie, elle a droit de reprendre ces objets en tout ou partie pour le montant de leur estimation. (*Art. 21 de la Police.*)

Elle peut réparer, reconstruire ou remplacer les objets incendiés.

ART. 405. Si la Compagnie croit que les experts ont exagéré les dommages, elle peut faire réparer ou reconstruire les bâtiments détruits ou endommagés, ou remplacer en nature tout ou partie des objets avariés ou détruits, ainsi qu'il est dit art. 400.

ART. 406. Lorsqu'après un sinistre partiel l'assurance est maintenue, elle doit, jusqu'à la fin de l'année courante, être réduite de tout le montant de l'indemnité qui a été payée.

Si l'Assuré ne reconstruit ou ne remplace pas les objets sinistrés, l'assurance et la prime des années suivantes sont réduites par avenant de la moins-value résultant du sinistre.

ART. 407. Aucune indemnité de sinistre ne peut être payée sans une autorisation spéciale et expresse de la Compagnie, à moins que la somme à payer ne soit au-dessous de 100 fr.

Aucune indemnité, à moins qu'elle ne soit au-dessous de 100 fr., ne peut être payée sans autorisation.

ART. 408. Lorsqu'il est ordonnancé, le paiement est fait au comptant au siége de la Compagnie.

Le paiement est fait au siége de la Compagnie.

ART. 409. La Compagnie pourvoit au paiement soit, lorsque la somme est minime, en autorisant l'Agent à la payer sur sa caisse, soit en remettant à l'Assuré, par l'intermédiaire de l'Agent, un mandat à son ordre sur la caisse de la Compagnie.

Mode de paiement.

ART. 410. La délivrance du mandat est faite par l'Agent contre une quittance signée par l'Assuré et légalisée par le maire de la commune où il réside.

Quittance.

Les quittances sont faites sur les imprimés destinés à cet usage et dont la Compagnie munit ses Agents. (Modèle n° 54.)

Il est indispensable de mentionner dans la quittance si l'assurance est maintenue ou résiliée; mais, dans le dernier cas, la résiliation doit, en outre, être constatée par un avenant de résiliation, conformément à l'art. 84.

Mention à faire dans la quittance.

Aussitôt que la quittance est signée et légalisée, l'Agent doit l'adresser à la Compagnie.

ART. 411. Le paiement des indemnités provenant de l'assurance des risques locatifs et du recours des voisins doit être fait au propriétaire ou aux voisins, et contre la quittance de ceux-ci.

Quittances pour risques locatifs et recours des voisins.

ART. 412. L'Assuré doit intervenir dans les quittances pour déclarer qu'au moyen du paiement fait à ses ayants-droit par la Compagnie il tient celle-ci quitte et libérée de toutes choses relatives à son assurance.

Intervention de l'Assuré dans la quittance.

ART. 413. Lorsqu'un Assuré ne saura pas signer, il devra donner à ses frais une quittance pardevant notaire, ou autoriser par acte notarié une tierce personne à recevoir et à donner quittance en son nom. Cette procuration doit aussi contenir le pouvoir de réitérer la subrogation stipulée par l'art. 23 de la Police. (Modèle n° 56.)

Cas où un Assuré ne sait pas signer.

ART. 414. Toute action en paiement de sinistre se prescrivant par le terme de six mois à compter du jour de l'incendie ou des dernières poursuites (*art.* 26 *de la Police*), les Agents ne donneront aucune suite aux réclamations qui pourraient leur être faites passé ce délai.

Prescription de six mois.

CHAPITRE XIV

Des Transactions.

ART. 415. Il est souvent préférable de transiger, autant pour l'Assuré que pour l'assureur; toutefois, ce n'est qu'un moyen à employer en connaissance de cause, c'est-à-dire lorsque l'incertitude ne porte que sur des sommes peu importantes et qu'on est à peu près fixé sur le *quantum* du dommage.

Les Agents généraux peuvent donc régler à l'amiable les pertes qui ne s'élèvent pas au-delà de 100 fr. en totalité; de 100 fr. jusqu'à 500 ils procéderont à l'expertise, comme il est dit en l'art. 360.

ART. 416. Néanmoins si, avant, pendant ou après cette expertise, l'Agent général estime qu'il serait plus avantageux de transiger, il peut, en réservant l'approbation de la Compagnie, faire des propositions au sinistré. Dans ce cas il en rend compte à la Direction, en lui développant les motifs de son sentiment.

ART. 417. Lors même qu'un sinistre est réglé par transaction, celle-ci doit toujours être accompagnée d'un état détaillé des pertes, dressé soit par les experts, s'il en a été nommé, soit par toute autre personne désignée à cet effet.

ART. 418. Les formes de la transaction étant, en cette matière, les mêmes que celles déterminées au titre Iᵉʳ, art. 193, s'y reporter.

CHAPITRE XV

Bordereaux de la comptabilité.

ART. 419. Indépendamment des registres spécifiés en l'art. 135, celui des Polices (modèle n° 57), celui de caisse (modèle n° 58) et celui des oppositions (modèle n° 70), les bordereaux imprimés (art. 142) dont les Agents sont tenus de faire emploi pour la Compagnie *Incendie* sont au nombre de onze, savoir :

Bordereau n° 1. — Il est la copie textuelle du registre des Polices. Sur ce bordereau doivent figurer celles de toute nature souscrites pendant le mois, lors même qu'elles ne seraient ni rentrées ni payées.

Il sert aussi à inscrire à l'encre rouge les Avenants souscrits pendant le mois, mais sans leur donner de numéros d'ordre, attendu qu'ils doivent conserver celui de la Police. (Modèle n° 59.)

Bordereau n° 2. — Il contient les Polices rentrées pendant le mois et dont les primes n'avaient pas été payées à leur date. A ce bordereau sont joints les doubles desdites Polices. (Modèle n° 60.)

Bordereau n° 3. — Il contient les recettes faites pendant le mois pour primes échues des assurances anciennes pour lesquelles il n'y a point eu d'Avenants dans l'année. (Modèle n° 61.)

Bordereau n° 4. — Il est l'état des primes échues pendant le mois et non encore recouvrées, avec indication du motif de non-recouvrement. (Modèle n° 62.)

Bordereau n° 5. — Il s'emploie à inscrire les Polices renouvelées, résiliées, expirées ou annulées pendant le mois, et à faire connaître les causes qui ont amené ces changements. (Modèle n° 63.)

Bordereau n° 6. — Il contient l'état des Polices et plaques reçues et payées pendant le mois. (Modèle n° 64.)

Bordereau n° 7. — Il contient les dépenses du mois pour ports de lettres et paquets adressés à la Direction générale ou envoyés par elle. (Modèle n° 65.)

Bordereau n° 8. — Il sert à établir le décompte récapitulatif et détaillé des remises à prélever sur les primes des assurances portées en recette sur les bordereaux n°ˢ 1 et 2. (Modèle n° 66.)

Bordereau n° 9. — Il contient le décompte de toutes les recettes et dépenses du mois, c'est-à-dire la situation de l'Agence. (Modèle n° 67.)

Bordereau n° 10. — Il est l'état des ristournes faites aux Assurés pendant le mois pour remplacements de Police. (Modèle n° 68.)

Bordereau n° 11. — Il contient toutes les sommes portées en dépenses dans le décompte du mois pour réglements de sinistre. (Modèle n° 69.)

CHAPITRE XVI

Dispositions d'ordre et de surveillance.

Art. 420. D'après les dispositions de l'art. 1137 du Code Napoléon, les Assurés doivent à la conservation des objets dont ils sont détenteurs et dont la perte serait à la charge de la Compagnie tous les soins d'un bon père de famille.

Recommandation à faire aux Assurés.

Il est donc de leur devoir de faire ramoner leurs cheminées, ainsi que le prescrivent les règlements de l'autorité, et de remédier, autant qu'il est en leur pouvoir, à tout danger évident de sinistre.

En cas de négligence, les Agents généraux leur feront à cet égard, et en termes convenables, toutes recommandations nécessaires, et engageront au besoin les autorités locales à faire exécuter les règlements de police et de sûreté publique.

Art. 421. Les propositions d'assurance refusées pouvant contenir des indications ou des renseignements utiles, il sera bon de les conserver soigneusement, en mentionnant sur chacune d'elles les motifs du refus.

Conservation des propositions d'assurance refusées.

On devra les classer avec toutes celles qui ont éprouvé le même sort, et leur donner une série de numéros en ayant égard à leurs dates.

Elles seront représentées aux Inspecteurs.

Art. 422. Lorsque la Compagnie fera connaître aux Agents généraux des changements ou modifications aux présentes instructions, ils devront les noter en marge des articles changés ou modifiés.

Art. 423. Enfin, une expresse recommandation qui leur est faite est celle de prendre un abonnement au *Journal des Assurances* (1).

En se familiarisant avec la jurisprudence des cours et tribunaux, et en s'initiant à la doctrine des jurisconsultes les plus profondément versés dans la matière, ils craindront moins les écueils de l'inexpérience, et ils attireront sur leur Agence le degré de considération et de confiance dû à un zèle éclairé.

---

(1) La direction de ce journal, rédigé par M. Louis Pouget, est à Paris, rue des Martyrs, 47.

On y trouve également le *Dictionnaire des Assurances* qu'il a publié en 1855 comme complément en quelque sorte du journal.

FIN DE LA COMPAGNIE INCENDIE.

MODÈLE N° 1.

RÈGLEMENT D'EXÉCUTION.

Organisation du service.

SÉANCE DU 27 JUIN 1857.

Le Conseil d'administration,

Vu les articles 22 et 26 des Statuts, arrête les dispositions suivantes :

ARTICLE 1er.

La Compagnie l'*Abeille Bourguignonne* est représentée, dans chaque arrondissement, par des Agents généraux qui ont seuls le pouvoir de signer les Polices d'assurances et de donner valable quittance.

Des Agents spéciaux pourront en outre être établis avec les mêmes pouvoirs dans les localités qui seront fixées par l'Administration.

ART. 2.

L'Agent général est tenu de fournir à la Compagnie un cautionnement qui ne pourra dans tous les cas être moindre de 1,000 fr., ni excéder le quart de la recette annuelle des primes de son agence.

Le cautionnement peut être fait soit en rentes sur l'État, soit en espèces, et alors il portera 4 p. 0/0 d'intérêts annuels, soit encore par tout autre moyen qui, étant proposé par l'Agent général, devra être soumis à l'approbation du Conseil.

ART. 3.

Dans chaque Agence, il est tenu, pour le compte de la Compagnie, deux registres cotés et paraphés par le Directeur et visés par l'Administrateur de service. L'un sert à inscrire les recettes et dépenses, et l'autre les Polices souscrites par l'Agent. Ces registres doivent être remplis sans blanc, lacune ni interligne, article par article, avec le numéro d'ordre et la date; ils sont arrêtés et signés par l'Agent le dernier jour de chaque mois, et représentés aux Inspecteurs et autres personnes chargées de les vérifier, toutes les fois que ceux-ci le requièrent.

ART. 4.

Les Agents généraux correspondent avec le Directeur, qui leur transmet les ordres et instructions relatives aux opérations de la Compagnie.

Ils lui envoient tous les mois leurs comptes avec les fonds dont ils ont fait la recette.

Ils sont dépositaires et responsables envers la Compagnie des fonds encaissés, des Polices, des registres et documents de l'Agence, enfin de tout le matériel qui leur est expédié.

8

ART. 5.

Les Sous-Agents, commis ambulants ou autres, sont les délégués des Agents généraux, par qui ils sont nommés et rétribués, et envers lesquels ils sont responsables, ces derniers et les Agents spéciaux désignés au § 2 de l'article 1er ci-dessus étant les seuls dont la signature engage la Compagnie.

ART. 6.

Les rétributions accordées aux Agents généraux sont fixées par un traité particulier qui est joint au présent règlement.

ART. 7.

Avant d'entrer en fonctions, les Agents et employés de la Compagnie l'*Abeille Bourguignonne* prennent envers elle l'engagement :

1° De lui remettre immédiatement, à sa première réquisition, tous objets qui leur auraient été confiés : les fonds encaissés, les registres, titres, Polices, correspondance, et en général tout ce qui est relatif à leur Agence ou aux fonctions qu'ils auront exercées, le tout contre récépissé ;

2° De faire juger au siége de la Société toutes contestations qui pourraient s'élever entre eux et la Compagnie ;

3° De ne point agir ni directement ni indirectement contre les intérêts de la Compagnie l'*Abeille Bourguignonne*, ni dans l'intérêt d'autres Compagnies d'assûrances contre l'Incendie, pendant qu'ils sont en fonctions et les trois années après qu'ils les auront cessées, sous peine de dommages-intérêts.

Pour copie conforme :

Le Secrétaire,   *Le Directeur,*

Vu :

Le Président du Conseil d'administration,

———◦◦◦———

MODÈLE N° 2.

——

Formule *du Traité arrêté par le Conseil d'Administration dans sa séance du 27 juin 1857.*

M. A.-J. MAAS, Directeur général, agissant au nom de la Compagnie l'*Abeille Bourguignonne*, qu'il représente, et demeurant à Dijon, rue Devosge, 31, d'une part ;

Et M.   , Agent général de ladite Compagnie pour l'arrondissement d   , demeurant à   , d'autre part ;

Sont convenus des dispositions suivantes :

Article 1er.

M.   , en sa qualité d'Agent général de la Compagnie l'*Abeille Bourguignonne*, s'oblige et s'engage à gérer, dans l'intérêt de ladite Compagnie, les opérations dont il est chargé, et à se conformer à toutes les dispositions du règlement d'exécution arrêté par le Conseil d'administration dans sa séance du 27 juin 1857 sur l'organisation du service.

Il reconnaît avoir reçu un exemplaire de ce dernier règlement, auquel il adhère, et il s'engage également à suivre les diverses instructions qui lui seront adressées par la Compagnie dans le cours de sa gestion.

Art. 2.

Pendant tout le temps que M.   exercera les fonctions d'Agent général de la Compagnie, il jouira des rétributions ci-après stipulées, savoir :

Pour les assurances nouvelles, risques ordinaires :

1° 60 p. 100 sur la recette de la prime de première année des assurances nouvelles portant sur les risques ordinaires d'une durée de dix ans et au-dessus;

2° 40 p. 100 sur la recette de la prime de première année des assurances nouvelles d'une durée de sept à neuf ans;

3° 20 p. 100 sur la recette de la prime de première année des assurances nouvelles d'une durée de trois à six ans;

4° 15 p. 100 sur la recette de la prime de première année des assurances nouvelles d'une durée au-dessous de trois ans;

Pour les assurances nouvelles exceptionnelles :

5° La remise sur ces assurances, c'est-à-dire sur celles portant sur théâtres, fabriques et usines de la deuxième catégorie du tarif, d'une durée de dix ans, est de *cinquante pour cent*. Elle sera la même que celles des risques ordinaires pour les autres durées. Il ne sera point dû de remise pour la Police remplacée, à moins que la nouvelle Police ne soit faite pour une plus longue durée ou pour une prime plus forte, auquel cas la remise sera calculée sur la différence de durée, en prenant pour base les conditions établies ci-dessus, sans que, toutefois, cette remise puisse être inférieure à celle du droit d'encaissement, c'est-à-dire 10 p. 100;

6° Enfin 10 p. 100 pour droit d'encaissement sur les primes à échoir les années suivantes.

Accessoires.

Pour tenir lieu de frais de bureau et de correspondance avec les Sous-Agents, il sera accordé à M.

7° 1 fr. par Police pour droit de rédaction et d'expédition, à prendre sur les 2 fr. payés par l'Assuré (1);

8° 50 c. par petite plaque, ⎫
9° 60 c. par grande plaque, ⎬ la pose comprise;
10° 50 c. par Avenant.   ⎭

---

(1) L'Agent général perdra son droit à cette remise lorsque la Police nouvelle ne portera point de plaque.

La Police remplacée donne droit également à 1 fr. de rédaction sur les 2 fr. que doit payer l'Assuré.

ART. 3.

Il sera tenu compte à l'Agent général, par la Compagnie, de tous déboursés pour ports de lettres et paquets envoyés par lui à la Direction ou venant d'elle.

Aucune autre dépense, de quelque nature qu'elle soit, ne pourra être admise si elle n'a été spécialement et par écrit autorisée par la Direction.

ART. 4.

Si, par le fait d'inexécution des règlements ou de négligence dans l'observation des diverses instructions de la Compagnie, l'Administration croit devoir envoyer un Inspecteur dans une Agence, et s'il résulte de l'enquête à laquelle celui-ci se sera livré que les faits qui sont imputés à l'Agent général sont vrais, les dépenses de correspondance et d'inspection seront à la charge de ce dernier.

Si ces faits sont assez graves, ce dont le Conseil d'administration est seul juge, pour motiver le retrait du mandat de la Compagnie, sans cependant priver l'Agent général de la remise sur les Polices souscrites par lui ou ses Agents pendant sa gestion, il supportera les dépenses indiquées au paragraphe précédent, mais il lui sera accordé par son successeur 5 p. 100 par an sur les primes stipulées dans les Polices susdites qui auront au moins quatre primes à payer, lesquels 5 p. 100 il recevra à mesure des encaissements des primes de l'année.

Si, enfin, l'instruction établit aux yeux du Conseil d'administration que l'Agent a par sa conduite encouru la révocation, il n'aura droit à aucune indemnité, et en outre les frais d'inspection et de correspondance resteront à sa charge.

Dans les trois cas ci-dessus indiqués, l'Agent général pourra toujours fournir au Conseil d'administration les observations qu'il croira utiles à sa justification.

Dans le cas où le Conseil d'administration jugerait nécessaire de supprimer l'Agence, il ne sera dû à l'Agent général aucune autre indemnité que moitié de la remise pour encaissement de primes, à moins que l'Administration ne lui laisse le soin de cet encaissement jusqu'à extinction des Polices en cours de l'Agence.

ART. 5.

Toutes contestations qui pourront naître sur l'interprétation ou l'exécution du présent traité seront jugées par le Tribunal civil du siège de la Société.

Le siége de la Compagnie est à Dijon.

Le présent traité aura son effet à partir du

MODÈLE Nº 3.

Commission d'Agent général.

Le Conseil d'administration,

En vertu des pouvoirs qui lui sont attribués par les statuts (art. 22 et 26), et sur la proposition faite par le Directeur, nomme, par la présente, M.   ,
Agent général à la résidence d   , arrondissement

d   , département d   ,

pour représenter la Compagnie l'*Abeille Bourguignonne* dans ledit   ,
et, en cette qualité, recevoir les Propositions d'assurances, faire ou faire faire les
évaluations des objets à assurer, déterminer les primes et les conditions des assurances, signer et délivrer les Polices, recevoir le montant des primes et en poursuivre le paiement; en cas de sinistre, vérifier les faits, nommer des experts, faire
faire les estimations des dommages, payer le montant des pertes sur l'avis du Directeur, et enfin suivre et exécuter toutes les instructions qui lui seront transmises conformément aux statuts de la Compagnie.

Fait à Dijon, le   185

Vu :   Pour le Conseil d'administration :

L'Administrateur de service,   *Le Directeur,*

MODÈLE N° 4.

Commission de Sous-Agent.

Je, soussigné,   , Agent général de la Compagnie
l'*Abeille Bourguignonne* à   , déclare nommer pour Sous-
Agent dans le canton d   , M.   ,
demeurant à   , et l'autoriser à solliciter, pour moi et
en mon nom, des Propositions d'assurances; à débattre, sauf mon approbation, et
conformément au tarif et aux règlements de la Compagnie, les primes et conditions
de l'assurance; à toucher, en échange des Polices signées par moi, le montant des
primes au comptant, ainsi que le prix des plaques et Polices; à recevoir, sur mes
billets ou quittances portant mon acquit, les primes annuelles des assurances, et à
me représenter auprès des justices de paix dans toutes les demandes ou poursuites
relatives au recouvrement desdites primes.

Il est formellement interdit à M.   de statuer définitivement sur aucune Proposition d'assurance; de signer ni modifier aucune Police
ou quittance de prime, et de prendre aucun engagement, verbal ou écrit, au nom
de la Compagnie ou au mien.

Fait à   , le   185

L'Agent général,

Nota. — La Compagnie n'est engagée que par les Polices signées par l'Agent
général.

Je, soussigné, déclare accepter les pouvoirs ci-dessus et promets de m'y conformer ponctuellement.

A   , le

DÉPARTEMENT
de la Côte-d'Or.

ARRONDISSEMENT
de Dijon.

CANTON
d

Observation importante.

La déclaration ci-contre n'est que préparatoire à l'assurance et ne peut donner aucun droit au déclarant à être indemnisé en cas d'incendie : la Compagnie n'est engagée que par les Polices d'assurances signées par les parties respectives. Le paiement de la prime et la délivrance de la plaque ne devant avoir lieu qu'après la Police souscrite, l'Assuré ne peut dans aucun cas se prévaloir de ces deux circonstances contre la Compagnie.

(a) Comme propriétaire, fermier, locataire, fondé de pouvoirs du propriétaire ou créancier hypothécaire.

(b) Les sommes en toutes lettres.

BATIMENT.

Désigner : 1° par qui habité ; 2° la situation ; 3° à combien d'étages ; 4° sa construction en pierres, moellons, briques, bois ou chaume ; 5° si les escaliers sont en pierre ou en bois ; 6° si on y exerce des métiers, les désigner ; 7° s'il est adjacent à un autre où l'on exerce une profession hasardeuse ; 8° s'il est déjà assuré en tout ou partie par une autre Compagnie.

MOBILIER.

Désigner : 1° la situation, la classe et le nom du propriétaire du bâtiment où est le mobilier ; 2° les différents objets qui le composent, tels que :

Meubles. . . . . }
Glaces. . . . . } Indiquer
Ustensiles de ménage. } la valeur
Linge et habillement. } correspondante
Livres. . . . . } à chaque
Tableaux. . . . . } article.
Argenterie, etc., etc. }

MARCHANDISES.

Désigner : 1° la situation, la classe et le nom du propriétaire du bâtiment où elles sont contenues ; 2° si le négociant en est propriétaire ou consignataire ; 3° leur qualité et valeur. Pour les marchandises non désignées, on indiquera seulement celles qui font l'objet principal du commerce de l'Assuré.

MODÈLE N° 5.

DÉCOMPTE.

Prime annuelle. . .   26 90
Police. . . . .   2 »
Plaque. . . . . . .

    TOTAL. . . .

Proposition d'assurance *sur Bâtiment, Mobilier et Marchandises, risques ordinaires.*

M. DUVAL (Charles); profession de marchand de soieries, demeurant à Dijon, rue Condé, n° 4, agissant (a) pour son compte personnel, déclare vouloir faire assurer contre l'incendie, par la Compagnie l'*Abeille Bourguignonne*, pendant dix années, la somme de (b) quarante-six mille francs sur les objets ci-après désignés, savoir :

	CAPITAL de L'ASSURANCE.	TAUX de la PRIME.	SOMME payée POUR PRIME.
1° La maison d'habitation qu'il occupe tout entière, située à Dijon, rue Condé, n° 4, construite en pierres et couverte en tuiles, élevée sur cave d'un rez-de-chaussée avec boutique, d'un étage, de mansardes et de greniers. .	20,000	» 30	6 »
2° Son mobilier personnel placé dans ladite maison, réparti comme il suit : Meubles et ustensiles. . . . . 2,700 Linge et effets d'habillement. . . . . 1,200 Provisions de ménage. . . . . 500 Glaces, pendules et ornements. . . . . . 1,000 Argenterie de table. . . . . 400 Bibliothèque (1). 200	6,000	» 75	4 50
3° Ses marchandises, aussi placées dans ladite maison, consistant en satins, taffetas et velours ; comptoir, rayonnages, cartonnages.	20,000	» 75	15 »
Droit de timbre sur 46,000 fr.		» 03	1 40
TOTAL.	46,000		26 90

Le Proposant déclare que la maison qu'il habite n'est contiguë à aucun bâtiment couvert en bois ou en chaume ; qu'il n'y est pas exercé d'autre profession augmentant les risques que la sienne, et qu'il n'y existe pas d'autres marchandises hasardeuses.

Fait à Dijon, le

        Le Proposant,

         DUVAL.

(1) Les livres rares et précieux et les manuscrits doivent être exceptés de l'assurance. *(Art. 204 des Instructions.)*

MODÈLE N° 6.

Proposition *sur filature de Coton.*

M.   profession d

demeurant à

agissant (a)

propose   à la Compagnie l'*Abeille Bourguignonne* de 1   assurer contre

l'incendie pendant   la somme de (b)

sur les objets ci-après désignés, savoir :

Bâtiments;
MOBILIER INDUSTRIEL;
Mobilier personnel;
MARCHANDISES;
RISQUES LOCATIFS;
Recours des voisins.

(a) Dire si c'est comme propriétaire, usufruitier, locataire, négociant, commissionnaire, administrateur, créancier hypothécaire, etc.

(b) Mettre ici le total de l'assurance proposée.

Tous les articles formant un même risque, contenant et contenu, doivent être placés à la suite les uns des autres.

Il faut relater soigneusement à chaque article la lettre sous laquelle le bâtiment est désigné au trait.

BATIMENTS.

Désigner la situation, le nombre d'étages, le genre de construction et de couverture, leur usage et la somme à assurer sur chacun d'eux.

Indiquer s'ils sont séparés ou contigus.

MOBILIER INDUSTRIEL.

Répartir la somme à assurer sur : Loup; Batteurs; Cardes simples; id. doubles; Etirages; Lanternes; Bancs à broches; Métiers à filer en gros; id. id. en fin; id. continus; Dévidoire; Pièces de rechange; Ustensiles divers; Pompe à feu ou autre moteur, et accessoires, etc., etc.

MOBILIER PERSONNEL.

Même désignation des lieux que pour les bâtiments. Indiquer en outre les étages où se trouve le mobilier, et répartir la somme à assurer : 1° sur les meubles et ustensiles de ménage; 2° sur linge et effets d'habillement; 3° sur chevaux et voitures; 4° sur glaces, pendules et ornements; 5° sur argenterie de table, etc.

MARCHANDISES.

Indiquer la somme à assurer : sur coton brut; id. en manutention; id. filé.

RISQUES LOCATIFS.

Mêmes désignations qu'à l'article Bâtiments, et dire si le propriétaire est ou n'est pas assuré par la Compagnie.

RECOURS DES VOISINS.

Mêmes désignations qu'à l'article Bâtiments, tant pour la maison susceptible de communiquer le feu que pour les maisons contiguës.

DÉCLARATIONS A FAIRE.

Le Proposant doit déclarer s'il a fait faire d'autres assurances sur les mêmes objets ou sur d'autres objets faisant partie des mêmes risques.

CAPITAL de L'ASSURANCE.	TAUX de la PRIME.	SOMME payée POUR PRIME.

RENSEIGNEMENTS SPÉCIAUX.

1° Existe-t-il plusieurs corps de bâtiments? Ont-ils été originairement construits pour leur usage actuel? Ceux qui
sont contigus ont-ils entre eux des murs
de refend en pierres ou en briques? Ces
murs sont-ils entièrement pleins jusqu'à la toiture, ou bien contiennent-ils
des portes en bois ou en fer, ou d'autres
ouvertures?

2° Les ateliers sont-ils plafonnés, carrelés ou planchéiés?

3° Le moteur consiste-t-il en un manège,
une machine hydraulique ou une pompe
à vapeur?
Si c'est une pompe à vapeur, est-elle
adjacente ou isolée? Les fourneaux et
l'appareil sont-ils en bon état?

4° Les escaliers sont-ils dans l'intérieur ou à l'extérieur, larges ou étroits,
en bois ou en pierre?

5° Quel est le genre de chauffage, soit
poêles ordinaires, calorifères ou vapeur?
Les foyers sont-ils dans l'intérieur ou en
dehors? Les tuyaux sont-ils en tôle ou en
fonte? Comment sont-ils maintenus?
Sont-ils suffisamment éloignés des charpentes? Traversent-ils les planchers, et
dans ce cas comment les planchers sont-
ils garantis?
Quel est le combustible dont on fait
usage?

6° Comment l'éclairage a-t-il lieu? Les
quinquets ou les becs à gaz sont-ils convenablement éloignés des métiers? Sont-
ils renfermés dans des lanternes, ou bien
la lumière n'est-elle garantie que par de
simples verres? Dans ce dernier cas, les
verres sont-ils assez épais?
Existe-t-il dans les ateliers un règlement pour le service des quinquets?

7° Quelles sont particulièrement les
précautions prises pour l'éclairage et le
chauffage de la carderie et du batteur?

8° Passe-t-on quelquefois la nuit au
travail?

9° Quel est l'âge des métiers, leur système, les noms des constructeurs qui les
ont fournis? Sont-ils dans un bon état
d'entretien?

10° L'établissement possède-t-il des
pompes à incendie ou d'autres moyens de
secours? Quels secours peut-il espérer
du voisinage?

11° La somme proposée à l'assurance
sur les bâtiments et le mobilier industriel
représente-t-elle la valeur de construction, le prix d'achat ou la valeur vénale?

MODÈLE N° 7.

Proposition *sur filature de laine et fabrique de Draps.*

M. profession de

demeurant à

agissant

propose à la Compagnie l'*Abeille Bourguignonne* de 1 assurer contre

l'incendie pendant la somme de

sur les objets ci-après désignés, savoir :

CAPITAL de L'ASSURANCE.	TAUX de la PRIME.	SOMME payée POUR PRIME.

Bâtiments ;

MOBILIER PERSONNEL ;

RISQUES LOCATIFS ;

Recours des voisins.

(Voir les notes marginales du modèle n° 6.

MOBILIER INDUSTRIEL.

Répartir la somme à assurer sur :

Loup ;
Drousses simples ;
   Id. doubles ;
Bondineries ;
Cardes en fin ;
   Id. doubles ;
Métiers à filer en gros ;
   Id. id. en fin ;
   Id. à la Jeannette ;
Ourdissoirs ;
Métiers à tisser ;
Machines à lainer ;
   Id. à brosser ;
Tables à tondre ;
Tondeuses mécaniques ;
Presse hydraulique ;
Appareil de décatissage ;
Foulon ;
Chaudières et autres ustensiles servant à la teinture ;
Ustensiles divers ;
Pompe à feu ou autre moteur, et accessoires ;
Pièces de rechange.

MARCHANDISES.

Indiquer la somme à assurer sur :

Laines en balles ;
   Id. en confection ;
   Id. filées ;
Draps au tissage ;
   Id. à la teinture ;
   Id. aux apprêts ;
   Id. entièrement confectionnés ;
Articles de teinture.

DÉCLARATIONS A FAIRE.

Le Proposant doit déclarer :

1° Si les bâtiments à assurer ou dans lesquels sont renfermés les objets à assurer sont ou non contigus à un théâtre, à une filature de lin, de laine ou de coton ; à une fabrique ou raffinerie de sucre, à une fabrique de garance ou à des bâtiments couverts en chaume ou en bois ;

2° S'il a fait faire d'autres assurances sur les mêmes objets ou sur d'autres objets faisant partie des mêmes risques.

RENSEIGNEMENTS SPÉCIAUX.

1° **Existe-t-il plusieurs corps de bâtiments?** Ont-ils été originairement construits pour leur usage actuel? Ceux qui sont contigus ont-ils entre eux des murs de refend en pierres ou en briques? Ces murs sont-ils entièrement pleins jusqu'à la toiture, ou bien contiennent-ils des portes en bois ou en fer, ou d'autres ouvertures?

2° Les ateliers sont-ils plafonnés, carrelés ou planchéiés?

3° Le moteur consiste-t-il en un ménage, une machine hydraulique où une pompe à vapeur?
Si c'est une pompe à vapeur, est-elle adjacente ou isolée? Les fourneaux et l'appareil sont-ils en bon état?

4° Les escaliers sont-ils dans l'intérieur ou à l'extérieur, larges ou étroits, en bois ou en pierres?

5° Quel est le genre de chauffage, soit poêles ordinaires, calorifères ou vapeur? Les foyers sont-ils dans l'intérieur ou en dehors? Les tuyaux sont-ils en tôle ou en fonte? Comment sont-ils maintenus? Sont-ils suffisamment éloignés des charpentes? Traversent-ils les planchers, et dans ce cas comment les planchers sont-ils garantis?
Quel est le combustible dont on fait usage?

6° Comment l'éclairage a-t-il lieu? Les quinquets ou becs à gaz sont-ils convenablement éloignés des métiers? Sont-ils renfermés dans des lanternes, ou bien la lumière n'est-elle retenue que par de simples verres? Dans ce dernier cas, les verres sont-ils assez épais?
Existe-t-il dans les ateliers un règlement pour le service des quinquets?

7° Passe-t-on quelquefois la nuit au travail?

8° Quel est l'âge des divers métiers servant à la filature de laine, leur système, les noms des constructeurs qui les ont fournis? Sont-ils dans un bon état d'entretien?

9° Les débourrages et déchets de laine ou de tonte sont-ils enlevés chaque jour, et où sont-ils déposés?

10° De quelle manière sèche-t-on les laines et les draps? S'il existe des séchoirs à chaud, comment sont-ils disposés?

11° Existe-t-il des cuves de teinture? Sont-elles chauffées à feu nu ou à la vapeur?

12° L'apprêt des draps a-t-il lieu au moyen de plaques de métal chauffées au feu ou par des cylindres à vapeur?

13° L'établissement possède-t-il des pompes à incendie ou d'autres moyens de secours? Quels secours peut-il espérer du voisinage?

14° La somme proposée à l'assurance sur les bâtiments et le mobilier industriel représente-t-elle la valeur de construction, le prix d'achat ou la valeur vénale?

MODÈLE N° 8.

Proposition *sur fabriques de Toiles imprimées et Teintureries à l'usage des fabriques.*

M.   profession de

demeurant à

agissant

propose   à la Compagnie l'*Abeille Bourguignonne* de 1   assurer contre

l'incendie pendant   la somme de

sur les objets ci-après désignés, savoir :

Batiments ;

MOBILIER PERSONNEL ;

RISQUES LOCATIFS ;

Recours de voisins.

(Voir les notes marginales du modèle n° 6.)

CAPITAL de L'ASSURANCE.	TAUX de la PRIME.	SOMME payée POUR PRIME.

MOBILIER INDUSTRIEL.

Indiquer les principaux objets dont il se compose et les lieux où ils sont placés.

MARCHANDISES.

Mêmes désignations des lieux que pour les bâtiments.

Indiquer leur nature et si le Proposant est propriétaire ou consignataire.

DÉCLARATIONS A FAIRE.

Le Proposant doit déclarer : 1° Si les bâtiments à assurer ou dans lesquels sont renfermés les objets à assurer sont ou non contigus à des bâtiments couverts en chaume ou en bois, à un théâtre, à une filature de lin, de laine ou de coton, à une fabrique ou raffinerie de sucre, à une fabrique de garance ; 2° S'il y existe ou non une autre profession augmentant le risque, ou des marchandises hasardeuses ; 3° S'il a fait faire d'autres assurances sur les mêmes objets ou sur d'autres objets faisant partie du même risque.

NOTA. — Lorsque ces déclarations sont négatives, on se borne à mettre le mot : *Néant.*

RENSEIGNEMENTS SPÉCIAUX.

1° Existe-t-il plusieurs corps de bâtiment? Ont-ils été originairement construits pour leur usage actuel? Ceux qui sont contigus ont-ils entre eux des murs de refend? Ces murs sont-ils entièrement pleins jusqu'à la toiture, ou bien contiennent-ils des portes en bois ou en fer, ou d'autres ouvertures?	
2° Quel est le genre de chauffage, soit poêles ordinaires, calorifères ou vapeur? Les foyers sont-ils dans l'intérieur ou en dehors? Les tuyaux sont-ils en tôle ou en fonte? Comment sont-ils maintenus? Sont-ils suffisamment éloignés des charpentes? Traversent-ils les planchers, et, dans ce cas, comment les planchers sont-ils garantis? Quel est le combustible dont on fait usage?	
3° Quelle est la situation du séchoir à chaud et comment est-il disposé? Quelles sont les précautions employées pour empêcher que le vent ou quelque accident ne fasse toucher au foyer ou au calorifère les pièces mises à l'étendage?	
4° L'opération du grillage se fait-elle dans l'établissement et avec la prudence nécessaire?	
5° Les préparations au rouge d'Andrinople ont-elles lieu dans l'établissement? Existe-t-il un séchoir particulier pour ce genre de teinture, et quelles précautions y sont prises?	
6° L'établissement possède-t-il des pompes à incendie ou d'autres moyens de secours? Quels secours peut-on espérer du voisinage?	
7° La somme proposée à l'assurance sur les bâtiments et le mobilier industriel représente-t-elle la valeur de construction, le prix d'achat ou la valeur vénale?	

MODÈLE N° 9.

Proposition *sur Verreries, fabriques de Faïence et de Porcelaine.*

M.   profession de
demeurant à
agissant
propose   à la Compagnie l'*Abeille Bourguignonne* de 1   assurer contre
l'incendie pendant   la somme de
                        sur les objets ci-après désignés, savoir :

BATIMENTS;

MOBILIER PERSONNEL;

Risques locatifs;

Recours de voisins.

(Voir les notes marginales du modèle
n° 6.)

CAPITAL de L'ASSURANCE.	TAUX de la PRIME.	SOMME payée POUR PRIME.

MOBILIER INDUSTRIEL.

Indiquer les principaux objets dont il se compose et les lieux où ils sont placés.

MARCHANDISES.

Même désignation des lieux que pour les bâtiments.

Indiquer leur nature et si le Proposant est propriétaire ou consignataire.

DÉCLARATIONS A FAIRE.

(Voir modèle n° 8.)

RENSEIGNEMENTS SPÉCIAUX.

1° Existe-t-il plusieurs corps de bâtiments? Ceux qui sont contigus ont-ils entre eux des murs de refend en pierres ou en briques? Ces murs sont-ils entièrement pleins jusqu'à la toiture, ou bien contiennent-ils des portes en bois ou en fer, ou d'autres ouvertures?	
2° Combien y a-t-il de fours à cuire? Quelle est la construction particulière de ces fours?	
3° Quelles sont la nature et la quantité du combustible? A quelle distance est-il placé?	
4° Comment sèche-t-on le bois, et où place-t-on la portion destinée à la consommation journalière?	
5° L'établissement possède-t-il des pompes à incendie ou d'autres moyens de secours? Quels secours peut-il espérer du voisinage?	
6° La somme proposée à l'assurance sur les bâtiments et le mobilier industriel représente-t-elle la valeur de construction, le prix d'achat ou la valeur vénale?	

MODÈLE N° 10.

Proposition *sur Brasseries et Distilleries à l'usage des fabricants.*

M.   profession de

demeurant à

agissant

propose   à la Compagnie l'*Abeille Bourguignonne* de 1   assurer contre
l'incendie pendant   la somme de

sur les objets ci-après désignés, savoir :

CAPITAL de L'ASSURANCE.	TAUX de la PRIME.	SOMME payée POUR PRIME.

BATIMENTS;

MOBILIER PERSONNEL;

Risques locatifs;

Recours de voisins.

(Voir les notes marginales du modèle n° 6.)

MOBILIER INDUSTRIEL.

Indiquer les principaux objets dont il se compose et les lieux où ils sont placés.

MARCHANDISES.

Même désignation des lieux que pour les bâtiments.

Indiquer leur nature et si le Proposant est propriétaire ou consignataire.

DÉCLARATIONS A FAIRE.

(Voir modèle n° 8.)

RENSEIGNEMENTS SPÉCIAUX.

1° Existe-t-il plusieurs corps de bâtiments? Ceux qui sont contigus ont-ils entre eux des murs de refend en pierres ou en briques? Ces murs sont-ils entièrement pleins jusqu'à la toiture, ou bien contiennent-ils des portes en bois ou en fer, ou d'autres ouvertures?

2° Les appareils sont-ils placés dans des lieux voûtés?

3° La distillation se fait-elle à feu nu ou au bain-marie?

4° Les alambics sont-ils bien conditionnés, sans fissures et faciles à être bien lutés?

Comment les tourailles sont-elles disposées?

5° L'établissement possède-t-il des pompes à incendie ou d'autres moyens de secours? Quels secours peut-il espérer du voisinage?

6° La somme proposée à l'assurance sur les bâtiments et le mobilier industriel représente-t-elle la valeur de construction, le prix d'achat ou la valeur vénale?

MODÈLE N° 11.

Proposition *sur Forges et Fonderies.*

M.   profession de

lemeurant à

agissant

propose   à la Compagnie l'*Abeille Bourguignonne* de 1   assurer contre

l'incendie pendant   la somme de

sur les objets ci-après désignés, savoir :

BATIMENTS ;

MOBILIER INDUSTRIEL;

Risques locatifs ;

Recours de voisins.

(Voir les notes marginales du modèle
n° 6.)

CAPITAL de L'ASSURANCE.	TAUX de la PRIME.	SOMME payée POUR PRIME.

MOBILIER INDUSTRIEL.

Indiquer les principaux objets dont il se compose et les
lieux où ils sont placés.

MARCHANDISES.

Même désignation des lieux
que pour les bâtiments.

Indiquer leur nature et si le
Proposant est propriétaire ou
consignataire.

DÉCLARATIONS A FAIRE.

(Voir modèle n° 8.)

RENSEIGNEMENTS SPÉCIAUX.

1° Les bâtiments contigus ont-ils entre eux des murs de refend en pierres ou en briques? Les murs sont-ils entièrement pleins jusqu'à la toiture, ou bien contiennent-ils des portes en bois ou en fer, ou d'autres ouvertures?	
2° Quel est le combustible dont on fait usage?	
3° Quelle est la distance entre l'établissement et les lieux où il s'approvisionne de charbon de bois? En combien de temps le transport se fait-il?	
4° Quelles précautions prend-on habituellement pour s'assurer que le charbon qui arrive dans les halles est complétement éteint?	
5° Lorsque, pendant la nuit, on fait passer du charbon des halles au haut-fourneau ou dans les ateliers de forge, comment éclaire-t-on ce transport?	
6° Les halles à charbon sont-elles situées assez loin du haut-fourneau et des ateliers de forge pour que des étincelles ne puissent s'y introduire?	
7° L'établissement possède-t-il des pompes à incendie ou d'autres moyens de secours? Quels secours peut-il espérer du voisinage?	
8° La somme proposée à l'assurance sur les bâtiments et le mobilier industriel représente-t-elle la valeur de construction, le prix d'achat ou la valeur vénale?	

MODÈLE N° 12.

Proposition sur Papeteries.

M.

demeurant à   profession de

agissant

propose   à la Compagnie l'*Abeille Bourguignonne* de 1   assurer contre

l'incendie pendant   la somme de

sur les objets ci-après désignés, savoir :

BATIMENTS;

MOBILIER INDUSTRIEL;

Risques locatifs;

Recours de voisins.

(Voir les notes marginales du modèle n° 6.)

CAPITAL de L'ASSURANCE.	TAUX de la PRIME.	SOMME payée POUR PRIME.

MOBILIER INDUSTRIEL.

Indiquer les principaux objets dont il se compose et les lieux où ils sont placés.

MARCHANDISES.

Même désignation des lieux que pour les bâtiments.

Indiquer leur nature et si le Proposant est propriétaire ou consignataire.

DÉCLARATIONS A FAIRE.

(Voir modèle n° 8.)

RENSEIGNEMENTS SPÉCIAUX.

1° Existe-t-il plusieurs corps de bâtiments? Ont-ils été originairement construits pour leur usage actuel?
Ceux qui sont contigus ont-ils entre eux des murs de refend en pierres ou en briques? Ces murs sont-ils entièrement pleins jusqu'à la toiture, ou bien contiennent-ils des portes en bois ou en fer, ou d'autres ouvertures?

2° Le papier se fabrique-t-il par les anciens procédés ou à la mécanique? Dans ce dernier cas, a-t-on conservé les étendages, ou bien le papier est-il séché au moyen de cylindres chauffés par la vapeur?

3° S'il existe un étendage, y va-t-on avec de la lumière, et est-il quelquefois ou habituellement chauffé?

4° Y a-t-il une chaudière à encollage, et quelle est sa situation?

5° L'emplacement où l'on renferme et trie le chiffon est-il d'un accès facile ou est-il encombré? Y fait-on du feu ou permet-on aux ouvriers l'usage des chaufferettes?

6° Comment est chauffé le local où se fait le choix du papier?

7° S'il existe une pompe à vapeur, est-elle adjacente ou isolée? Les fourneaux et l'appareil sont-ils en bon état?

8° L'établissement possède-t-il des pompes à incendie ou d'autres moyens de secours? Quels secours peut-il espérer du voisinage?

9° La somme proposée à l'assurance sur les bâtiments et le mobilier industriel représente-elle la valeur de construction, le prix d'achat ou la valeur vénale?

MODÈLE N° 13.

Proposition *sur Raffineries de Sucre.*

BATIMENTS;

MOBILIER INDUSTRIEL;

Risques locatifs;

Recours de voisins.

(Voir les notes marginales du modèle
n° 6.)

M.   profession de

demeurant à

agissant

propose   à la Compagnie l'*Abeille Bourguignonne* de l   assurer contre

l'incendie pendant   la somme de

sur les objets ci-après désignés, savoir :

CAPITAL de L'ASSURANCE.	TAUX de la PRIME.	SOMME payée POUR PRIME.

MOBILIER INDUSTRIEL.

Indiquer les principaux objets dont il se compose et les lieux où ils sont placés.

MARCHANDISES.

Même désignation des lieux que pour les bâtiments.

Indiquer leur nature et si le Proposant est propriétaire ou consignataire.

DÉCLARATIONS A FAIRE.

(Voir modèle n° 8.)

RENSEIGNEMENTS SPÉCIAUX.

1° Existe-t-il plusieurs corps de bâtiments? Ont-ils été originairement construits pour leur usage actuel? Ceux qui sont contigus ont-ils entre eux des murs de refend en pierres ou en briques? Ces murs sont-ils entièrement pleins jusqu'à la toiture, ou bien contiennent-ils des portes en bois ou en fer, ou d'autres ouvertures?

2° Quels sont le nombre et la capacité des chaudières et autres appareils servant à la cuite? Comment est disposé le local qui les renferme? Ce local est-il assez vaste pour que l'ouverture du foyer (si elle est intérieure) ne puisse être en contact avec d'autres objets? Est-il assez élevé pour que la flamme ne puisse atteindre le plafond ou la charpente?

3° La cuite s'opère-t-elle à feu nu, à la vapeur ou dans le vide?

4° Combien y-a-t-il de purgeries? Quelle est l'élévation des étages où elles sont placées? Sont-elles chauffées au moyen de la vapeur, par des calorifères ou par des poêles ordinaires? Dans ces deux derniers cas, comment la chaleur est-elle conduite dans les diverses parties des purgeries? Est-ce par des constructions en dedans ou contre les murs, ou par des tuyaux en tôle? Si l'on se sert de ceux-ci, quelles sont les précautions prises pour garantir de leur voisinage les planchers ou les charpentes et pour prévenir le déboîtement des tuyaux?

5° Y a-t-il une ou plusieurs étuves? Les ouvertures qui s'y trouvent pratiquées à chaque étage sont-elles fermées par des portes ou fenêtres en fer?

L'ouverture du foyer et les tuyaux d'ascension de la fumée sont-ils extérieurs?

La cloche qui recouvre le foyer est-elle en fonte et en bon état? Se trouve-t-il au-dessus de cette cloche une couverture en tôle ou une voûte en briques?

Quelle est la distance entre la cloche et les premiers rayons ou étagères? Ces derniers sont-ils en bois ou en fer et solidement assujettis?

6° L'établissement possède-t-il des pompes à incendie ou d'autres moyens de secours? Quels secours peut-il espérer du voisinage?

7° La somme proposée à l'assurance sur les bâtiments et le mobilier industriel représente-t-elle la valeur de construction, le prix d'achat ou la valeur vénale?

MODÈLE N° 14.

Proposition *sur fabriques de Sucre de betterave.*

M.   profession de
demeurant à
agissant
propose   à la Compagnie l'*Abeille Bourguignonne* de 1   assurer contre
l'incendie pendant   la somme de
      sur les objets ci-après désignés, savoir :

CAPITAL de L'ASSURANCE.	TAUX de la PRIME.	SOMME payée POUR PRIME.

BATIMENTS;

MOBILIER INDUSTRIEL;

Risques locatifs ;

Recours de voisins.

(Voir les notes marginales du modèle n° 6.)

MOBILIER INDUSTRIEL.

Indiquer les principaux objets dont il se compose et les lieux où ils sont placés.

MARCHANDISES.

Même désignation des lieux que pour les bâtiments.

Indiquer leur nature et si le Proposant est propriétaire ou consignataire.

DÉCLARATIONS A FAIRE.

(Voir modèle n° 6.)

RENSEIGNEMENTS SPÉCIAUX.

1° Existe-t-il plusieurs corps de bâtiments? Ont-ils été originairement construits pour leur usage actuel?

Ceux qui sont contigus ont-ils entre eux des murs de refend en pierres ou en briques? Ces murs sont-ils entièrement pleins jusqu'à la toiture, ou bien contiennent-ils des portes en bois ou en fer, ou d'autres ouvertures?

2° Le fabricant est-il en même temps planteur de betteraves ou s'approvisionne-t-il chez les cultivateurs voisins?

Dans le premier cas, les terres sont-elles sa propriété? Si elles ne lui appartiennent pas, les afferme-t-il à un taux convenable? Quel est le nombre d'hectares qu'il cultive en betteraves?

Dans le deuxième cas, quelle est la quantité en poids de betteraves qu'il achète annuellement?

3° La cuite se fait-elle à la vapeur?

4° Par quel procédé les étuves et les purgeries sont-elles chauffées? Si c'est par des calorifères, les tuyaux qui traversent les étages sont-ils suffisammment éloignés des planchers ou bien séparés de ces planchers par une maçonnerie suffisante?

Se sert-on à la fois des calorifères et de la vapeur?

5° Fait-on usage de cristallisoirs avec étagères, ou bien de formes et pots en terre?

6° Ne raffine-t-on point de sucre en pains?

7° L'établissement possède-t-il des pompes à incendie ou d'autres moyens de secours? Quels secours peuvent-ils espérer du voisinage?

8° La somme proposée à l'assurance sur les bâtiments et le mobilier industriel représente-t-elle la valeur de construction, le prix d'achat ou la valeur vénale?

MODÈLE N° 15.

RENSEIGNEMENTS SPÉCIAUX

sur Risques divers dont l'assurance ne peut être faite que par
autorisation spéciale de la Compagnie.

1° Existe-t-il plusieurs corps de bâtiments? Ceux qui sont contigus ont-ils des murs de refend en pierres ou en briques? Ces murs sont-ils entièrement pleins jusqu'à la toiture, ou bien contiennent-ils des portes en bois ou en fer, ou d'autres ouvertures?

2° S'il y a des ateliers, sont-ils plafonnés, carrelés ou planchéiés?

3° S'il existe un moteur, consiste-t-il en un manège, une machine hydraulique ou une pompe à vapeur?
Si c'est une pompe à vapeur, est-elle adjacente ou isolée? Les fourneaux et l'appareil sont-ils en bon état?

4° Quel est le genre de chauffage et le combustible employé? Comment les poêles ou calorifères sont-ils disposés? Les tuyaux passent-ils dans les cheminées ou à travers les planchers? Dans ce dernier cas, comment les charpentes sont-elles garanties?

5° Comment a lieu l'éclairage?

6° Si c'est une fabrique ou usine, possède-t-elle des pompes à incendie ou d'autres moyens de secours? Quels secours peut-on espérer de la commune ou du voisinage?

7° La somme proposée à l'assurance sur les bâtiments et le mobilier industriel représente-t-elle la valeur de construction, le prix d'achat ou la valeur vénale?
S'il s'agit d'un commerce de marchandises, la somme est-elle en rapport avec l'étendue des affaires du Proposant, et comment a-t-elle été établie?

MODÈLE N° 16.

RENSEIGNEMENTS PARTICULIERS ET CONFIDENTIELS

à annexer aux Propositions d'assurance sur usines, fabriques, et Risques
divers à soumettre à l'autorisation de la Compagnie.

AGENCE *d*
NOM DU PROPOSANT :
NATURE DU RISQUE :
DATE DE L'ENVOI :

1° Depuis quelle époque l'établissement existe-t-il ? A-t-il déjà éprouvé quelque sinistre petit ou grand ? Dans ce cas, quelle en a été la cause et qu'en est-il résulté ?	
2° Etait-il précédemment assuré par une autre compagnie ? Dans ce cas, quel est le motif du changement ?	
3° Le Proposant est-il lui-même à la tête des travaux, ou sont-ils confiés aux soins de contre-maîtres ou de directeurs ? Les uns et les autres sont-ils soigneux et surveillants ?	
4° L'établissement marche-t-il bien ? Ses produits se vendent-ils facilement et avec avantage ?	
5° Quelle est la réputation du Proposant ? Son crédit est-il bon ? Son entreprise paraît-elle proportionnée à sa fortune ou à ses capitaux ?	
6° Le Proposant est-il aimé de ses ouvriers ? Ne passe-t-il pas pour avoir des ennemis ?	
7° En résumé, si vous étiez assureur pour votre propre compte, regarderiez-vous cette assurance comme bonne ? Nous conseillez-vous de la prendre, de la refuser ou de la réduire ?	

MODÈLE No 17.

Modèle du *Tracé linéaire à joindre aux propositions d'assurances sur fabriques et usines.*

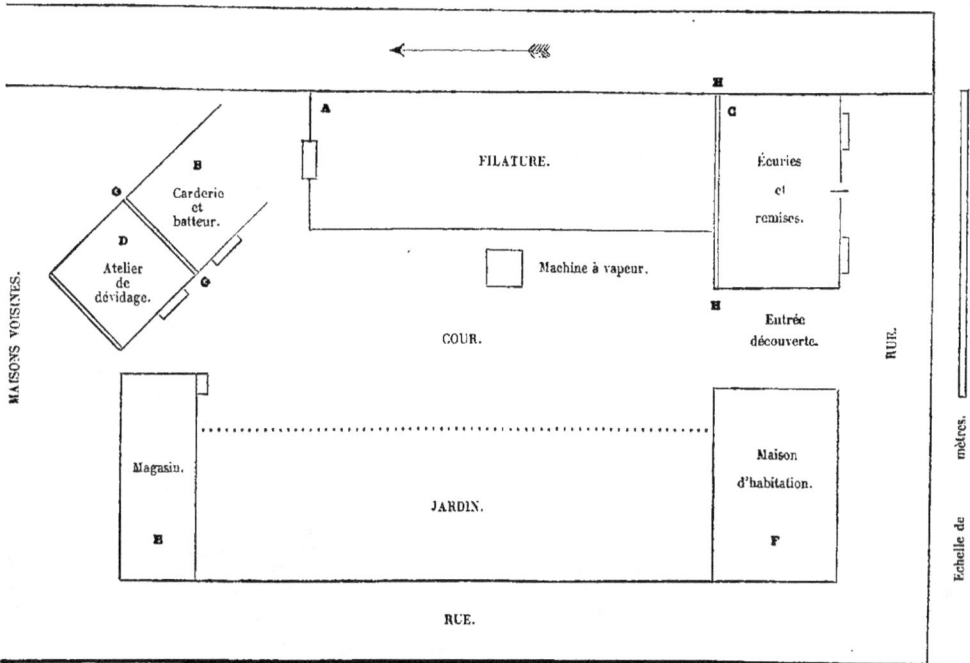

Légende.

A Bâtiment à l'usage de la filature, élevé de trois étages sur caves et rez-de-chaussée.

B Bâtiment renfermant la carderie et le batteur, consistant en rez-de-chaussée, surmonté d'un grenier et communiquant avec la filature.

C Bâtiment servant d'écuries et remises, composé d'un rez-de-chaussée voûté et d'un grenier, ayant ses entrées sur la rue.

D Atelier de dévidage, composé d'un rez-de-chaussée et grenier.

E Magasin   id.   id.   id.

F Maison d'habitation, élevée de deux étages sur cave et rez-de-chaussée.

GG HH Murs de refend en pierres et briques, s'élevant jusqu'au faîte sans aucune ouverture.

Tous ces bâtiments sont construits en pierres et briques, couverts en tuiles, ardoises ou métaux.

POLICE N°

Refonte du n°

Renouvellement du n°

Nom de l'Agence :

Département

d

Nom de l'Assuré :

Date de la Police :

Effet de la Police :

Dans aucun cas la présente Mi-
nute ne peut être remise ni servir
de titre à l'Assuré.

MODÈLE N° 18.

Police *d'assurance sur Maisons et Bâtiments.*

Conditions particulières.

N°

Situation de la Propriété :

Durée :

Expiration :

Valeurs assurées :

Prime annuelle :

DÉCOMPTE.

Prime.	81 20
Police.	2 »
Plaque.	2 50
TOTAL. . . .	85 70

La Compagnie assure contre l'incendie, aux conditions générales qui précèdent et à celles particulières ci-après,

A M.   profession d   demeurant

à   canton d   arrondissement

d   département d   agissant

pour son compte comme propriétaire, la somme de quatre vingt-six mille francs qui s'applique comme suit aux objets détaillés ci-après :

Savoir :	SOMME assurée sur chaque article.	TAUX de la prime p. 0/00.	PRIME pour chaque article.	
1° Quarante-cinq mille francs sur la maison qu'il occupe, située à Dijon, rue Piron, n° 3. Cette somme est répartie ainsi qu'il suit :				
Douze mille francs sur un corps de logis, à droite de l'entrée donnant sur la rue, élevé sur cave d'un rez-de-chaussée, d'un étage, mansardes et greniers, servant de simple habitation.	12,000	» 30	3	60
Treize mille francs sur un corps de bâtiment à gauche de l'entrée, élevé comme le précédent, et occupé par M. Delâtre, épicier.	13,000	» 40	5	20
Vingt mille francs sur un bâtiment situé au milieu de la cour, sans aucune communication avec les précédents, consistant en un rez-de-chaussée, étage et grenier, et dans lequel sont placés des ateliers d'ébénisterie.	20,000	» 50	10	»
Ces trois bâtiments sont construits en pierres et moellons et couverts en ardoises.				
2° **Trente-trois mille francs** sur une maison de campagne occupée par l'Assuré, construite en moellons et couverte en tuiles, située à Chenôve, canton de Dijon.	33,000	» 60	19	80
3° **Huit mille francs** sur une maison située au même lieu de Chenôve, occupée par Dupuis, cabaretier, construite en pans de bois et en plâtre et couverte en chaume.	8,000	5 »	40	»
L'Assuré déclare que la maison qui vient d'être désignée n'est contiguë à aucun autre bâtiment couvert en chaume.				
Droit de timbre et répertoire, 3 centimes par 1,000 fr. de valeurs assurées.		0,03	2	60
TOTAUX.	86,000		81	20

Indiquer exactement, article par article :
1° Chaque risque assuré et sa situation ;
2° Le capital, *en toutes lettres*, qui lui est spécialement affecté dans l'assurance ;
3° Les contiguïtés ou les distances qui séparent les risques, s'il y en a plusieurs ;
4° Les autres conditions particulières de l'assurance, s'il y a lieu.
On aura soin de totaliser la première et la dernière colonne.

L   assuré   déclare   que le   bâtiment   construit
couvert   et situé   à   commune
d   canton d   arrondissement
d   département d

L   assuré   déclare   en outre que le   bâtiment   n   contigu à aucun
des risques mentionnés dans l'article 9 des conditions générales d'autre part ; qu'il
n'est exercé dans le   dit   bâtiment   profession augmentant le   risque
et qu'il n'y existe aucune marchandise hasardeuse (1).

L'assurance est faite pour dix années à partir du   , à midi, moyennant
la prime détaillée d'autre part, faisant la somme de quatre vingt-un francs vingt
centimes, et payable le   de chaque année.

La prime de première année est payable après la signature et contre la remise
de la Police, et celle des années suivantes sur quittance à souche signée, ainsi que la
Police, de l'Agent fondé de pouvoirs.

Fait triple à Dijon le   mil huit cent

Signature   de   Assuré :   POUR LA COMPAGNIE :

L'Agent fondé de pouvoirs,

MODÈLE N° 19.

Police sur Risques locatifs.

PREMIER CAS.

*Assurance par un locataire, lorsque l'immeuble n'est pas assuré par
la Compagnie au propriétaire.*

Conditions particulières.

La Compagnie l'*Abeille Bourguignonne* assure, aux conditions générales qui précèdent et particulières ci-après :

A M. Mougin (Louis), profession de marchand de nouveautés, demeurant à Strasbourg, rue Saint-Thomas, 17, arrondissement de Strasbourg, département du Bas-
Rhin, agissant pour son compte comme locataire, la somme de *trente-huit mille
francs portant sur les objets désignés ci-après*, savoir :

	SOMME assurée sur chaque article.	TAUX de la prime p' 00/0.		PRIME pour chaque article.	
Pour garantir l'Assuré de ses risques locatifs prévus par les articles 1733 et 1734 du Code Napoléon, portant sur une maison d'habitation élevée de deux étages sur rez-de-chaussée et greniers, mansardes, construite en pierres et moellons, couverte en tuiles, située à Strasbourg, rue Saint-Thomas, n° 17, et appartenant à M. Léon Cordelier; laquelle maison n'est pas assurée par la Compagnie, ci.	f.	f.	c.	f.	c.
	38,000	» 25		9	50

(1) Voir art. 199 à 201.

DEUXIÈME CAS.

Assurance par un locataire, lorsque l'immeuble est déjà assuré par la Compagnie au propriétaire.

Conditions particulières.

La Compagnie l'*Abeille Bourguignonne* assure, etc. (comme ci-dessus), la somme de *trente-huit mille francs*, savoir :

	SOMME assurée sur chaque article.	TAUX de la prime p. 0/00.		PRIME pour chaque article.	
Pour garantir l'Assuré de ses risques locatifs prévus par les articles 1733 et 1734 du Code Napoléon, portant sur une maison d'habitation, etc., etc. (comme ci-dessus), et appartenant à M. Léon Cordelier; laquelle maison est déjà assurée par la Compagnie l'*Abeille Bourguignonne* au propriétaire, suivant la Police du 14 février 1846, nº 1250 de l'Agence de Strasbourg, ci.	f. 38,000	f. c. » 10		f. 3	c. 80

La prime du risque locatif de M. Mougin n'est fixée à dix centimes par mille francs qu'en raison de l'assurance souscrite par M. Cordelier (Léon), suivant la Police énoncée nº 1250; mais il est entendu que si, par une cause quelconque, l'assurance de M. Cordelier, en tant qu'elle porte sur la maison désignée ci-dessus, venait à cesser son effet, la prime du risque locatif de M. Mougin serait portée de droit à vingt-cinq centimes par mille francs à partir du jour où l'assurance de M. Cordelier (Léon) aura cessé son effet.

TROISIÈME CAS.

Assurance par un locataire faisant assurer ses risques et ceux de son propriétaire.

Conditions particulières.

La Compagnie l'*Abeille Bourguignonne* assure, aux conditions générales qui précèdent et particulières ci-après :

A M. Jacob (Gustave), profession d'horloger, demeurant à Paris, rue Bergère, 36, agissant pour son compte comme locataire et pour le compte de M. Tissot (François) comme propriétaire, la somme de *cinquante mille francs*, portant sur les objets désignés ci-après, savoir :

	SOMME assurée sur chaque article.	TAUX de la prime p. 0/00.		PRIME pour chaque article.	
Sur une maison d'habitation, etc., etc.; ladite maison est occupée par M. Jacob comme locataire, et appartient à M. Tissot, ci. . . .	f. 50,000	f. c. » 30		f. 15	c. »
Au moyen d'une prime supplémentaire de dix centimes par mille francs, la Compagnie renonce au recours qu'en vertu des articles 1733 et 1734 du Code Napoléon elle pourrait exercer contre ledit sieur Jacob comme locataire, ci.	»	» 10		5	»
TOTAUX.	50,000			20	»

QUATRIÈME CAS.

Assurance par un propriétaire faisant assurer ses risques et ceux de ses locataires.

Conditions particulières.

La Compagnie l'*Abeille Bourguignonne* assure, aux conditions générales qui précèdent et particulières ci-après :

A M. Perrin (Edmond), profession de propriétaire, demeurant à Metz, rue des Pères-Saint-Georges, 27, arrondissement de Metz, département de la Moselle, agissant pour son compte comme propriétaire, et pour le compte de ses locataires, la somme de *quarante-cinq mille francs*, portant sur les objets désignés, savoir :

	SOMME assurée sur chaque article.	TAUX de la prime p. 0/00.	PRIME pour chaque article.	
	f.	f. c.	f.	c.
Sur une maison d'habitation, etc., etc. (comme ci-dessus).	45,000	» 30	13	50
M. Edmond Perrin, voulant que cette assurance profite aux locataires de ladite maison, il est convenu qu'au moyen d'une prime supplémentaire de dix centimes par mille francs, la Compagnie renonce au recours qu'en cas de sinistre elle pourrait exercer contre lesdits locataires, en vertu des articles 1733 et 1734 du Code Napoléon, ci.	»	» 10	4	50
Totaux.	45,000		18	00

MODÈLE N° 20.

Police *pour garantir du Recours des voisins.*

Conditions particulières.

La Compagnie l'*Abeille Bourguignonne* assure, aux conditions générales qui précèdent et particulières ci-après :

A M. Roger (Michel), profession de rentier, demeurant à Chalon-sur-Saône, département de Saône-et-Loire, agissant pour son compte comme propriétaire, la somme de cent mille francs, portant sur les objets désignés ci-après, savoir :

SOMME assurée sur chaque article.	TAUX de la prime p. 0/00.	PRIME pour chaque article.	
f.	f. c.	f.	f.

1° Cinquante mille francs pour le garantir du recours qu'en cas de sinistre les voisins pourraient exercer contre lui, en vertu des articles 1382, 1383 et 1384 du Code Napoléon, en raison d'une maison qu'il occupe à Châlon-sur-Saône, Grand'-Rue, n° 31, ci. . . . . | 50,000 | » 20 | 10 | » |

2° Trente mille francs pour même garantie, en raison d'une raffinerie de sucre (cuite et chauffage à la vapeur) qu'il exploite dans la commune de Givry, arrondissement de Châlon-sur-Saône, ci. . . | 30,000 | 1 25 | 37 | 50 |

3° Vingt mille francs pour même garantie, en raison d'un bâtiment à usage de magasin à sucre qu'il occupe au lieu dit le Bocage, même commune de Givry, et à côté duquel magasin se trouve une fabrique de noir animal, ci. . . . . | 20,000 | 1 » | 20 | » |

La maison, la raffinerie et le magasin désignés ci-dessus, ainsi que les bâtiments voisins, sont construits en pierres et moellons, et couverts en tuiles, ardoises ou métaux.

| | TOTAUX. . . . . | 100,000 | | 67 | 50 |

MODÈLE N° 21.

Police *sur Mobilier personnel et de ménage.*

Conditions particulières.

La Compagnie l'*Abeille Bourguignonne* assure, aux conditions générales qui précèdent et particulières ci-après :

A M. Lechène (Charles), profession de médecin, demeurant à Dole, arrondissement de Dole, département du Jura, agissant pour son compte comme propriétaire, la somme de quatre-vingt mille francs, portant sur les objets ci-après désignés, savoir :

SOMME assurée sur chaque article.	TAUX de la prime p. 0/00.	PRIME pour chaque article.	
f.	f. c.	f.	f.

1° Soixante mille francs sur une maison d'habitation , etc. (voir le modèle n° 16), ci. . . . . | 60,000 | » 30 | 18 | » |

2° Vingt mille francs sur son mobilier personnel réparti dans ladite maison. Cette somme est divisée comme il suit :

Six mille francs sur meubles meublants. 6,000
Quinze cents francs sur glaces, pendules et ornements. 1,500
Mille francs sur ustensiles de cuisine et de ménage. . . 1,000
Quatre mille francs sur linge et effets d'habillements. . 4,000
Deux mille francs sur bibliothèque. 2,000
Mille francs sur argenterie de table et bijoux en or. . 1,000
Quinze cents francs sur tableaux. 1,500
Mille francs sur tulles, dentelles et cachemires. 1,000
Deux mille francs sur vins, liqueurs et provisions de bouche. 2,000

| 20,000 | » 75 | 15 | » |

| | TOTAUX. . . . . | 80,000 | | 33 | » |

AUTRE EXEMPLE.

Conditions particulières.

La Compagnie l'*Abeille Bourguignonne* assure, aux conditions générales qui précèdent et particulières ci-après :

A M. Grandmont (Paul-Eugène), profession de rentier, demeurant à Pierre, arrondissement de Louhans, département de Saône-et-Loire, agissant pour son compte
comme propriétaire et locataire, la somme de vingt-neuf mille francs, portant sur
les objets ci-après désignés, savoir :

	SOMME assurée sur chaque article.	TAUX de la prime p. 0/00.	PRIME pour chaque article.
1° Neuf mille francs sur son mobilier personnel, consistant en meubles meublants, glaces, pendules, ornements, lits, linge de toute espèce, hardes et effets d'habillement, ustensiles et provisions de ménage et de cuisine. Dans cette somme, l'argenterie de table et les bijoux en or sont compris pour une somme de 800 fr., ci. . . .	f. ⟨⟩ 9,000	f. c. » 90	f. 8	c. 10
Tous les objets désignés ci-dessus sont répartis dans les différentes localités que l'Assuré occupe comme locataire dans une maison construite en pierres et moellons, couverte en tuiles, ardoises ou métaux, et située audit Pierre.			
2° Dix mille francs pour garantir l'Assuré de ses risques locatifs prévus par les articles 1733 et 1734 du Code Napoléon, ci.	10,000	» 25	2	50
3° Dix mille francs pour le garantir du recours des voisins prévu par les articles 1383 et 1384 du Code Napoléon, ci.	10,000	» 20	2	»
Timbre à 0,03 c. par mille.			»	90
Totaux.	29,000		13	50

L'Assuré déclare que les objets désignés ci-dessus sont déjà assurés pour pareille
somme par la Compagnie d'Assurances générales, suivant Police n° 2342, du dix-sept
juin mille huit cent trente-huit, qui expirera le dix-huit juin mil huit cent quarante-
huit, et qu'il entend suivre l'exécution de cette dernière Police jusqu'à son échéance.
En conséquence, la présente Police est faite par anticipation et n'aura d'effet qu'à
partir du vingt juin mil huit cent quarante-huit.

L'assurance est faite pour une période de dix années, moyennant une prime annuelle de treize francs cinquante centimes, ladite période commençant le vingt juin
mil huit cent quarante-huit.

Pour l'exécution de la présente, l'Assuré s'oblige à payer contre quittance séparée,
le vingt juin mil huit cent quarante-huit, entre mes mains, la somme de treize
francs cinquante centimes pour prime de la première année (non compris la Police
et la plaque, qui ont été payées comptant), et il s'engage, conformément aux statuts
et aux conditions générales et particulières d'autre part, à payer tous les ans la
prime convenue, sur quittances à souches signées de l'Agent fondé de pouvoirs.

Fait triple à Pierre, le neuf avril mil huit cent cinquante-sept.

Signature de l'Assuré : POUR LA COMPAGNIE :

L'Agent fondé de pouvoirs,

MODÈLE N° 22.

Police *sur Maison, Ferme, Récoltes, Mobilier aratoire et Bestiaux.*
Conditions particulières.

La Compagnie l'*Abeille Bourguignonne* assure, aux conditions générales qui précèdent et particulières ci-après :

A M. Grosjean (Jean-Baptiste), profession de cultivateur, demeurant à la ferme du Bassin, commune de Montigny, canton d'Ervy, arrondissement de Troyes, département de l'Aube, agissant pour son compte comme propriétaire, la somme de *soixante-treize mille cinq cents francs* sur les objets ci-après désignés, savoir :

	SOMME assurée sur chaque article.	TAUX de la prime p. 0/00.	PRIME pour chaque article.	
	f.	f. c.	f.	c.
1° Onze mille francs sur un bâtiment servant uniquement d'habitation et entièrement isolé, faisant partie de la ferme dite du Bassin, située commune de Montigny, arrondissement de Troyes, département de l'Aube; ladite maison élevée sur caves d'un rez-de-chaussée, un étage et grenier, construite en pierres et moellons, couverte en ardoises, ci..............................	11,000	» 60	6	60
L'Assuré déclare que la maison d'habitation désignée ci-dessus est séparée des bâtiments d'exploitation par un espace de quatre mètres (ou par un mur de refend en pierres, briques ou moellons, sans ouverture ni communication intérieure), et qu'elle ne renferme ni fourrages, ni récoltes non battues.				
2° Cinq mille francs sur blé et avoine battus, ou autres grains répartis dans le grenier de ladite maison, ci	5,000	1 »	5	»
3° Sept mille francs sur une grange construite en pierres et moellons, couverte en tuiles, située à gauche de la maison d'habitation, ci.	7,000	1 25	8	75
4° Dix mille cinq cents francs sur blé et avoine en gerbes et sur paille, répartis dans ladite grange, ci..................	10,500	1 25	13	13
5° Cinq mille cinq cents francs sur un bâtiment divisé en deux parties, isolé des autres bâtiments à une distance de dix mètres, faisant face à l'autre corps de logis, de l'autre côté de la cour, à usage d'écurie et étable, construit en pierres et moellons et couvert en chaume, ci.	5,500	4 »	22	»
6° Trois mille francs sur chevaux renfermés dans ladite écurie, ci.	3,000	4 »	12	»
7° Cinq mille francs sur bêtes à cornes dans ladite étable, ci.	5,000	4 »	20	»
8° Quatre mille cinq cents francs sur foin et fourrages dans les greniers des écuries et étables, ci.	4,500	4 »	18	»
9° Trois mille cinq cents francs sur une bergerie située sur la même ligne que la maison d'habitation, dont elle est séparée par une porte d'entrée non couverte ; cette bergerie est construite en pierres et moellons et couverte en tuiles, ci.	3,500	1 25	4	35
10° Trois mille francs sur moutons, agneaux et brebis dans ladite bergerie, ci.	3,000	1 25	3	75
11° Deux mille cinq cents francs sur foins et fourrages dans le grenier au-dessus de la bergerie, ci.	2,500	1 25	3	15
12° Cinq cents francs sur un petit bâtiment isolé entre la grange et l'écurie, à 12 mètres de la grange, construit en pierres et moellons, couvert en chaume, servant de toit à porcs et de poulailler, ci.	500	4 »	2	»
13° Mille francs sur porcs dans ledit bâtiment.	1,000	4 »	4	»
14° Deux mille francs sur une charreterie, construite sur poteaux en bois et couverte en tuiles, située vis-à-vis de la grange, à l'autre extrémité de la cour, ci.	2,000	2 50	5	»
15° Deux mille cinq cents francs sur les ustensiles aratoires, parmi lesquels se trouvent deux charrettes placées dans diverses parties de la ferme, mais principalement sous la charreterie, ci.	2,500	2 50	6	25
16° Deux mille francs sur une meule de blé placée dans un champ, en face la ferme, ci.	2,000	5 »	10	»
17° Trois mille francs sur une meule d'avoine placée dans le même champ, ci.	3,000	5 »	15	»
18° Deux mille francs sur une meule de foin placée dans un verger attenant à la ferme, ci.	2,000	5 »	10	»
L'Assuré déclare que les trois meules désignées ci-dessus sont éloignées des bâtiments à une distance de plus de dix mètres.				
Timbre à 0,03 c. par mille.			2	20
TOTAUX.	73,500		171	20

TRACÉ (1).

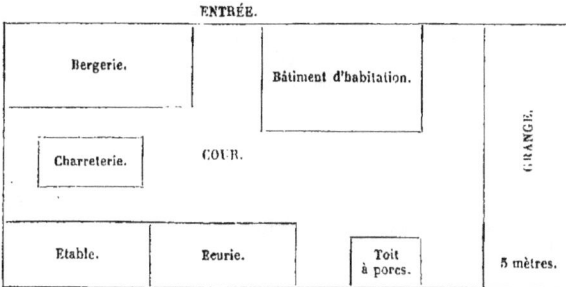

MODÈLE N° 23.

Police *sur Marchandises ordinaires et Mobilier industriel.*

Conditions particulières.

La Compagnie l'*Abeille Bourguignonne* assure, aux conditions générales qui précèdent et particulières ci-après :

A MM. Auguste Baudot et Cⁱᵉ, profession de marchands de draps et de nouveautés, demeurant à Metz, rue du Rempart, 41, arrondissement de Metz, département de la Moselle, agissant pour leur compte comme propriétaires et locataires, la somme de *cinquante-six mille francs* sur les objets ci-après désignés, savoir :

	SOMME assurée sur chaque article.	TAUX de la prime p. 0/00.	PRIME pour chaque article.	
	f.	f. c.	f.	c.
1° Vingt-deux mille francs sur draps, casimirs, mérinos, mousselines de laine, calicots, pércales, toiles blanches et imprimées, jaconas, mousselines, batistes, linons, madapolams, coutils, et, en général, sur toutes les marchandises de leur commerce existantes ou pouvant exister ; ci.	22,000	» 90	19	80
2° Cinq mille francs sur tulles, blondes, dentelles et broderies faisant partie dudit commerce (2), ci.	5,000	» 90	4	50
3° Quatre mille francs sur comptoirs, rayons, casiers, cartons, glaces, montres vitrées, et, en général, sur tous les objets composant leur mobilier industriel ; ci.	4,000	» 90	3	60
4° Cinq mille francs sur le mobilier personnel de M. Baudot, composé de, etc. (voir modèle n° 21), ci.	5,000	» 90	4	50
Tous les objets désignés ci-dessus sont répartis dans les différentes localités que les Assurés occupent dans une maison située à Metz (Moselle), rue du Rempart, n° 41, construite en pierres et moellons, couverte en tuiles ou ardoises.				
5° Dix mille francs sur risques locatifs prévus, etc. (voir modèle n° 19 ; ci.	10,000	» 25	2	50
6° Dix mille francs sur recours des voisins prévus, etc. (voir modèle n° 20) ; ci.	10,000	» 20	2	»
Timbre à 0,03 c. par mille.			1	70
TOTAUX.	56,000		38	60

(1) Il faut annexer à chaque ampliation de la Police une copie du tracé linéaire, portant la mention suivante :

« Vu et certifié le présent tracé pour demeurer annexé à la Police n°   , en date de ce jour. » Montigny, le

(2) Lorsque la valeur des marchandises faciles à endommager représente plus d'un dixième de l'ensemble des marchandises assurées, on leur applique la prime qui leur est propre. (Art.   des Instructions.)

Pour se conformer aux dispositions de l'article 10 des conditions générales de la présente Police, MM. les Assurés déclarent que, suivant Police du 14 février 1846, n° 1423, ils ont déjà fait couvrir sur les mêmes objets, par la Compagnie l'*Urbaine*, une somme de *cinquante mille francs* répartie comme il suit, savoir :

1° Sur marchandises (art. 1er).	20,000 fr.
2° Sur id. (art. 2e).	2,000
3° Sur mobilier industriel (art. 3e).	3,000
4° Sur id. personnel (art. 4e).	5,000
5° Sur risques locatifs (art. 5e).	10,000
6° Sur recours des voisins (art 6e).	10,000
Somme égale.	50,000

La Compagnie leur donne acte de cette déclaration, et en cas de sinistre elle ne sera responsable qu'au prorata des sommes assurées par elle (1).

AUTRE EXEMPLE.

Conditions particulières.

La Compagnie l'*Abeille Bourguignonne* assure, aux conditions générales qui précèdent et particulières ci-après :

A M. Millot (Jules), profession de menuisier, demeurant à Dole, arrondissement de Dole, département du Jura, agissant pour son compte comme propriétaire, la somme de *cinquante-un mille francs*, valeur attribuée par l'Assuré aux objets ci-après désignés, savoir :

	SOMME assurée sur chaque article.	TAUX de la prime p. 0/00.		PRIME pour chaque article.	
	f.	f.	c.	f.	c.
1° Trente-cinq mille francs sur une maison construite en pierres, moellons et pans de bois, couverte en tuiles, ardoises ou métaux, élevée d'un rez-de-chaussée, d'un étage et grenier, sise à Dole, Grand'-Rue, 7; ci.	35,000	1	50	52	50
2° Quatre mille francs sur un hangar construit en planches, couvert en tuiles, adossé à ladite maison avec une porte de communication intérieure, et servant de magasin de bois; ci.	4,000	1	50	6	»
3° Seize mille francs sur bois bruts et confectionnés, bois de placage, bois des îles, et, en général, sur toutes les marchandises de sa profession de menuisier; ci.	16,000	2	»	32	»
4° Dix mille francs sur établis, varlets, varlopes, scies, rabots, sergents, pinces, marteaux, guillaumes, bédanes, ciseaux, outils à moulure, et, en général, sur tous les outils et ustensiles composant le mobilier industriel de sadite profession; ci.	10,000	2	»	20	»
5° Douze mille francs sur mobilier personnel, composé de, etc. (voir modèle n° 21); ci.	12,000	2	»	24	»
Le mobilier personnel est réparti au premier étage de la maison ci-dessus désignée, le mobilier industriel au-rez-de-chaussée, et les marchandises partie au rez-de-chaussée et partie sous le hangar assuré en l'article 2.					
6° Vingt-cinq mille francs pour garantir l'Assuré du recours que les voisins de ladite maison pourraient exercer contre lui en vertu des articles 1382, 1383 et 1384 du Code Napoléon, ci.	25,000	»	40	10	»
Timbre à 0,03 c. par mille.				3	05
TOTAUX.	102,000			147	55
Sur laquelle somme de cent deux mille francs la Compagnie l'*Abeille Bourguignonne* assure la moitié, soit cinquante-un mille francs, ci.	51,000			73	75

(1) Lorsqu'une Police est faite en supplément à une autre Police de l'*Abeille Bourguignonne*, on le mentionne de la manière suivante : « La présente Police est faite en supplément à celle souscrite par l'Assuré le   n°   ; » ou bien : « Telle ou telle somme est en supplément à celle de   déjà garantie à l'Assuré sur les mêmes objets par l'article   des conditions particulières de sa Police à lui consentie le   n°   »

Pour se conformer aux dispositions de l'article 10 des conditions générales de la présente Police, M. Millot déclare qu'il a fait assurer l'autre moitié de ladite somme par la Compagnie l'*Aigle*, suivant Police du 4 du mois courant, n° 1431 de l'Agence de Dole.

La Compagnie l'*Abeille Bourguignonne* lui donne acte de cette déclaration, et en cas de sinistre elle ne sera responsable qu'au prorata des sommes assurées par elle.

MODÈLE N° 24.

Police *sur Marchandises de divers risques, Marchandises ordinaires et Marchandises faciles à endommager.*

Conditions particulières.

La Compagnie l'*Abeille Bourguignonne* assure, aux conditions générales qui précèdent et particulières ci-après :

A MM. Brenot et Cie, profession de négociants-commissionnaires, demeurant à Avallon, arrondissement d'Avallon, département de l'Yonne, agissant pour leur compte et pour celui de leurs commettants, la somme de cent mille francs sur les objets ci-après désignés, savoir :

	SOMME assurée sur chaque article.	TAUX de la prime p. 0/00.	PRIME pour chaque article.	
	f.	f. c.	f.	c.
1° Soixante mille francs sur marchandises ordinaires, telles que merceries, quincailleries et ferblanteries, existant ou pouvant exister ci.	60,000	» 90	54	»
2° Quarante mille francs sur marchandises faciles à endommager, telles que cristaux, faïences, porcelaines et verreries, existant ou pouvant exister; ci.	40,000	1 »	40	»
Tous les objets désignés ci-dessus sont répartis dans les différentes localités que les assurés occupent dans la maison située à Avallon, construite en pierres et moellons et couverte en ardoises.				
Timbre à 0,03 c. par mille.			3	»
TOTAUX.	100,000		97	»

AUTRE EXEMPLE.

Marchandises ordinaires et Marchandises hasardeuses.

Conditions particulières.

La Compagnie l'*Abeille Bourguignonne* assure, aux conditions qui précèdent et particulières ci-après :

	SOMME assurée sur chaque article.	TAUX de la prime p. 0/00.	PRIME pour chaque article.	
	f.	f. c.	f.	c.
A M. Courtois (Adolphe), profession de négociant, demeurant à Auxonne, place d'Armes, n° 17, arrondissement de Dijon, département da la Côte-d'Or, agissant pour son compte et pour le compte de ses commettants, la somme de soixante-quinze mille francs sur vins, eaux-de-vie et esprits qui existent ou pourront exister dans ses magasins construits en pierres et moellons, couverts en tuiles, situés à Auxonne, n° 17; ci.	75,000	» 75	56	25
Il est expressément convenu, sous peine par l'Assuré de n'avoir droit à aucune indemnité en cas de sinistre, que les eaux-de-vie et esprits compris dans lesdites marchandises ne pourront excéder une somme de cinq mille francs, en comptant les eaux-de-vie et esprits jusqu'à 24 degrés pour leur valeur, et les eaux-de-vie et esprits au-dessus de 24 degrés pour une valeur double (1).				
Timbre à 0,03 c. par mille.			2	25
TOTAUX.	75,000		58	50

AUTRE EXEMPLE.
Marchandises hasardeuses et Marchandises doublement hasardeuses.

Conditions particulières.

La Compagnie l'*Abeille Bourguignonne* assure, aux conditions générales qui précèdent et particulières ci-après :

A M. Kock (Edouard), profession d'entrepositaire, demeurant à Metz, rue des Pères-Saint-Georges, n° 129, arrondissement de Metz, département de la Moselle, agissant pour son compte et pour celui de qui il appartiendra, la somme de quatre-vingt-dix mille francs sur les objets ci-après désignés, savoir :

	SOMME assurée sur chaque article.	TAUX de la prime p. 00/0.	PRIME pour chaque article.	
	f.	f. c.	f.	c.
1° Soixante mille francs sur huiles, laines en suint, chanvre, brai, résine, liqueurs, vins, goudron, et en général sur toutes les marchandises ordinaires et simplement hasardeuses qui existent ou pourront exister dans un magasin faisant partie d'une maison située à Metz, rue des Pères-Saint-Georges, n° 129, construite en pierres, moellons, et couverte en tuiles ou ardoises.	60,000	1 25	75	»
2° Trente mille francs sur essences, vernis, esprits, eaux-de-vie et autres marchandises qui existent ou pourront exister dans un magasin entièrement isolé, construit et couvert comme le précédent, et situé au fond du terrain dépendant de la maison ci-dessus désignée; ci.	30,000	2 50	75	»
Timbre à 0,03 c. par mille.			2	70
TOTAUX.	90,000		152	70

Pour se conformer aux conditions générales de la présente Police, art. 10, M. Kock déclare que, suivant Police du 10 juin 1850, n° 1435, expirant le 11 juin 1860, la *Compagnie mutuelle* du Jura assure déjà une somme de cinquante mille francs sur les objets désignés ci-dessus, savoir : trente mille francs sur les marchandises désignées en l'art. 1er, et vingt mille francs sur celles désignées en l'art. 2.

La Compagnie l'*Abeille Bourguignonne* lui donne acte de cette déclaration, et, en cas de sinistre, elle ne sera responsable que des sommes assurées par elle.

MODÈLE N° 25.
Police *sur Filature de coton.*
Conditions particulières.

La Compagnie l'*Abeille Bourguignonne* assure, aux conditions générales qui précèdent et particulières ci-après,

---

(1) Lorsque la valeur des marchandises hasardeuses ou doublement hasardeuses, calculée comme il vient d'être dit, excède un dixième, on applique à l'ensemble la prime la plus forte.

A M. Wimber (Alfred), profession de filateur de coton, demeurant à Bischwiller, arrondissement de Strasbourg, département du Bas-Rhin, agissant pour son compte comme propriétaire, la somme de deux cent trente-quatre mille cinq cents francs sur sa filature de coton et ses dépendances située audit Bischwiller, et désignée en un tracé linéaire certifié par les parties et demeuré ci-annexé, savoir :

	SOMME assurée sur chaque article.	TAUX de la prime p. 0/00.		PRIME pour chaque article.	
	f.	f.	c.	f.	c.
1° Vingt-cinq mille francs sur la maison d'habitation désignée au tracé par la lettre A, séparée du bâtiment de la filature par un espace de 15 mètres, construite en pierres, briques et moellons, couverte en tuiles, élevée sur caves d'un rez-de-chaussée, premier étage et greniers; ci............	25,000	»	60	15	»
2° Dix mille francs sur son mobilier personnel réparti dans ladite maison, et consistant, etc. (voir modèle n° 19); ci.........	10,000	1	»	10	»
3° Quinze mille francs sur marchandises brutes et fabriquées déposées dans ladite maison; ci...................	15,000	1	»	15	»
4° Trente-cinq mille francs sur le bâtiment à usage de filature de coton, désigné au tracé par la lettre B, élevé de deux étages sur rez-de-chaussée et greniers, entièrement isolé, construit en pierres et moellons, couvert en tuiles; ci..................	35,000	7	50	262	50
L'Assuré déclare que ladite filature est chauffée à la vapeur et éclairée par des quinquets fermés.					
5° Quatre-vingt-quinze mille cinq cents francs sur le mobilier industriel et les marchandises renfermés dans le bâtiment de la filature, ladite somme répartie comme suit :					
Quinze cents francs sur loup et batteurs; ci...... 1,500 fr.					
Trente-cinq mille francs sur trente cardes garnies, dont douze simples et dix-huit doubles; ci............ 35,000					
Deux mille cinq cents francs sur un banc d'étirage, ci 2,500					
Sept mille francs sur deux bancs à broches; ci..... 7,000					
Trente-cinq mille francs sur vingt métiers Mull Jenny, dont huit pour filer en gros et douze pour filer en fin, ci 35,000					
Sept mille francs sur dévidoirs, tambour à émeri, bobinoirs, pièces de rechange, transmission de mouvement, pots, balances, lanternes, quinquets, et en général sur tous les autres objets, ustensiles et agrès composant le mobilier industriel à l'usage de la filature, y compris les appareils de chauffage et d'éclairage et une pompe à incendie et ses accessoires; ci........... 7,000	95,500	7	50	716	25
Sept mille cinq cents francs sur cotons bruts, sur cotons en manutention et sur cotons filés existant ou pouvant exister dans les ateliers, ainsi que sur matières d'approvisionnements; ci................... 7,500					
6° Cinq mille francs sur un bâtiment désigné au tracé par la lettre C, renfermant une machine à vapeur, construit en briques, couvert en tuiles et sans aucune communication avec la filature, si ce n'est pour la transmission du mouvement; ci.........	5,000	1	50	7	50
7° Vingt-cinq mille francs sur une machine à vapeur de la force de vingt-huit chevaux, contenue dans ledit bâtiment, avec ses accessoires; ci..................	25,000	1	50	37	50
8° Quatre mille francs sur le bâtiment désigné au tracé par la lettre D, dont une partie à usage de magasin et l'autre partie à usage de remise; ledit bâtiment séparé de la filature par une distance de 50 mètres, construit en briques et moellons, et couvert en tuiles; ci..........	4,000	»	60	2	40
9° Vingt mille francs sur cotons en balles placés dans ledit magasin; ci....................	20,000	1	»	20	»
Timbre à 0,03 c. par mille........				7	5
(1) Totaux..........	234,500			1092	50

Annexer le tracé linéaire conformément au modèle n° 17.

(1) Le chiffre des valeurs assurées excédant le maximum de la Compagnie sur un seul et même risque, ce modèle s'applique au cas où la Compagnie reçoit cette assurance, en se réservant de faire réassurer ce même excédant par une ou plusieurs autres Compagnies (art.   des Instructions).

MODÈLE N° 26.

Police *sur Filature de lin, avec ristourne.*

Conditions particulières.

La Compagnie l'*Abeille Bourguignonne* assure, aux conditions générales qui précèdent ci-après :

A MM. Léon Marinier et Cⁱᵉ, profession de filateurs de lin, demeurant à Lille, rue Saint-André, n° 7, arrondissement de Lille, département du Nord, agissant pour leur compte et pour celui de qui il appartiendra, la somme de quatre-vingt-quatre mille francs sur celle de cinq cent quatre mille francs, valeur attribuée par les assurés à la filature de lin, au mobilier industriel et aux marchandises ci-après désignées, savoir :

	SOMME assurée sur chaque article.	TAUX de la prime p. 0/00.	PRIME pour chaque article.
	f.	f. c.	f. c.

1° Quatre-vingt-huit mille francs sur un bâtiment désigné lettre A du tracé ci-annexé, à usage d'une filature de lin avec toutes les préparations, élevé d'un rez-de-chaussée, de deux étages et de greniers mansardés au-dessus, construit en pierres, briques et moellons, couvert en ardoises, et situé à Lille, rue Saint-André, 7; ci . . . . . .   **88,000**   15 »   1,320   »

2° Trois cent cinq mille francs sur le mobilier industriel renfermé dans ledit bâtiment. Cette somme est répartie comme suit :
Trente-cinq mille francs sur deux grandes et deux petites cardes à étoupes montées et garnies; ci. . . . . 35,000 fr.
Quinze mille francs sur deux étaleurs doubles; ci. . . 15,000
Quinze mille francs sur trois étirages de six rubans chaque; ci. 15,000
Trente-cinq mille francs sur quatre bancs à broches de soixante broches chacun ; ci. 35,000
Quinze mille francs sur deux étirages à étoupe, ci. . . 15,000
Sept mille francs sur un banc à broches à étoupe, ci 7,000
Soixante-cinq mille francs sur trente-cinq métiers à filer et à retordre; ci. 65,000
Quinze mille francs sur une turbine, agrès et accessoires ; ci. 15,000
Huit mille francs sur l'appareil de chauffage à la vapeur, tuyaux, conduits en fonte et en cuivre et accessoires ; ci. 8,000
Quinze mille francs sur l'appareil d'éclairage au gaz, tuyaux, lanternes et accessoires; ci. 15,000
Quatre-vingt mille francs sur dévidoirs, bobines, brochettes, pots en tôle, boîtes en fer-blanc et en zinc, machines à canneler, pièces de rechange, transmission de mouvement, bancs, tables, chaises, perches, et en général sur tous les outils, ustensiles et objets quelconques composant le mobilier industriel de l'établissement, y compris une pompe à incendie et ses accessoires; ci. . . 80,000   **305,000**   15 »   4,575   »

3° Cinquante-deux mille francs sur marchandises brutes, marchandises en préparation et marchandises confectionnées existant ou pouvant exister dans le bâtiment désigné en l'art. 1ᵉʳ; ci. . . .   **52,000**   15 »   780   »

4° Deux mille francs sur le bâtiment désigné lettre B du tracé, renfermant une machine à vapeur ; ledit bâtiment construit en pierres, couvert en tuiles, est contigu au bâtiment A avec une porte de communication en fer; ci. . . . .   **2,000**   15 »   30   »

5° Trente-cinq mille francs sur la machine à vapeur et ses accessoires renfermés dans ledit bâtiment B, y compris les chaudières, les fourneaux et la pompe alimentaire; ci. . . . . . .   **35,000**   15 »   525   »

6° Quatre mille francs sur le bâtiment désigné lettre E du tracé, à usage de magasin de lin et d'étoupe, construit en briques et moellons, couvert en ardoises, séparé du bâtiment A par une distance de 20 mètres; ci. . . . .   **4,000**   2 50   10   »

7° Dix-huit mille francs sur marchandises existant ou pouvant exister dans ledit bâtiment; ci. . . . .   **18,000**   2 50   45   »
Timbre à 0,03 c. par mille.   15   15

TOTAUX . . .   **504,000**   7,300   15

Sur laquelle somme de cinq cent quatre mille francs la Compagnie l'*Abeille* assure un sixième, soit quatre-vingt-quatre mille francs; ci. **84,000**   1,216   70

MM. les Assurés déclarent que ladite filature est chauffée à la vapeur et éclairée au gaz par des becs sous lanternes fermées.

Ils déclarent, en outre, avoir fait couvrir la somme restante de quatre cent vingt mille francs par les Compagnies ci-après nommées, savoir :

Par la Compagnie *la Générale,* un sixième. . . . . 84,000 fr.
Par la Compagnie *la Nationale,* un sixième. 84,000
Par la Compagnie *l'Urbaine,* un sixième. 84,000
Par la Compagnie *la France,* un sixième. 84,000
Par la Compagnie *le Phénix,* un sixième. 84,000

Somme égale. 420,000

La Compagnie l'*Abeille Bourguignonne* donne acte des déclarations ci-dessus, et, en cas de sinistre, elle ne sera responsable que dans la proportion de la somme garantie par elle.

La présente Police résilie et remplace, à partir de demain, celle souscrite par les assurés le 25 septembre 1846, n° 3210, et attendu que la prime sur la Police remplacée a été payée pour l'année en cours jusqu'au 26 septembre prochain, il sera tenu compte à MM. les Assurés, contre quittance séparée, d'une somme de trois cent quatre francs quinze centimes pour ristourne de trois mois sur la prime de la Police remplacée (1).

L'assurance est faite pour une période de neuf années, moyennant une prime annuelle de douze cent seize francs soixante-dix centimes.

Pour l'exécution de la présente, les Assurés ont payé comptant entre mes mains la somme de mille deux cent seize francs soixante-dix centimes pour prime de première année, et de deux francs pour le coût de la Police; et ils s'engagent, conformément aux statuts et aux conditions générales et particulières d'autre part, à payer tous les ans la prime convenue, sur quittance à souche signée de l'Agent fondé de pouvoirs.

Fait triple à Lille, le vingt-cinq juin mil huit cent quarante-six.

Signatures des Assurés :   Pour la Compagnie :

L'*Agent fondé de pouvoirs,*

Annexer le tracé linéaire conformément au modèle n° 17.

MODÈLE N° 27.

Police *sur Forges.*

Conditions particulières.

La Compagnie l'*Abeille Bourguignonne* assure aux conditions générales qui précèdent et particulières ci-après :

A M. Grandchamps (Jules), demeurant à Grandbois, commune de la Houssière,

---

(1) MM. les Agents doivent encaisser, c'est-à-dire faire recette dans leur comptabilité de la totalité de la prime de première année de la Police nouvelle, et ensuite faire dépense du montant de la somme ristournée, en joignant la quittance de ristourne à leur comptabilité.

arrondissement de Saint-Dié, département des Vosges, agissant pour son compte comme propriétaire, la somme de cent quarante-neuf mille cinq cents francs sur un établissement de forges et ses dépendances situé audit Grandbois, et désigné en un tracé linéaire certifié par les parties et ci-annexé, savoir :

	SOMME assurée sur chaque article.	TAUX de la prime p. 0/00.	PRIME pour chaque article.
	f.	f. c.	f. c.
1° Lettre A du tracé : dix-huit mille francs sur une maison de maître, élevée sur caves d'un rez-de-chaussée, un étage et grenier, construite en pierres et moellons, couverte en ardoises; ci. . . .	18,000	» 60	10 80
2° Douze mille francs sur son mobilier personnel réparti dans ladite maison et composé de, etc. (voir modèle n° 19); ci.	12,000	1 »	12 »
3° Lettre B du tracé : six mille francs sur une maison d'habitation occupée par le régisseur, composée d'un rez-de-chaussée et grenier mansardé, construite en pierres, moellons et pans de bois, couverte en tuiles; ci. . .	6,000	» 75	4 50
Les deux maisons désignées ci-dessus sont isolées de tout autre bâtiment à une distance de 25 mètres.			
4° Lettre C du tracé : deux mille francs sur une grande écurie voûtée, avec grenier au-dessus, construite en briques, couverte en ardoises, n'étant séparée de la forge que par un gros mur de refend s'élevant jusqu'au faîte, sans communication intérieure; ci. . . .	2,000	» 75	1 50
5° Six cents francs sur fourrages, existant ou pouvant exister dans ladite écurie et le grenier; ci.	600	1 25	» 75
6° Cinq mille francs sur six chevaux dans ladite écurie et sur leurs harnais; ci.	5,000	1 25	6 25
7° Lettre D du tracé : quinze mille francs sur trois hangars, les piliers et les cheminées pour le travail des forges, ainsi que sur une boutique de maréchal attenante auxdits hangars; le tout construit en pierres, briques et moellons, et couvert en tuiles; ci.	15,000	1 50	22 50
8° Cinq mille francs sur la machine soufflante, l'arbre de couche, la roue et les accessoires du mécanisme sous lesdits hangars; ci. .	5,000	1 50	7 50
9° Dix-huit mille francs sur la roue hydraulique et les engrenages faisant mouvoir les gros et les petits cylindres finisseurs sous lesdits hangars; ci.	18,000	1 50	27 »
10° Huit mille francs sur le tour, la roue, l'arbre et les engrenages composant le tour à cylindres, sur le soufflet et tout le mobilier de la maréchalerie; le tout placé sous lesdits hangars; ci. . .	8,000	1 50	12 »
11° Lettre E du tracé : sept mille francs sur un autre hangar construit et couvert comme les précédents, couvrant la coulée près du haut-fourneau, qui n'est pas compris dans la présente assurance; ci.	7,000	1 50	10 50
12° Lettre F du tracé : trois mille quatre cents francs sur un petit bâtiment attenant audit hangar, mais sans communication intérieure, servant de logement aux fondeurs; ledit bâtiment construit en briques et couvert en ardoises; ci.	3,400	» 60	2 05
13° Lettre G du tracé : dix mille francs sur un bâtiment servant au logement des ouvriers, contenant un rez-de-chaussée, un étage et greniers, situé à 20 mètres de distance de tout autre bâtiment, construit en pierres, moellons et pans de bois, et couvert en ardoises; ci	10,000	» 75	7 50
14° Lettre H du tracé : cinq mille francs sur une grande halle à charbon de bois, construite en pierres, couverte en ardoises; ci. . .	5,000	4 »	20 »
15° Seize mille francs sur charbon de bois existant ou pouvant exister dans ladite halle; ci.	16,000	4 »	64 »
16° Lettre I du tracé : cinq mille francs sur une petite halle à charbon de terre, construite et couverte comme la précédente; ci. .	5,000	2 »	10 »
17° Cinq mille francs sur charbon de terre existant ou pouvant exister dans ladite halle; ci.	5,000	2 »	10 »
18° Lettre K du tracé : trois mille francs sur un bâtiment à usage d'atelier de menuisier et de bûcher, composé d'un rez-de-chaussée et grenier, construit en pans de bois et couvert en ardoises, isolé à 10 mètres de tout autre bâtiment; ci.	3,500	2 50	8 75
19° Lettre L du tracé : deux mille francs sur un bâtiment composé d'un rez-de-chaussée et grenier dans lequel sont déposés les modèles à mouler, construit en briques, couvert en tuiles, séparé des autres bâtiments par un intervalle de 15 mètres; ci. . .	2,000	» 60	1 20
20° Trois mille francs sur les modèles à mouler existant ou pouvant exister dans ledit bâtiment; ci.	3,000	1 »	3 »
Timbre à 0,03 c. par mille.			4 50
TOTAUX.	149,500		246 80

M. Grandchamps déclare que, suivant Police du 26 juin 1847, expirant le 26 juin

1857, la *Compagnie générale* assure déjà sur les mêmes objets une somme de soixante-seize mille cinq cents francs, répartie comme il suit :

1° Sur les bâtiments désignés art. 7. . . . . 15,000 fr.

2° Sur le mobilier industriel désigné art. 8. 7,000

3°   —   —   — art. 9. 16,000

4°   —   —   — art. 10. 3,000

5° Sur le bâtiment désigné art. 11. 5,000

6°   —   — art. 12. 1,500

7°   —   — art. 14. 10,000

8° Sur le charbon désigné art. 15. 10,000

9° Sur le bâtiment désigné art. 16. 3,000

10° Sur le charbon désigné art. 17. 6,000

Somme égale. 76,500

En conséquence, il demeure convenu qu'à partir de demain à midi jusqu'au 26 décembre prochain, la Compagnie l'*Abeille Bourguignonne* ne garantira que la somme supplémentaire de soixante-treize mille francs, et ne touchera que la prime afférente à cette somme ; mais qu'à partir dudit jour 26 juin 1857, époque de l'expiration de la Police de la *Compagnie générale*, elle couvrira la somme entière de cent quarante-neuf mille cinq cents francs, et touchera la totalité de la prime.

L'assurance est faite pour une période de dix années, moyennant une prime annuelle de deux cent cinq francs vingt-cinq centimes (1) pour la première année, et de deux cent quarante-six francs trente centimes pour chacune des années suivantes.

Pour l'exécution de la présente, etc., etc.

Fait triple à Saint-Dié, le vingt-cinq décembre mil huit cent quarante-six.

MODÈLE N° 28.

Police *sur Fabrique de sucre de betterave.*

Conditions particulières.

La Compagnie l'*Abeille Bourguignonne* assure, aux conditions générales qui précèdent et particulières ci-après :

A. M. Delamotte (Henri), profession de fabricant de sucre de betterave, demeurant à Borau, arrondissement de Senlis, département de l'Oise, agissant pour son compte comme propriétaire et locataire, la somme de cent mille francs, qui s'applique comme

____

(1) Cette somme se compose de six mois de prime sur 73,000 fr., du 26 décembre 1846 au 26 juin 1847, et de six mois sur 149,500 fr., du 26 juin 1847 au 26 décembre 1857.

suit aux objets détaillés ci-après, composant une fabrique de sucre de betterave située audit Borau, savoir :

	SOMME assurée sur chaque article.	TAUX de la prime p. 0/00.	PRIME pour chaque article.	
	f.	f. c.	f.	c.
1° Vingt-trois mille francs pour garantir l'Assuré de ses risques locatifs prévus par les art. 1733 et 1734 du Code civil, portant sur un grand corps de bâtiment désigné au tracé ci-annexé par les lettres A, B et C, élevé de deux étages sur caves et rez-de-chaussée, construit en pierres et couvert en tuiles, renfermant tous les appareils de la fabrication de sucre de betterave ; ci.	23,000	5 »	115	»
2° Cinq mille francs sur une machine à vapeur à haute pression, de la force de huit chevaux, y compris les ouvrages en maçonnerie qui y sont adhérents ; ci.	5,000	5 »	25	»
3° Quinze mille francs sur trois générateurs ; ci.	15,000	5 »	75	»
4° Trois mille francs sur une râpe avec bâtis en fonte ; ci.	3,000	5 »	15	»
5° Dix mille francs sur trois presses hydrauliques ; ci.	10,000	5 »	50	»
6° Cinq cents francs sur une presse en bois ; ci.	500	5 »	2	50
7° Douze mille cinq cents francs sur quatorze chaudières en cuivre rouge, dont trois à déféquer, cinq à évaporer, deux de cuite, avec leurs serpentins aussi en cuivre renfermant la vapeur qui sert à les mettre en ébullition ; ci.	12,500	5 »	62	50
8° Quatre mille francs sur onze cents formes avec leurs pots ; ci	4,000	5 »	20	»
9° Huit mille francs sur accessoires, tels que bacs et filtres en bois garnis de cuivre, pompes en bois et en cuivre, tuyaux en cuivre pour porter la vapeur des générateurs aux appareils, claies en osier, sacs aux pulpes, seaux, bidons, et en général sur tous les objets composant le mobilier industriel de l'établissement ; ci.	8,000	5 »	40	»
10° Dix-neuf mille francs sur les marchandises fabriquées ou en cours de fabrication existant ou pouvant exister, ainsi que sur matières premières ; ci.	19,000	5 »	95	»
Timbre à 0,03 c. par mille.			3	»
TOTAUX.	100,000		503	00

Tous les objets désignés aux art. 2, 3, 4, 5, 6, 7, 8, 9 et 10 ci-dessus sont répartis dans les bâtiments désignés en l'art. 1er.

L'Assuré déclare qu'il n'existe point de cristallerie dans son établissement ; que la défécation, l'évaporation et la cuite du sucre se font à la vapeur, et que les purgeries sont chauffées par des calorifères.

Il déclare, en outre, qu'il ne raffine pas de pains en sucre dans ledit établissement, et il s'engage à ne pas y en raffiner, sous peine de n'avoir droit à aucune indemnité en cas de sinistre.

MODÈLE N° 29.

Police sur Théâtre.

Conditions particulières.

La Compagnie l'*Abeille Bourguignonne* assure, aux conditions générales qui précèdent et particulières ci-après :

A. M. Gauthier (Jules), profession de maire de la ville de Moulins, demeurant à Moulins, arrondissement de Moulins, département de l'Allier, agissant pour le compte de ladite ville, en sa qualité de maire, en vertu d'une délibération du Conseil municipal en date du 25 juillet 1848, la somme de cent soixante-dix-sept mille francs sur la salle de spectacle de ladite ville, savoir :

	SOMME assurée sur chaque article.	TAUX de la prime p. 0/00.		PRIME pour chaque article.	
	f.	f.	c.	f.	c.
1° Cent mille francs sur les constructions intérieures et extérieures qui composent ladite salle de spectacle et ses dépendances; le tout construit en pierres et moellons, et couvert en tuiles, ardoises ou métaux.	100,000	6	»	600	»
Dans cette somme sont compris les loges et leurs décors, les ornements, les peintures, et en général tout matériel devenu immeuble par destination.					
2° Cinquante mille francs sur toiles peintes, coulisses, décorations, machines, meubles, cordages, instruments de musique, appareil d'éclairage, et généralement sur tous les objets et accessoires composant le mobilier industriel renfermé dans ledit théâtre; ci. . . .	50,000	6	»	300	»
3° Vingt mille francs sur costumes existant ou pouvant exister dans ledit théâtre; ci.	20,000	6	»	120	»
4° Sept mille francs sur bibliothèque musicale et littéraire placée dans ledit théâtre; ci.	7,000	6	»	42	»
Timbre à 0,03 c. par mille.				5	30
(1) TOTAUX.	177,000			1,067	30

L'Assuré déclare que la scène est séparée de la salle par un rideau métallique.

Il est expressément convenu que l'on ne pourra donner plus de cent vingt (2) représentations, bals ou concerts par année dans ladite salle, et que la responsabilité de la Compagnie cessera chaque année du moment où le nombre de cent vingt représentations aura été dépassé (3).

Il est convenu, en outre, que la Compagnie jouira d'une franchise d'avarie d'un pour cent sur le capital assuré; en conséquence, tout dommage qui ne dépassera pas la somme de mille sept cent soixante-dix francs restera à la charge des Assurés, et les pertes qui excéderont cette somme ne seront payées par la Compagnie que sous la déduction de mille sept cent soixante-dix francs, montant de la franchise d'avarie.

Indépendamment des conditions générales et particulières qui précèdent, M. Gauthier, ès-nom, s'oblige, sous peine de n'avoir droit à aucune indemnité en cas de sinistre :

1° A faire exécuter tous les règlements et ordonnances que l'autorité a prescrits ou pourra prescrire pour prévenir les dangers du feu;

2° A entretenir toujours en bon état et remplis d'eau les réservoirs qui existent dans ledit théâtre;

3° A entretenir également en bon état les pompes qui se trouvent dans le théâtre;

4° A faire veiller nuit et jour une garde de pompiers à la sûreté de la salle;

5° Ou bien à commettre à la garde permanente de la salle un gardien ou portier qui sera tenu de faire régulièrement une ou plusieurs rondes chaque nuit et immédiatement après chaque représentation, bal ou concert;

(1) Même observation relative à cet excédant du maximum que celle au bas du modèle n° 25.

(2) La prime varie selon le nombre des représentations annuelles (voir le tarif des théâtres).

(3) On peut stipuler que si le nombre des représentations venait à être dépassé pendant l'année en cours, l'assurance continuerait à avoir son effet moyennant un supplément de prime (voir le tarif des théâtres).

6° A ne faire ou permettre aucune représentation ou répétition, bal ou concert, sans la présence d'un poste de pompiers;

7° A faire baisser tous les soirs, aussitôt après chaque représentation, le rideau métallique qui sépare la salle de la scène.

Pour veiller à ce que toutes les mesures prescrites soient ponctuellement exécutées, l'Agent général de la Compagnie l'*Abeille Bourguignonne* à Moulins, et les Inspecteurs de la Compagnie passant par ladite ville, auront le droit d'entrer à toute heure du jour et de la nuit dans l'intérieur de la salle et du théâtre, et ils pourront assister, toutes les fois qu'ils en feront la demande, à toutes les représentations et à tous les bals ou concerts, à telles places qu'il leur conviendra, à l'exception des stalles et loges louées.

MODÈLE N° 30.

Police *sur Bois et Forêts.*

Conditions particulières.

La Compagnie l'*Abeille Bourguignonne* assure, aux conditions générales qui précèdent et particulières ci-après :

A M. Desbois (Charles), profession de propriétaire, demeurant à Gevrey, arrondissement de Dijon, département de la Côte-d'Or, agissant pour le compte et comme mandataire de M. le baron de Saint-Denis, pour lequel il se porte fort, la somme de quatre-vingt-dix mille francs sur les objets ci-après désignés, savoir :

	SOMME assurée sur chaque article.	TAUX de la prime p. 0/00.	PRIME pour chaque article.	
	f.	f. c.	f.	c.
Sur deux cents hectares de bois taillis, appelé le Grand-Bois, sans essences résineuses, aménagé à dix-huit ans, et située sur la commune de Corcelles-les-Cîteaux, canton de Gevrey, arrondissement de Dijon, département de la Côte-d'Or; cette somme représentant une valeur moyenne de cinquante francs la feuille (1). . . .	90,000	» 50	45	»
Timbre à 0,03 c. par mille. . . .			2	70
Totaux.	90,000		47	70

AUTRE EXEMPLE.

Conditions particulières. — *Escompte.*

La Compagnie l'*Abeille Bourguignonne* assure, aux conditions générales qui précèdent et particulières ci-après :

A. M. Bordet (Auguste), profession de propriétaire, demeurant à Lannion, arron-

---

(1) La valeur de la feuille (ou croissance annuelle) étant de 50 fr. par hectare, est de 10,000 fr. pour 200 hectares. Cette dernière somme multipliée par l'âge moyen, qui est de neuf dans un aménagement de dix-huit ans, forme la somme assurée de 90,000 fr.

dissement de Lannion, département des Côtes-du-Nord, agisssant pour son compte comme propriétaire, la somme de cinq cent cinquante mille francs sur les objets désignés ci-après, savoir :

	SOMME assurée sur chaque article.	TAUX de la prime p. 0/00.	PRIME pour chaque article.	
	f.	f. c.	f.	c.
1° Deux cent cinquante mille francs sur environ trois cents hectares de bois futaie au-dessus de vingt-cinq ans, d'essences diverses non résineuses, formant une seule pièce appelée forêt de Mont-Aubert, coupée par des chemins, et située sur les communes de Belle-Isle-en-Terre et de Louargat, arrondissement de Guingamp, département des Côtes-du-Nord ; ci.	250,000	» 30	75	»
2° Trois cent mille francs sur environ trois cent vingt-cinq hectares de bois futaie au-dessous de vingt-cinq ans, dont la vingtième partie environ est d'essences résineuses, formant deux pièces contiguës coupées par un fossé, appelées forêt de Cout-an-Hai, situées sur les mêmes communes de Belle-Isle-en-Terre et de Louargat ; ci.	300,000	» 30	90	»
Timbre à 0,03 c. par mille.			16	50
(1) TOTAUX.	550,000		181	50

L'assurance est faite pour une période de six années, moyennant une prime annuelle de cent quatre-vingt-un francs cinquante centimes.

Pour l'exécution de la présente, l'Assuré a payé comptant entre mes mains la somme de six cents francs, montant égal à cinq années de primes, et il lui est fait remise de la prime de sixième année, à titre d'escompte, sans que ce paiement anticipé puisse donner lieu à aucune restitution, lors même que la présente assurance viendrait à cesser son effet avant l'expiration de la période fixée.

Fait triple à Lannion, le 15 octobre mil huit cent cinquante-sept.

Signature de l'Assuré :   POUR LA COMPAGNIE :

                    L'Agent fondé de pouvoirs.

MODÈLE N° 31.

Police *sur Incendie et Explosion du gaz.*

Conditions particulières.

La Compagnie l'*Abeille Bourguignonne* assure, aux conditions générales qui précèdent et particulières ci-après :

A M. Guyot, etc., etc. (comme au modèle n° 31), la somme de soixante-cinq mille francs portant sur les objets désignés ci-après, savoir :

(1) Même observation relative à cet excédant du maximum que celle au bas du modèle n° 25.

	SOMME assurée sur chaque article.	TAUX de la prime p. 0/00.	PRIME pour chaque article.
	f.	f. c.	f. c.
1° Quinze mille francs sur un bâtiment, etc. (comme au modèle n° 31) ; ci.	15,000	3 »	45 »
2° Vingt mille francs sur une machine à vapeur, etc. (comme au modèle n° 31) ; ci.	20,000	3 »	60 »
3° Quinze mille francs sur marchandises, etc. (comme au modèle n° 31) ; ci.	15,000	3 »	45 »
4° Quinze mille francs sur outils, etc. (comme au modèle n° 31) ; ci.	15,000	3 »	45 »
Timbre à 0,03 c. par mille.			1 95
Totaux.	65,000		196 95

Toutes les sommes désignées ci-dessus sont garanties non-seulement contre les risques d'incendie, mais encore contre tous bris et dégâts matériels qui pourront survenir aux objets assurés par suite d'explosion du gaz, même non suivie d'incendie (1).

MODÈLE N° 32.

Police *sur la seule Explosion du gaz.*

Les assurances seulement contre l'explosion du gaz sont faites de la même manière en appliquant à cette assurance la prime qui lui est propre selon le tarif.

La stipulation en est faite dans la Police de la manière suivante :

« Les sommes désignées ci-dessus ne sont point garanties contre les risques d'in-
« cendie, mais seulement contre les bris et dégâts matériels qui pourront survenir
« aux objets assurés par suite de l'explosion de gaz non suivie d'incendie. »

MODÈLE N° 33.

Police *d'Assurance au-dessous d'un an, et d'Assurances variables dans le cours d'une année.*

Conditions particulières.

La Compagnie l'*Abeille Bourguignonne* assure, aux conditions générales qui précèdent et particulières ci-après :

A M. Mercier (Claude), profession de cultivateur, demeurant à Saint-Julien, arron-

---

(1) Dans cet exemple, la prime applicable à l'explosion du gaz (voir le tarif) est ajoutée à celle de
l'incendie.

dissement de Dijon, département de la Côte-d'Or, agissant pour son compte comme propriétaire, la somme de cinq mille cinq cents francs sur les objets ci-après désignés, savoir :

	SOMME assurée sur chaque article.	TAUX de la prime p. 0/00.	PRIME pour chaque article.	
	f.	f. c.	f.	c.
1° Trois mille francs sur une meule de blé (grains et paille compris) située sur une pièce de terre appartenant à l'Assuré, au lieu dit au Grand-Cerisier, commune de Saint-Julien ; ci.	3,000	3 »	9	»
2° Deux mille cinq cents francs sur une meule d'avoine (grains et paille compris) située à cinq mètres de la précédente, sur la même pièce de terre ; ci.	2,500	3 »	7	50
Timbre à 0,03 c. par mille. . .			»	15
TOTAUX.	5,500		16	65

L'assurance est faite pour une période de six mois, moyennant une prime unique de seize francs soixante-cinq centimes.

Pour l'exécution de la présente, l'Assuré a payé comptant entre mes mains la somme de seize francs soixante-cinq centimes pour prime unique, et cinq francs pour le coût de la Police et de deux plaques.

Dont quittance.

Fait triple à Dijon, le quatorze juillet mil huit cent cinquante-sept.

Signature de l'Assuré :

L'Assuré ayant déclaré ne savoir signer, accepte néanmoins la présente assurance, ce qui est attesté par M. S. et M. V., tous deux cultivateurs, demeurant à Saint-Julien, témoins qui ont signé en présence de l'Assuré.

Signatures des témoins :

Pour la Compagnie :

L'Agent général,

AUTRE EXEMPLE.

Conditions particulières.

La Compagnie l'*Abeille Bourguignonne* assure, aux conditions générales qui précèdent et particulières ci-après :

A M. Simon (Louis), profession de marchand de bois, demeurant à Corcelles-les-Monts, arrondissement de Dijon, département de la Côte-d'Or, agissant pour son compte comme propriétaire, la somme de quarante-cinq mille francs portant sur les objets ci-après désignés, savoir :

	SOMME assurée sur chaque article.	TAUX de la prime p. 0/00.	PRIME pour chaque article.	
	f	f. c.	f.	c.
Quarante-cinq mille francs sur bois à brûler de toute espèce, existant ou pouvant exister dans un chantier situé à Corcelles-les-Monts. Cette somme est garantie par la Compagnie de la manière suivante : Quinze mille francs pendant toute l'année ; ci.	15,000	» 60	9	»
Quinze mille francs en supplément pendant les mois de juillet, août, septembre, octobre, novembre et décembre de chaque année; ci.	15,000	» 40	6	»
Quinze mille francs en deuxième supplément pendant les mois d'octobre, novembre et décembre de chaque année ; ci.	15,000	» 20	3	»
Timbre à 0,03 c. par mille. . . .			1	35
Totaux.	45,000		19	35

MODÈLE N° 34.

Formules *et Clauses diverses à insérer dans les Polices.*

Remplacement d'une Police par une autre Police.	La présente Police résilie et remplace à partir de demain celle souscrite par l'Assuré le , n° (voir art. et des Instructions). Lorsqu'il y a ristourne à faire (voir modèle de Police n° 26). NOTA. Il faut mettre en tête de la Police ces mots : « Police remplacée par le n° . »
Police en supplément à une autre Police de la Compagnie.	Cette assurance est faite en supplément à celle souscrite par M. sur les mêmes objets, suivant Police du , n° . NOTA. Il faut mettre en tête de la Police ces mots : « Supplément à la Police n° . »
Déclaration d'une Assurance faite par une autre Compagnie sur les mêmes objets.	(Voir modèles de Polices n°s 26 et 27.)
Franchise d'avarie.	(Voir modèle n° 29, Police sur théâtre.)
Polices d'Assurances sur imprimeries d'étoffes.	Il est entendu que la Compagnie ne sera tenue de rembourser que les dégâts résultant d'incendie, et qu'elle ne sera point responsable des avaries que pourront éprouver les marchandises par suite du roussissage.
Polices d'Assurances sur moulins à blé.	(Voir art. 257 des Instructions.)
Polices d'Assurances sur fabrique ou usine non chauffée.	(Voir art. 286 des Instructions.)
Polices d'Assurances sur formes.	(Voir art. 255 des Instructions.)
Clause relative à l'éclairage au gaz.	(Voir art. 285 des Instructions.)

MODÈLE N° 35.

Modèles d'Avenants.

M. Dard (Ambroise) déclare à la Compagnie qu'il a transporté les objets garantis par les art. 1 et 2 de la Police n° 2560, en date du 17 mai 1855, de la rue des Pères-Saint-Georges, n° 117, dans une maison sise rue du Rempart-Belle-Ile, n° 19, au deuxième étage.

1er CAS.
Transport des objets assurés d'un lieu dans un autre.

Il déclare, en outre, que ladite maison est construite en pierres et moellons, couverte en tuiles ou ardoises, et qu'on n'y exerce aucune profession dangereuse.

La Compagnie donne acte à M. Dard de sa déclaration, et attendu qu'il n'en résulte pas d'aggravation de risque, elle consent à continuer l'assurance dans le nouveau local qu'il occupe, à la charge par lui d'exécuter les clauses et conditions de la Police n° 2560 sus-énoncée.

Le présent acte n° 1 restera annexé à la Police primitive pour ne faire qu'un seul et même contrat et servir, conjointement avec elle, à régler les droits respectifs des parties.

Fait triple à Metz, le sept mai mil huit cent cinquante-sept.

M. Delaborde (Louis) déclare à la Compagnie que les objets garantis par la Police n° 1200, en date du 15 juillet 1848, et compris sous les divers articles de ladite Police, sont devenus la propriété de M. Camus (Victor) par suite de vente (échange, etc.), et demande que ledit sieur Camus soit subrogé par la Compagnie à tous ses droits et actions en raison de la Police précitée.

2e CAS.
Mutation de propriété par suite de vente, échange, etc.

La Compagnie donne acte à M. Delaborde de sa déclaration, et consent au profit de M. Camus sus-nommé, qui l'accepte, la subrogation demandée.

En conséquence, elle reconnaît M. Delaborde comme dégagé de son contrat, et M. Camus comme à lui subrogé dans tous les droits qui lui sont garantis par ladite Police n° 1200, à charge par lui de remplir les conditions qui y sont stipulées.

Le présent acte restera annexé à la Police primitive pour ne faire qu'un seul et même contrat et servir, conjointement avec elle, à régler les droits respectifs des parties.

Fait quadruple à Montbrison, le deux août mil huit cent quarante-six.

Nota. Lorsque la mutation ne porte que sur une partie de la Police, il faut constater les changements par de nouvelles Polices.

M. Benoit (Georges), propriétaire, demeurant à Saulieu, ayant justifié que, par suite du décès de M. Grapin (Denis), son oncle, il est devenu seul propriétaire des objets assurés à ce dernier par la Compagnie l'*Abeille Bourguignonne,* suivant Police du   , n°   , il demeure convenu que la Police susénoncée aura

3e CAS.
Mutation de propriété par suite de décès.

désormais son plein et entier effet, au nom et au profit de M. Benoît (Georges), lequel accepte toutes les clauses et conditions de la Police, et s'engage à payer les primes stipulées comme s'il s'y était personnellement engagé.

Fait triple à

4e CAS.

Mutation de propriété par suite de dissolution de société ou de changement de raison sociale.

Pour se conformer aux dispositions de l'art. 8 des conditions générales de la Police par eux souscrite le   , n°   , MM. MARTIAL et ANATOLE déclarent que la société formée entre eux sous la raison sociale Martial et Anatole vient d'être dissoute, et que tous les objets assurés par la Police sus-énoncée sont maintenant la propriété de M. Martial seul.

La Compagnie leur donne acte de cette déclaration, et par suite il demeure convenu que la Police susdite aura désormais son plein et entier effet, au nom et au profit de M. Martial, qui prend l'engagement de se conformer à toutes les clauses et conditions générales et particulières de la Police, et à payer les primes annuelles qui y sont stipulées.

Fait quadruple à

5e CAS.

Transfert au nom d'une société.

M. GERMAIN, assuré suivant Police du   , n°   , déclare que, par suite de formation de société, tous les objets assurés par la Police précitée sont devenus la propriété de la société formée entre lui et différents commanditaires sous la raison sociale Germain et Cie.

La Compagnie donne acte de cette déclaration et consent à continuer l'assurance dont il s'agit, au nom et au profit de MM. Germain et Cie, à charge par ceux-ci de se conformer à toutes les clauses et conditions, tant générales que particulières, de la Police, et à payer les primes annuelles qui y sont stipulées.

Fait triple à   , le

6e CAS.

Changement dans les distributions ou localités.

M. BARDOU, assuré suivant Police du   , n°   , déclare qu'il a fait démolir une aile du bâtiment assuré par l'art. 1er de ladite Police, et qu'il l'a fait remplacer par un cellier et par une remise construits en pierres et moellons, et couverts en tuiles.

La Compagnie lui donne acte de cette déclaration, et attendu que les nouvelles constructions n'aggravent pas les risques et qu'elles sont de même valeur (1) que celles qui existaient antérieurement, il est convenu que la Police continuera son effet sans autre changement.

Fait triple à

(1) Si la valeur était augmentée ou diminuée, il faudrait faire une nouvelle Police (voir art. 193 des Instructions).

7e CAS.

Récoltes en meules rentrées dans des bâtiments de 1re classe.

M. MARTIN déclare que les récoltes en meules à lui assurées suivant Police du   , n°   , ont été transportées dans une grange dépendante de la ferme qu'il occupe à Saint-Médard, ladite grange isolée de tous autres bâtiments, construite en pierres et moellons, et couverte en tuiles.

La Compagnie lui donne acte de cette déclaration, et consent à maintenir l'assurance desdites récoltes dans le bâtiment sus-désigné jusqu'à l'expiration de la période fixée par la Police.

Fait triple à

Pour se conformer à l'art. 10 des conditions générales de la Police par lui sous-crite le   , n°   , M. GAUTHIER déclare qu'en supplément à la somme de soixante mille francs garantie par ladite Police, il a fait couvrir sur les mêmes objets, par la *Compagnie du Phénix*, celle de vingt-trois mille cinq cents francs, répartie comme suit, savoir :

8e CAS.

Déclaration d'une Assurance sur les mêmes objets par une autre Compagnie.

1° Cinq mille cinq cents francs sur marchandises. . . . . . . 5,500 fr.
2° Trois mille francs sur mobilier industriel. 3,000
3° Trois mille francs   —   personnel. 3,000
4° Six mille francs sur risques locatifs. 6,000
5° Six mille francs sur recours des voisins. 6,000

Somme égale. 23,500

La Compagnie lui donne acte de cette déclaration, et, en cas de sinistre, elle ne sera responsable qu'au prorata de la somme assurée par elle.

Fait triple à

NOTA. Pour faire cette déclaration par la Police, voir modèle de Police n° 23.

Entre les soussignés :

M. (nom de l'Agent général), Agent fondé de pouvoirs de la Compagnie l'*Abeille Bourguignonne*, stipulant en cette qualité, d'une part ;

Et M. (nom et prénoms de l'Assuré), Assuré à la même Compagnie suivant Police du   , n°   de l'Agence de (nom de l'Agence), d'autre part ;

Il a été convenu que l'assurance résultant de la Police ci-dessus relatée est et demeure résiliée à dater de ce jour pour cause de sinistre (1).

Fait triple à

---

(1) Ou toute autre cause qu'il faut indiquer.

MODÈLE N° 36.

Signification *de Résiliation d'Assurance pour cause de non-paiement de prime.*

L'an mil huit cent   , à la requête de la Compagnie anonyme d'assurance contre l'incendie dite l'*Abeille Bourguignonne*, poursuites et diligences de M. Alphonse MAAS, son directeur, demeurant au siège de la Compagnie, à Dijon, rue Devosge, 31, lequel élit domicile en la demeure de M.   ,
Agent général de ladite Compagnie à

Ai signifié et déclaré au sieur

Que, faute par lui d'avoir payé la prime échue le   , de son assurance verbalement contractée avec la Compagnie l'*Abeille Bourguignonne,* celle-ci usant de la faculté qu'elle s'est réservée en pareil cas, déclare qu'elle entend résilier, comme de fait elle résilie dès à présent, l'assurance dont il s'agit, voulant que cette assurance soit considérée comme non avenue à partir de ce jour, sous toutes réserves. Et à ce qu'il n'en ignore, je lui ai, au domicile et parlant comme dessus, laissé copie du présent, dont le coût est de

---

MODÈLE N° 37.

Signification *de Résiliation d'Assurance pour cause de sinistre.*

L'an

(Même préambule qu'au modèle n° 36.)

Que, par suite de l'incendie survenu le   sur les objets assurés ou susnommés par la Compagnie l'*Abeille Bourguignonne,* celle-ci usant de la faculté qui lui est réservée en cette circonstance, entend résilier, comme de fait elle résilie dès à présent, l'assurance consentie audit sieur   , voulant que cette assurance soit considérée comme non avenue à compter de ce jour. Et à ce qu'il n'en ignore, et sous toutes réserves de fait et de droit, je lui ai, au domicile et parlant comme dessus, laissé copie du présent, dont le coût est de

---

MODÈLE N° 38.

Lettres *à écrire aux Assurés retardataires.*

LETTRE DE PREMIER AVIS.

Le   juillet 1857.

M

Aux termes de l'art. 6 de votre Police d'assurance, vous devez payer la prime de chaque année au plus tard dans les quinze jours qui suivent l'échéance, sous peine de n'avoir droit, en cas de sinistre, à aucune indemnité, et sans préjudice des droits de la Compagnie contre vous.

Je vous engage, dans votre intérêt, à faire acquitter au plus tôt en mon bureau à   la somme de   dont vous êtes redevable pour votre prime d'assurance payable le

J'ai l'honneur, Monsieur, de vous saluer.

L'Agent général de la Compagnie,

MODÈLE N° 39.

LETTRE DE DERNIER AVIS.

Le   août 1857.

M

Le   du mois précédent, j'ai eu l'honneur de vous prévenir que, faute par vous d'avoir acquitté la prime de   dont vous êtes redevable à la Compagnie, vous n'auriez droit, en cas de sinistre, à aucune indemnité. Je viens aujourd'hui vous avertir que si vous différiez plus longtemps ce paiement, je ne pourrais me dispenser d'exercer contre vous les poursuites de droit, et que tous les frais et déboursés, même ceux de timbre, d'amende et d'enregistrement, seraient à votre charge.

J'ai l'honneur, Monsieur, de vous saluer.

L'Agent général de la Compagnie,

MODÈLE N° 40.

Lettre d'Huissier.

M

J'ai l'honneur de vous prévenir que, faute par vous de payer, dans la huitaine, la somme de   dont vous êtes redevable à la Compagnie l'*Abeille Bour-guignonne* pour votre prime d'assurance échue le   , je suis chargé par elle de diriger des poursuites contre vous.

J'ai l'honneur, Monsieur, de vous saluer.

MODÈLE N° 41.

Citation *pour Paiement de primes.*

L'an mil huit cent   , à la requête de la Compagnie anonyme d'assu-rance contre l'incendie dite l'*Abeille Bourguignonne*, poursuites et diligences de M. Maas, son Directeur général, demeurant au siége de la Compagnie, à Dijon, rue

Devosge, n° 31, lequel élit domicile en la demeure de M.   , Agent fondé de pouvoirs de ladite Compagnie à

J'ai   , huissier, soussigné, cité le sieur   , demeurant à   où étant et parlant à   , à comparaître le   , heure de   , devant M. le juge de paix du canton de   , tenant ses audiences à   , pour s'entendre condamner à payer à la Compagnie requérante la somme de   qu'il lui doit pour les causes qui seront déduites à l'audience et dont il sera justifié en cas de déni ; se voir, en outre, condamner aux intérêts de ladite somme, tels que de droit, et aux dépens, sous toutes réserves, etc.

MODÈLE N° 42.

Lettre *d'Avis de sinistre.*

A   le

MONSIEUR LE DIRECTEUR,

J'ai l'honneur de vous informer qu'un sinistre vient d'avoir lieu à le   sur (1) assurés par la Compagnie l'*Abeille Bourguignonne* au sieur   , suivant Police de mon Agence, en date du   , n° . (2). La prime a été payée le   entre les mains de

On estime le dommage approximativement à la somme de (3)

DÉTAILS ET OBSERVATIONS (4).

Recevez, Monsieur le Directeur, l'assurance de ma considération distinguée.

L'Agent général,

MODÈLE N° 43.

Modèle *de Déclaration d'incendie à faire par l'Assuré à l'Agent.*

Déclaration d'incendie

Faite par M. MUGNIER (Pierre), propriétaire de la maison incendiée à Cambrai, rue Croix-Belle-Porte, 18, à M. RENOUD, Agent général de la Compagnie à Cambrai. Cejourd'hui dix septembre mil huit cent cinquante-sept, heure de midi, le sieur

Mugnier, demeurant comme il est dit ci-dessus, m'a déclaré qu'un incendie avait détruit la presque totalité d'un corps de bâtiment, son mobilier et ses marchandises assurés par la Compagnie l'*Abeille Bourguignonne*, suivant Police du 1ᵉʳ juin 1857, nᵒ 75 de l'Agence de Cambrai, pour la somme de vingt-cinq mille francs, et qu'il estime le dommage à la somme de six mille francs.

En conséquence des instructions de l'Administration, j'ai adressé au sieur Mugnier les questions suivantes et consigné ses réponses au bas de chacune :

1ᵒ D. A quelle heure a-t-on eu connaissance de l'incendie ?

R. A onze heures de la nuit du neuf au dix juillet.

2ᵒ Où a-t-il commencé ?

Dans une chambre où couchait un domestique.

3ᵒ Où étiez-vous en ce moment (1) ?

Couché dans ma chambre au rez-de-chaussée.

4ᵒ Quelles sont les personnes qui ont porté les premiers secours ?

Le domestique et moi d'abord, puis le voisin Mathieu et le pompier Berthier.

5ᵒ Où étaient les autres personnes de la maison quand le feu a éclaté ?

Une domestique âgée était couchée dans une chambre voisine de celle où le feu a pris ; ma femme et ses deux enfants étaient depuis huit jours à Paris, chez mon beau-père.

6ᵒ D'autres personnes habitent-elles votre maison ?

Un locataire nommé Laurent, sa femme et une servante occupaient le premier étage.

7ᵒ Etiez-vous précédemment assuré par d'autres Compagnies, soit dans votre intérêt, soit dans celui de tout autre ?

Précédemment j'étais assuré par la *Compagnie mutuelle* pour ma maison seulement. A l'époque où l'Agent de la Compagnie l'*Abeille Bourguignonne* fit mon assurance, il y comprit mon mobilier et mes marchandises.

8ᵒ Etiez-vous le seul et unique propriétaire des objets assurés, et à quel titre ?

Je suis seul propriétaire de cette maison depuis 1843 ; le prix en a été acquitté en trois ans ; j'ai successivement acheté le mobilier, ou j'en ai hérité.

9ᵒ Veuillez me dire ce que vous savez de l'incendie, de ses causes et de son résultat ?

L'incendie a eu lieu par l'imprudence du domestique, dont la lumière a mis le feu à son lit. Le feu s'est de là communiqué avec tant de rapidité et de violence aux différentes parties du mobilier et du bâtiment, que les secours ont été inefficaces. La maison a brûlé en totalité, sauf quelques murs qui sont encore debout. Une partie du mobilier et des marchandises a été brûlée, une partie a été endommagée, une autre partie a été sauvée. Les locataires, gens riches et aisés, n'avaient pas voulu se faire assurer : ils ont perdu presque tout leur mobilier, etc.

Lecture faite de la présente déclaration, le sieur Mugnier la certifiée véritable, y a persisté et l'a signée avec nous.

L'Assuré,   L'Agent général,

---

(1) Si l'Assuré était absent, s'informer avec prudence et circonspection des motifs de son absence et du jour où elle a commencé.

MODÈLE N° 44.

Déclaration *d'Incendie à faire par l'Assuré devant le juge de paix.*

Cejourd'hui vendredi, trois juillet mil huit cent cinquante-sept, dix heures du matin,

Pardevant nous, juge de paix (1) du canton de Quimper, arrondissement de Quimper, département du Finistère,

A comparu (2) M. Alexandre MARTIN, demeurant à Quimper, rue du Dauphin, n° 71,

Lequel nous a déclaré que les objets qui ont été assurés par la Compagnie l'*Abeille Bourguignonne*, suivant Police du dix-sept septembre mil huit cent cinquante-cinq, n° 118, ont été détruits (3) en partie par (4) un incendie causé (5) par la négligence d'un domestique et arrivé ce matin sur les deux heures, et qu'il estime le dommage à la somme de quinze mille francs ;

Desquelles déclarations ledit sieur Martin a requis acte comme les ayant faites pour satisfaire aux conditions de la Police précitée.

En foi de quoi nous avons dressé le présent procès-verbal pour servir et valoir ce que de droit.

Fait lesdits jour, heure et an que dessus ; et, après lecture à lui faite, ledit comparant a signé avec nous (6).

MODÈLE N° 45.

Compromis *et Nomination d'experts.*

Entre nous soussignés :

A. L....., Agent de la Compagnie l'*Abeille Bourguignonne* à Châlons-sur-Marne, arrondissement de Châlons, département de la Marne, stipulant pour ladite Compagnie en ma susdite qualité, d'une part ;

---

(1) En cas d'absence du juge de paix, la déclaration peut être reçue par son suppléant.

(2) Si ce n'est pas l'Assuré qui se présente, on doit avoir soin d'indiquer le nom et la qualité de la personne qui se présente pour lui.

(3) Énoncer si la perte a été partielle ou totale.

(4) Indiquer si la perte a eu lieu par un incendie, par une explosion ou par une démolition ordonnée par l'autorité pour couper la communication du feu.

(5) Désigner les causes et les circonstances du sinistre, notamment bien spécifier si l'incendie a été causé par guerre, émeute, violence à main armée, explosion de poudrière ou tremblement de terre. Indiquer également les auteurs s'ils sont connus, afin de mettre la Compagnie à même d'exercer les recours auxquels elle pourrait avoir droit.

(6) Les frais de cette déclaration sont à la charge de l'Assuré.

Et Paul Bizot, négociant, demeurant à Châlons-sur-Marne, stipulant pour son compte comme propriétaire, d'autre part;

A été dit et convenu ce qui suit :

La Compagnie l'*Abeille Bourguignonne* a, suivant Police n° 115, en date du vingt-huit avril mil huit cent cinquante-six, assuré contre l'incendie, à M. Paul Bizot, une somme de vingt-huit mille francs sur les objets désignés dans ladite Police, aux conditions générales et particulières qui y sont énoncées.

Et le trois juin mil huit cent cinquante-sept, à deux heures de la nuit, les objets assurés ont été endommagés ou détruits par un incendie causé par la négligence d'un domestique, suivant déclaration faite et signée par l'Assuré, et dont une expédition a été remise à l'Agent sus-nommé et soussigné.

Dans cet état, les parties sont convenues, sans nuire ni préjudicier à leurs droits respectifs qui leur demeurent réservés, de faire procéder à l'estimation de la perte réelle que les objets assurés ont éprouvée par ledit incendie, et ce, conformément à l'art. 4 de la Police

En conséquence, elles nomment pour experts, savoir :

La Compagnie l'*Abeille Bourguignonne*, M. Jules Brenot, architecte, demeurant à Châlons-sur-Marne,

Et l'Assuré, M. Durant (Pierre), architecte, demeurant aussi à Châlons-sur-Marne;

Lesquels sont autorisés à se faire assister, au besoin, pour l'estimation des objets détruits ou endommagés, par des personnes ayant des connaissances à ce sujet.

Les experts ont pour mission :

1° D'établir, tant sur les titres de propriété, les livres, les factures et autres documents qui leur seront fournis, que sur les renseignements qu'ils pourront se procurer, en quoi consistaient les objets assurés, et d'en constater la valeur vénale au moment de l'incendie ;

2° De vérifier et constater l'état et la valeur des objets sauvés ou endommagés ;

3° De déterminer et fixer le montant des pertes réelles que l'incendie a occasionnées aux objets assurés ;

4° Enfin, de désigner l'endroit où le feu a pris naissance, et à quelles causes on peut attribuer l'incendie.

Les parties donnent pouvoir aux experts de s'adjoindre un tiers-expert pour les départager en cas de dissentiment. Faute par eux de le faire, il en sera nommé un d'office par le tribunal civil à la requête de la partie la plus diligente.

Les parties dispensent les experts de la prestation du serment en justice et de toutes formalités judiciaires.

Le procès-verbal sera dressé en double expédition, dont une pour l'Assuré et l'autre pour la Compagnie.

Fait double à Châlons-sur-Marne, le quatre juin mil huit cent cinquante-sept.

  L'Assuré,   *L'Agent général,*

Nous, experts dénommés dans le compromis ci-dessus, déclarons accepter la mission qui nous est confiée, et promettons de la remplir en notre âme et conscience, conformément au vœu dudit compromis et de la Police d'assurance.

Fait à Châlons-sur-Marne, le quatre juin mil huit cent cinquante-sept.

MODÈLE N° 46.

Procès-verbal d'Expertise [1].

L'an mil huit cent cinquante-sept, le cinq juin, huit heures du matin, nous, Jules BRENOT, architecte, demeurant à Châlons-sur-Marne, expert nommé par la Compagnie l'*Abeille Bourguignonne,* d'une part ; et Pierre DURANT, architecte, demeurant à Châlons-sur-Marne, expert nommé par M. Paul Bizot, d'autre part, ainsi qu'il résulte (1) du compromis signé en double original le quatre juin présent mois, pour vérifier et estimer le dommage causé par un incendie arrivé le trois juin courant à la maison, au mobilier et aux marchandises de M. Bizot, assurés par la Compagnie l'*Abeille Bourguignonne ,*

Nous nous sommes transportés à ladite maison, située à Châlons-sur-Marne, où étant arrivés, nous avons trouvé MM. Bizot, assuré, et M. L....., Agent de la Compagnie l'*Abeille Bourguignonne,* lesquels ont offert de nous donner tous les renseignements qui sont en leur pouvoir pour faciliter les opérations dont nous sommes chargés.

Lecture faite du compromis précité, nous nous sommes fait représenter la Police, en date du vingt-huit avril mil huit cent cinquante-six , énoncée dans ledit compromis, et nous avons demandé au sieur Bizot ses titres de propriété, ses livres, factures et quittances nécessaires pour la justification de ses pertes.

Aussitôt le sieur Bizot nous a présenté ses titres de propriété, au nombre de trois pièces, un registre-journal, un livre de caisse, un livre de compte et vingt factures (2).

Examen fait desdites pièces, nous avons reconnu que le sieur Bizot est unique propriétaire des bâtiments assurés, qu'il les a acquis en mil huit cent trente-cinq pour la somme de vingt-trois mille francs.

Après différentes informations prises chez les voisins et auprès des autorités, nous avons procédé à l'expertise ainsi qu'il suit :

Estimation des bâtiments, et pertes y relatives.

1° Le principal corps de bâtiment, dont la façade est sur la rue, assuré pour la somme de quinze mille francs, n'ayant éprouvé aucun dommage, ne donne lieu à aucune perte. La valeur vénale de ce bâtiment est de treize mille francs, conformément au devis estimatif ci-annexé (état A) ;

2° Le corps de logis ayant vue sur le jardin, et séparé du premier bâtiment par une cour, assuré pour la somme de cinq mille francs, est celui où s'est manifesté l'incendie. Ce bâtiment, conformément à l'état B détaillé, ci-annexé et signé de nous, était d'une valeur vénale de quatre mille huit cent cinquante-un francs; ci   4,851 fr.

Les objets non détruits compris dans le même état sont d'une valeur de sept cent soixante-treize francs; ci.   773

La perte sur ce bâtiment est donc de quatre mille soixante-dix-huit francs; ci.   4,078

---

(1) Si la nomination des experts a été faite par le tribunal civil, on mettra : « Du jugement du présent mois. »

(2) Si l'Assuré ne présente pas ses pièces, on mettra sa déclaration, soit qu'il dise n'avoir pas les pièces demandées, soit qu'il dise les avoir perdues dans l'incendie.

Estimation du mobilier et des marchandises, et pertes y relatives.

Suivant l'état annexé (état coté C),

La valeur vénale du mobilier et des marchandises au moment de l'incendie était de sept mille deux cent quatre-vingt-dix-neuf francs; ci. . · 7,299

La valeur des objets non endommagés est de quatre cent quatre-vingt-douze francs; ci. 492

La valeur des objets sur lesquels il y a lieu d'établir la perte est donc de six mille huit cent sept francs; ci. 6,807

La valeur des objets endommagés est de trois mille neuf cent vingt-un francs; ci. 3,921

La perte sur le mobilier et les marchandises est donc de deux mille huit cent quatre-vingt-six francs; ci. 2,886

RÉSUMÉ.

La perte sur les bâtiments est de quatre mille soixante-dix-huit francs; ci. 4,078

La perte sur les mobilier et marchandises est de deux mille huit cent quatre-vingt-six francs; ci. 2,886

Total de la perte : six mille neuf cent soixante-quatre francs; ci. . . 6,964

En conséquence, nous déclarons que la perte totale éprouvée par le sieur Bizot est fixée et arrêtée à la somme de six mille neuf cent soixante-quatre francs, conformément aux détails contenus dans le présent procès-verbal et dans les deux états cotés B et C qui y sont annexés.

Il nous reste, pour remplir le dernier objet de notre mission, à désigner le lieu où l'incendie a pris naissance et à quelles causes on peut l'attribuer.

Il résulte des renseignements que nous avons pris sur cet objet que le feu a pris naissance dans la chambre du domestique, située dans les mansardes, où il a laissé brûler une chandelle qui est tombée sur ses hardes pendant qu'il dormait, ce qui a occasionné l'incendie ainsi déclaré par lui-même. Il a déclaré de plus qu'aussitôt que le feu avait gagné le lit il s'était sauvé pour réveiller le maître de la maison; mais qu'en revenant à sa chambre avec les secours, les flammes et la fumée étaient déjà tellement fortes, qu'il leur avait été impossible de les éteindre, etc., etc.

De tout ce que dessus nous avons dressé le présent procès-verbal, que nous offrons d'affirmer au besoin, à la rédaction duquel il a été vaqué par double vacation depuis dix heures du matin jusqu'à quatre heures de relevée, et avons signé avec les parties, qui ont déclaré, savoir : M. A. L....., Agent de la Compagnie l'*Abeille Bourguignonne*, que c'était sans aucune approbation préjudiciable et sous la réserve des droits de ladite Compagnie à laquelle il allait en rendre compte; et le sieur Bizot, qu'il n'avait rien à y objecter.

Fait en double original, dont un a été remis à M. Bizot, assuré, et l'autre à M. A. L....., Agent de la Compagnie l'*Abeille Bourguignonne* à Châlons-sur-Marne, lesdits jour, mois et an que dessus.

L'*Assuré*,   Les *Experts*,   L'*Agent de la Compagnie*,

N. B. Les signatures ci-dessus devront être légalisées par M. le maire du lieu où l'expertise a été faite.

MODÈLE N° 47.

Inventaire *d'Objets laissés à la disposition d'un Assuré après sinistre.*

Inventaire des objets mobiliers et marchandises, endommagés ou non, sauvés de l'incendie de la maison de M. Martin, et laissés à la disposition de ce dernier, à charge de les représenter :

NUMÉROS d'ordre.	Désignation des objets.	ÉTAT APPROXIMATIF dans lequel ils se trouvent.	LIEUX où ils sont déposés.
1	Deux comptoirs en bois de chêne. .	Endommagés.	Dans le principal corps de bâtiments non incendié.
2	Six chaises de paille.	Idem.	Idem.
3	Soixante-trois pièces de calicot. . .	Idem.	Chez M. Martin.
4	Vingt-deux pièces de toile.	Idem.	Idem.
5	Cinq pièces coutil rayé de couleur. .	Intactes.	Idem.
6	Une table en noyer.	Idem.	Idem.
	Etc., etc.		

Lesquels objets, au nombre de vingt-six espèces d'articles, déposés comme il est dit ci-dessus, ont été laissés à la disposition de M. Martin, sous la réserve que fait la Compagnie de tous les moyens et exceptions de fait et de droit, M. Martin s'obligeant à les représenter lorsqu'il en sera requis.

Fait double à Quimper, le trois juillet mil huit cent cent cinquante-sept.

L'Assuré, *L'Agent général,*

MODÈLE N° 48.

Etat A. — *Estimation d'un Bâtiment.*

Nous, experts soussignés, avons fait le toisé du bâtiment situé à Châlons-sur-Marne, assuré par Police n° 115 de la Compagnie l'*Abeille Bourguignonne.* Il en est résulté que la superficie totale de ce bâtiment est de 100 mètres.

Et, d'après les renseignements par nous recueillis sur place, de la nature des différents matériaux employés pour construire et distribuer chaque étage, ainsi que du prix des journées, nous avons procédé à l'évaluation de ce bâtiment ainsi qu'il résulte du tableau ci-dessous :

DÉSIGNATION des étages.	NATURE DU MATÉRIEL de la construction.	VALEUR		PRIX des matériaux du pays rendus à pied d'œuvre.		Observations.
		du mètre superficiel des constructions	par étage.			
		f. c.	f. c.		f. c.	
Caves et fondations.	Pierres et moellons.	60 50	6050 »	Pierre roche, le mètre cube. . .	25 »	Ce bâtiment, de
Rez-de-chaussée. .	Meulières.	43 70	4370 »	Chaux, le muid.	55 »	vieille construction,
Entre-sol.	Briques.	44 50	4450 »	Sable, la voie.	4 »	est mal distribué
Premier étage. . . .	Moellons durs. . .	43 50	4350 »	Journées, tailleurs de pierres. . .	3 »	et nécessite
Deuxième étage. . .	Plâtras.	42 »	» »	Journées, maçons et aides. . . .	4 »	des réparations.
Troisième étage. . .	Pans de bois. . . .	42 50	» »	Meulière, le mètre cube.	6 »	
Quatrième étage. .	»	» »	» »	Plâtre, le muid.	9 »	
Étage lambrissé. . .	Cloison légère. . . .	30 75	3075 »	Briques, le mille.	38 »	
Comble.	Charpente chêne. . .	6 »	600 »	Moellons durs, le mètre.	6 »	
Couverture.	Tuiles ou ardoises. .	5 »	500 »	Plâtras, le mètre.	2 »	
TOTAL.			23395 »	Lattes de cœur, la botte.	1 25	
A déduire pour usage et vétusté. . . .			10395 »	Clous à lattes, le kilo.	1 30	
Reste net.			13000 »	Charpente, le stère.	73 »	
				Légers ouvrages, le m. superficiel.	3 42	

Nous déclarons que la valeur réelle du bâtiment ci-dessus expertisé est de treize mille francs.

Certifié sincère et valable par nous, experts soussignés, et fait double pour être annexé à un procès-verbal d'expertise en date de ce jour.

Châlons-sur-Marne, le cinq juin mil huit cent cinquante-sept.

MODÈLE Nº 49.

Etat B. — *Estimation d'un Bâtiment et pertes y relatives.*

Nous, experts soussignés, avons fait le toisé du bâtiment situé à Châlons-sur-Marne, assuré par la Police nº 115 de la Compagnie l'*Abeille Bourguignonne*. Il en est résulté que la superficie totale de ce bâtiment est de 28 mètres.

D'après les renseignements par nous recueillis sur place, de la nature des différents matériaux employés pour construire et distribuer chaque étage, ainsi que du prix des journées, nous avons procédé à l'évaluation de ce bâtiment ainsi qu'il résulte du tableau ci-dessous :

DÉSIGNATION des étages.	NATURE DU MATÉRIEL de la construction.	VALEUR		PRIX des matériaux du pays rendus à pied d'œuvre.		Observations.
		du mètre superficiel des constructions	par étage.			
		f. c.	f. c.		f. c.	
Caves et fondations.	Briques et moellons.	44 50	1246 »	Pierre roche, le mètre cube. . .	25 »	Ce bâtiment a 7 m.
Rez-de-chaussée. .	Moellons.	43 50	1218 »	Chaux, le muid.	55 »	de long sur 4 de large
Entre-sol.	»	» »	» »	Sable, la voie.	4 »	produisant 28 m. de
Premier étage. . . .	Moellons. .	43 50	1218 »	Journées, tailleurs de pierres. . .	3 »	superficie et 9 mètres
Deuxième étage. . .	»	» »	» »	Journées, maçons et aides. . . .	4 »	de haut, du sol du
Troisième étage. . .	»	» »	» »	Meulière, le mètre cube.	6 »	rez-de-chaussée à
Quatrième étage. .	»	» »	» »	Plâtre, le muid.	9 »	l'entablement. Il est
Étage lambrissé. . .	Cloisons légères. .	30 75	861 »	Briques, le mille.	38 »	distribué bourgeoise-
Comble.	Charpente chêne. . .	6 »	468 »	Moellons durs, le mètre.	6 »	ment, carrelé et pla-
Couverture.	Tuiles ou ardoises. .	5 »	440 »	Plâtras, le mètre.	2 »	fonné ; cheminée en
TOTAL.			4851 »	Lattes de cœur, la botte.	1 25	marbre; fraîchement
A déduire pour usage ou vétusté. . . .			» »	Clous à lattes, le kilo.	1 30	décoré. Il n'y a rien à
Valeur du bâtiment avant l'incendie. . .			4851 »	Charpente, le stère.	73 »	déduire pour usage ou
				Légers ouvrages, le m. superficiel.	3 42	vétusté, étant nouvel-
				P. M.		lement construit.

L'étage lambrissé est distribué pour chambres de domestiques.

Nous déclarons que la valeur réelle du bâtiment ci-dessus expertisé était, avant l'incendie, de quatre mille huit cent cinquante-un francs ; ci . . . . 4,851 fr

SAUVETAGE OU OBJETS NON DÉTRUITS.

Dix-huit mètres cubes de murs en moellons neufs et plâtre, deux enduits à 18 fr. 81 c. le mètre. . . . . 338 f. 58 c.

Deux stères de bois neuf, en pans de bois et planches, à 88 fr. le stère. . . . . 176 »

Dix mètres superficiels de couverture en tuile à 5 fr. le mètre 50 »

Serrurerie, gros fer, quincaillerie. 255 42

Menuiserie. . . . . 53 »

873

Différence représentant le montant de la perte : quatre mille soixante-dix-huit francs ; ci. 3,978

En foi de quoi nous avons certifié et signé le présent état pour être annexé à un procès-verbal d'expertise en date de ce jour.

Fait double à Châlons-sur-Marne, le cinq juin mil huit cent cinquante-sept.

MODÈLE N° 50.

ETAT C. — *Etat des Pertes sur mobilier et marchandises éprouvées par M. Bizot, dans l'incendie qui a eu lieu le trois juin mil huit cent cinquante-sept, à sa maison, à Châlons-sur-Marne.*

DESIGNATION ET SITUATION DES OBJETS ASSURÉS.	ETAT dans lequel les objets ont été trouvés au moment de l'expertise.	Valeur vénale des Objets assurés.			Perte réelle sur les objets totalement brûlés ou seulement endomm.
		Au moment de l'incendie	Sauvés.	Endommagés.	
		f.	f.	f.	f.
Dans un magasin donnant sur la rue :					
Deux comptoirs en bois de chêne.	Bien endommagés.	50		15	35
Six chaises en paille.	Idem.	12		6	6
Rayons et tablettes.	Idem.	20		5	15
Cinquante pièces de calicot estimées l'une dans l'autre à 30 fr. la pièce.	Idem.	2000		1200	800
Vingt pièces de toile estimées l'une dans l'autre à 50 fr. la pièce.	Idem.	1200		600	600
Dix pièces de coutil rayé de couleur et blanc, en fil.	Peu endommagées.	1000		800	200
Quinze pièces de coutil rayé, de couleur et blanc, en coton. . . .	Idem	1100		1000	100
Dans un vestibule ayant entrée par la rue et sortie sur le jardin :					
Six vieilles chaises en paille et une table en noyer.	Intactes.	12	12		
Dans une cuisine à gauche du vestibule :					
Quatre douzaines d'assiettes, deux soupières, trois casseroles en cuivre, un chaudron en cuivre, une grosse marmite en fer, etc.	Presque tous cassés.	50		20	30
Dans une salle au premier :					
Un canapé, deux bergères, quatre fauteuils en noyer et velours d'Utrech.	Moitié brûlés.	200		100	100
Une console en noyer et son marbre, et une table de jeu en acajou.	Bien endommagées.	50		15	35
Une table ronde de milieu en noyer, dessus de marbre.	Endommagée.	45		30	15
Une glace, une pendule et deux vases d'albâtre, deux flambeaux argentés, et garniture de feu.	Brisés.	300		100	200
Six chaises en noyer et velours d'Utrech.	Intactes.	30	30		
Rideaux de croisées.	Détruits.	40			40
Dans une chambre à coucher :					
Un lit en noyer, deux matelas, paillasse, oreiller, traversin, deux couvertures en laine, et rideaux de lit et de fenêtre en mousseline.	Brûlés.	280			280
Une commode en noyer, à dessus de marbre, une bergère, quatre chaises couvertes en paille et une grande armoire en chêne. . .	Idem.	150			150
Linge de corps et de ménage :					
Une douzaine et demie de chemises d'homme.	Intactes.	70	70		
Deux douzaines de chemises de femme moitié usées.	Idem.	30	30		
Cinq douzaines de serviettes en toile, neuves et vieilles, et six nappes.	Idem.	50	50		
Dix paires de draps de lit.	Idem.	300	300		
Effets d'habillements :					
Un habit, une redingote, un manteau en drap.	Brûlés.	180			180
Trois robes de femme en mousseline et deux bonnets brodés. . .	Très-endommagés.	60		30	30
M. et M..., qui occupent le second, avaient refusé de faire assurer leur mobilier.	P. M.	»	»	»	»
Dans une mansarde, sous les combles, servant de chambre au domestique :					
Un mauvais bois de lit, une vieille chaise, un matelas, une paillasse, couvertures et dedans de lit, ensemble estimés.	Brûlés.	35			35
Dans une seconde mansarde, sous les combles, servant de chambre à la bonne :					
Un vieux bois de lit, une vieille malle, une petite table, deux chaises, un matelas, une paillasse, un traversin, couvertures et dedans de lit, ensemble estimés.	Idem.	35			35
TOTAUX.		7299	492	3921	2886

RÉSUMÉ DE L'ÉTAT CI-DESSUS.

Valeur des marchandises et mobilier au moment de l'incendie. 7,299
A déduire : Valeur des marchandises et mobilier entièrement sauvés. . . . . . . 492 } 4,413
          Valeur restant aux marchandises et mobilier plus ou moins endomm. 3,921

Montant de la perte éprouvée par l'Assuré : deux mille huit cent quatre-vingt-six fr.; ci. **2,886**

Certifié sincère et véritable par nous, experts soussignés, et fait double pour être annexé au procès-verbal de ce jour, à Châlons-sur-Marne, le cinq juin mil huit cent cinquante-sept.

MODÈLE N° 51.

Tableau *synoptique à remplir par l'Expert de la Compagnie.*

MAISON du sieur	à	incendiée le	Observations.

Ce tableau comprend les sections suivantes :

Observations. Indiquer si ce bâtiment est bien ou mal entretenu, ou tous autres renseignements pour servir à la révision générale de l'expertise.

SUPERFICIE TOTALE DU BATIMENT.

Longueur.	Largeur.	Superficie.	NOMBRE d'étages.	NATURE des divers matériaux qui le composent.	DATE de sa construction primitive.	PROPORTION de la vétusté.	DISTRIB. ET DÉCOR. INTÉRIEURES.		
							Riche.	Mixte.	Pauvre.

RENSEIGNEMENTS.

MAÇONNERIE.

PRIX DES MATÉRIAUX RENDUS A PIED D'ŒUVRE.

LE MÈTRE CUBE DE				LE MILLE DE		L'HECTOLITRE DE		Les cent bottes de lattes de cœur.	Les cent kilogr. de clous de lattes.	JOURNÉES DE		Le mètre superficiel de légers ouvrages.
Pierres.	Moellons.	Pisé.	Chaux.	Briques.	Carreaux.	Chaux.	Plâtre.			Maçons.	Aides.	

COUVERTURE.

PRIX DES MATÉRIAUX RENDUS A PIED D'ŒUVRE.

ARDOISES, le mille.	TUILES NEUVES, LE MILLE.				Le mètre superficiel de chaume.	Le cent de voliges à ardoises.	L'hectolitre de plâtre.	JOURNÉES DE		Les cent bottes de lattes.	OBSERVATIONS.
	Grand moule.	Petit moule.	Creuses.	Pannes.				Compagnons.	Garçons.		

MENUISERIE.

PRIX DES MATÉRIAUX RENDUS A PIED D'ŒUVRE.

LE CENT DE PLANCHES DE 0.27.		BOIS DE BATEAUX, le mètre superficiel.		Journées.	OBSERVATIONS.
Chêne.	Sapin.	Chêne.	Sapin.		

CHARPENTE.

PRIX DES MATÉRIAUX RENDUS A PIED D'ŒUVRE.

LE MÈTRE CUBE DE		LINÉAIRE DE CHEVRONS.	Journées de charpentiers.	OBSERVATIONS.
Chêne.	Sapin.			

SERRURERIE.

GROS FER, les 100 kil. employés.	QUINCAILLERIE.		Journées.	Le mètre cube de charbon.	OBSERVATIONS.
	D'où elle vient.	Proportion avec Paris.			

PEINTURE ET VITRERIE.

LE MÈTRE SUPERFICIEL DE			Journées.	OBSERVATIONS.
Colle, 2 c.	Huile, 3 c.	Verre.		

PLOMB, les 100 kilog.	Journées.	Zinc n° 14, le mètre superficiel sur voliges.	Gouttières de 10 c., le mètre lin.

Certifié le présent Etat véritable.

A   le   18

MODÈLE N° 52.

Sommation *à faire aux locataires, voisins, etc., après sinistre.*

L'an

A la requête : 1° de M. A....., propriétaire, demeurant à

2° Et de la Compagnie d'assurance contre l'incendie dite l'*Abeille Bourguignonne*, poursuites et diligences de M. Maas, son Directeur général, demeurant au siége de la Compagnie, à Dijon, rue Devosge, 31, ladite Compagnie agissant comme pouvant être subrogée aux droits dudit sieur A.....

Et pour lesquels requérants domicile est élu en la demeure de M.   ,

Agent fondé de pouvoirs de ladite Compagnie l'*Abeille Bourguignonne* à

J'ai   , huissier   soussigné, signifié et déclaré à M. H....., demeurant à   , en son domicile, où étant et parlant à

1° Qu'un incendie a éclaté le   dans une maison située à   et appartenant au sieur A....., laquelle était assurée à la Compagnie l'*Abeille Bourguignonne*; 2° qu'il importe de faire constater les dommages occasionnés par cet incendie, tant pour que ledit sieur A..... puisse jouir des bénéfices de son assurance, que pour éviter toutes détériorations ultérieures; 3° qu'en vertu des art. 1733 et 1734 (ou 1382, 1383 et 1384) du Code Napoléon, le sieur A..... et la Compagnie l'*Abeille Bourguignonne* se croient fondés à exercer contre M. H..... une action en garantie pour le montant des dommages.

En conséquence, sans rien préjuger sur la validité de ladite action, et réservant à M. A..... tous les moyens de défense, je, huissier susdit, ai fait sommation audit sieur H..... de comparaître, ou se faire représenter le   , heure de   , à   , à l'effet d'être présent aux enquêtes et expertises qui auront lieu par MM. T. et V., faire tous dires et observations qu'il pourra éventuellement juger utiles à ses intérêts, et même y faire concourir, si bon lui semble, un troisième expert.

Lui déclarant que, faute par lui de se trouver ou de se faire représenter auxdits lieu, jour et heure, il sera procédé en son absence auxdites expertises et enquêtes, lesquelles seront réputées faites contradictoirement avec lui, pour être ensuite par les requérants usé de leurs droits comme ils le jugeront convenable.

Dont acte.

MODÈLE N° 53.

Transaction *pour le Remboursement de dommages après sinistre.*

Entre les soussignés :

M. (nom de l'Agent général), Agent général de la Compagnie l'*Abeille Bourguignonne* à la résidence de Quimper, stipulant en cette qualité au nom de la Compagnie, d'une part;

Et M. Jourdeuil (Gustave), propriétaire, demeurant à Quimper, arrondissement de Quimper, agissant pour son compte comme propriétaire, d'autre part ;

A été dit et convenu ce qui suit :

La Compagnie l'*Abeille Bourguignonne* a, suivant Police n° 618, en date du 17 juin 1853, Agence de Quimper, assuré contre l'incendie, à Jourdeuil susnommé, une somme de quinze mille francs sur les objets désignés dans ladite Police;

Et le 7 du mois courant les objets assurés ont été endommagés par un incendie.

D'après une estimation approximative des dommages, l'Assuré demande à la Compagnie une indemnité de trois cent quinze francs,

Savoir :

Pour cinq cents tuiles à raison de 22 fr. le cent; ci . . . . 110 fr.

Pour deux cent cinquante lattes à raison de 50 fr. le cent; ci 125

Pour fourniture de clous et main-d'œuvre, 80 fr. ; ci   80

Somme égale. 315

Les parties voulant éviter des détériorations plus grandes, et l'indemnité ne leur paraissant pas assez importante pour faire procéder à l'estimation régulière des pertes et dommages, ont réglé amiablement à la somme de deux cent quarante francs celle à rembourser par la Compagnie pour les motifs ci-dessus énoncés, lequel réglement amiable est fait par les parties sauf l'approbation du Conseil d'administration.

Fait double à Quimper, le neuf juillet mil huit cent cinquante-sept.

◦◦◦◦◦◦◦◦

MODÈLE N° 54.

Quittance *de Paiement d'indemnité de sinistre.*

Je, soussigné, Bizot (Pierre), négociant, demeurant à Châlons-sur-Marne, déclare et reconnais avoir reçu aujourd'hui de la Compagnie l'*Abeille Bourguignonne,* par les mains de M. A. L....., Agent général de ladite Compagnie à Châlons-sur-Marne, la somme de six mille neuf cent soixante-quatre francs en acquit du montant des dommages à la charge de la Compagnie occasionnés par l'incendie survenu le trois juin courant aux objets que j'avais fait assurer par ladite Compagnie, suivant Police n° 115, en date du vingt-huit avril mil huit cent cinquante-six, laquelle est maintenue (1).

Au moyen de ce paiment je tiens quitte et décharge la Compagnie l'*Abeille Bourguignonne* de toutes choses relatives audit incendie et aux dommages qui en sont résultés ; je la subroge, mais sans garantie, dans tous mes droits, recours et actions, contre tous les auteurs reconnus ou présumés dudit incendie, contre tous voisins, locataires et autres généralement quelconques, ainsi que contre tous assureurs.

Fait à Châlons-sur-Marne, le onze juin mil huit cent cinquante-sept.

Approuvé l'écriture ci-dessus,

Vu par nous, maire de la commune de Châlons-sur-Marne, pour légalisation de la signature du sieur Bizot, apposée ci-dessus.

Fait à Châlons-sur-Marne, le onze juin mil huit cent cinquante-sept.

---

(1) Mettre ici si la Police est maintenue ou résiliée. Dans ce dernier cas, voir l'art. 410 des Instructions.

MODÈLE N° 55.

Bulletin *de Paiement de sinistre.*

Incendie du   **M.**   incendié à

Montant de la perte pour la Compagnie. . . . . . .

DÉTAIL :

Paiement à l'incendié, suivant quittance. . . . . .
Id.   aux experts,   id.   . . . . . .
Id.   id.   . . . . . .
Id.   id.   . . . . . .
Id.   id.   . . . . . .
Id.   id.   . . . . . .
Id.   id.   . . . . . .

Somme égale. . . . .

Laquelle somme, appuyée de diverses quittances, est passée en dépense dans mon compte du mois d   mil huit cent

CERTIFIÉ VÉRITABLE :   *L'Agent général,*

NOTA. MM. les Agents ne feront qu'un seul article de dépense sur leur bordereau n° 9 pour paiement du même sinistre et des frais y relatifs.

MODÈLE N° 56.

Procuration *notariée à donner, en cas de sinistre, par un Assuré qui ne sait pas signer, pour toucher l'indemnité.*

Pardevant, etc.

A comparu M.   , lequel a fait et constitué pour son mandataire M.   , auquel il donne pouvoir de, pour lui et en son nom, donner quittance à la Compagnie d'assurance contre l'incendie dite l'*Abeille Bourguignonne,* établie à Dijon, rue Devosge, n° 31, de toutes sommes qui sont dues au constituant par ladite Compagnie, à cause de l'incendie survenu le

Consentir, si la Compagnie l'exige, à la résiliation de la Police d'assurance ; subroger ladite Compagnie dans tous ses droits, actions et recours contre tous auteurs reconnus ou présumés dudit incendie et autres garants généralement quelconques ; à cet effet, signer tous actes, le constituant déclarant d'ailleurs donner dès à présent décharge pleine et entière à son mandataire de tout ce qu'il fera pour l'exécution du présent mandat.

Dont acte, etc.

NOTA. Cette procuration doit être relatée dans la quittance et y être annexée.

MODÈLE   N° 57.

REGISTRE DES POLICES.

NOM DES AGENTS qui ont procuré les Assurances.	POLICES.			NOMS et PRÉNOMS des ASSURÉS.	DEMEURE DES ASSURÉS et Situation des Objets.	VALEURS ASSURÉES.	PRIMES ANCIENNES.	MONTANT des PRIMES CONFERÉES.
	NUMÉROS	DATES.	SOUFFRANCE.					

PRIMES REÇUES POUR										REPRISES D'ASSURANCES.		OBSERVATIONS.
1re ANNÉE 1857	2e ANNÉE 1858	3e ANNÉE 1859	4e ANNÉE 1860	5e ANNÉE 1861	6e ANNÉE 1862	7e ANNÉE 1863	8e ANNÉE 1864	9e ANNÉE 1865	10e ANNÉE 1866	NOMS des COMPAGNIES.	DATES de leur EXPIRATION.	

(Tableau détaillé peu lisible — données non reproduites intégralement.)

Totaux du mois de sept. 810,000 365 65

Totaux nets antérieurs. 853,000 4050

14 Polices (3).

738 Id.

746 Polices.

Ensemble. . . 1,800,000 4415 65
À déduire pour résiliations, remboursements et annulations pendant le mois, suivant Bordereau n° 5. . . 85,000 75 05

741

Reste net au 1er octobre. 1,665,000 4340 60

(1) Cette Police étant anticipée, doit être inscrite tout entière à l'encre rouge. (Voir art. 138 des Instructions).

(2) Cette Police étant anticipée, doit être inscrite à nouveau en tête du mois de mars 1858. (Voir art. 138 des Instructions). La deuxième inscription se fait à l'encre rouge, comme celle de la Police n° 705 ci-dessus.

(3) La Police n° 809 n'est pas comptée dans ce mois; elle ne sera comptée que dans le mois de mars 1858, quand elle entrera en force.

Arrêté le présent registre à la Police n° 811 et aux totaux nets de un million cent soixante-cinq mille francs de valeurs assurées et quatre mille trois cent quarante francs soixante centimes de primes.

À Dijon, le 1er octobre 1857.

L'Agent général,

BORDEREAU N° 1.

MODÈLE

Mois de septembre
1857.

Instructions générales.

BORDEREAU des Polices souscrites pendant

POLICES.				NOMS ET PRÉNOMS	SITUATION	NATURE
N°s	de la SOUSCRIPTION.	de l'EFFET.	DURÉE.	DES ASSURÉS.	DES OBJETS ASSURÉS.	DES OBJETS ASSURÉS.
795	11 juillet.	15 septembre	10 ans.	Fournier (Michel).	Hauteville.	Bâtiments et mobiliers.
796	1er septemb.	2 id.	7 id.	Landry (Jules).	Plombières-lez-Dijon.	id. id.
797	2 id.	3 id.	10 id.	Petitot (Jacques).	Chenôve.	id. id.
800	4 id.	5 id.	10 id.	Martin (Pierre).		Bâtiments.
801	5 id.	6 id.	3 id.	Lorin (Antoine).		id. et mobilier.
802	7 id.	8 id.	6 mois.	Bient (Jules).	Longvic.	Récoltes en meules.
803	9 id.	10 id.	1 an.	Charles (Auguste).	id.	Bâtiment.
804	11 id.	12 id.	7 id.	Julien (François).	id.	Mobilier, risque locatif.
805	12 id.	13 id.	10 id.	Veyron (Pierre).	Mirande, commune de Dijon.	Bâtiments et récoltes.
806	15 id.	16 id.	10 id.	Thibert (Alexandre).	id.	Bâtiment.
807	17 id.	18 id.	10 id.	Lemaire (Alexis).	Lorres, commune de Dijon.	id. et mobilier.
808	18 id.	19 id.	10 id.	Jolly (Vincent).	Saint-Julien.	id.
809	23 id.	6 mars 1858.	10 id.	Lefranc (Philippe).	Asnières.	Bâtiments et récoltes.
810	27 id.	28 septembre	7 id.	Lebeau (Nicolas).	Dijon.	id. id.
811	29 id.	30 id.	10 id.	Sylvestre (Martin).	id.	id.

TOTAUX du mois de Septembre . . . .

TOTAUX nets antérieurs . . . .

ENSEMBLE . . . .

A déduire pour résiliations, remplacements et annulations, pendant le mois, suivant Bordereau n° b. . . . .

RESTE NET AU 1er OCTOBRE . . . .

NOTA. — Le Modèle n° 59, JOURNAL DE CLÉES, se trouve d'autre part, page 186.

N° 59.

AGENCE
DE DIJON.

DÉPARTEMENT
de la Côte-d'Or.

le mois de Septembre par l'Agent soussigné.

VALEURS ASSURÉES.	PRIMES CONVENUES.	RECETTES.				NOMS DES SOUS-AGENTS qui ont TOUCHÉ LES ABONNÉS.	OBSERVATIONS.
		PRIMES.	POLICES.	PLAQUES.	Totaux.		
13,200	8 50	8 50	2 »	» »	10 50	L'Agent général.	Police anticipée; prime payable le 11 septembre 1857.
30,900	16 40	16 40	2 »	1 50	19 90	id.	Remplace la police n° 20.
12,900	13 »	13 »	2 »	» »	» »	id.	Nulle, non signée.
45,000	30 »	30 »	2 »	1 50	33 50	X., sous-agent.	Supplément au n° 347.
35,000	40 »	40 »	2 »	1 60	43 30	id.	
2,500	5 15	5 15	2 »	2 50	9 65	id.	
17,000	17 45	17 45	2 »	2 50	21 95	id.	Remplace la police n° 45.
90,000	94 15	93 15	2 »	» »	94 15	id.	
24,000	30 30	30 »	» »	» »	» »	id.	
14,000	13 »	» »	» »	» »	» »	L'Agent général.	Autorisation du 11 sept. 1857.
12,000	18 75	18 25	2 »	2 50	22 75	id.	Police anticipée; prime payable le 6 mars 1858.
2,000	4 10	» »	» »	» »	» »	T., sous-agent.	
»	» »	» »	» »	» »	» »	V., sous-agent.	
56,000	70 »	» »	» »	» »	» »	id.	
40,000	75 »	» »	» »	» »	» »		
310,000	365 95	137 90	16 »	12 »	165 90		
950,090	4,030 »						
1,060,000	4,415 45						
95,000	75 5						
1,155,000	4,940 60						

ARRÊTÉ le présent Bordereau conformément au Registre des Polices.

A Dijon, le 1er octobre 1857.

L'Agent général.

MODÈLE N° 58.
Journal de Caisse.

Nos des Polices.	Nos d'ordre du registre des quittances à souche.	DÉSIGNATION DES RECETTES ET DÉPENSES.	PRIX des Polices.	PRIX des Plaques.	PRIMES de première année.	ANNÉE de l'assurance.	PRIMES échues.	Coût de l'Avenant.	TOTAL des RECETTES.	TOTAL des DÉPENSES.
		Mois de Septembre 1857.								
		Du 1er.								
798		Reçu de M. Landry	2 »	1 50	16 40	1re				
705	2117	Id. de M. Fournier	2 »	» »	8 50	2e				
800		Id. de M. Martin	2 »	1 50	30 »	1re				
801		Id. de M. Lorin.	2 »	1 50	40 »	id.			185 90	
802		Id. de M. Bizot.	2 »	2 50	5 15	id.				
803		Id. de M. Charles.	2 »	2 50	17 45	id.				
804		Id. de M. Julien	2 »	» »	22 15	id.				
807		Id. de M. Lemaitre	2 »	2 50	18 25	id.				
		Arriéré Août.								
787		Reçu de M. Ferré	2 »	1 50	14 15	id.				
790		Id. de M. Billonnand	2 »	2 50	25 05	id.				
791		Id. de M. Parisot	2 »	1 50	11 »	id.			106 35	
795		Id. de M. Simon	2 »	1 50	30 55	id.				
796		Id. de M. Douard	2 »	1 50	7 10	id.				
		Arriéré Juillet.								
117	3010	Reçu de M. Bigolet, année 1856				4e	15 20			
117	2415	Id. du même, — 1857				id.	15 20			
305	5601	Id. de M. Simon				3e	18 »			
306	3458	Id. de M. Delahaye (Étienne), année 1855 . .				5e	21 10			
306	7642	Id. du même, — 1856 . .				id.	21 10		168 35	
306	5475	Id. du même, — 1857 . .				id.	21 10			
307	1042	Id. de M. Delahaye (Jean)				2e	13 90			
421	598	Id. de M. Javot.				6e	30 »			
515	769	Id. de M. Picard				2e	5 75			
519	358	Id. de M. Sivert.				id.	7 »			
		Du 10.								
		Reçu un mandat à l'ordre de M. Durand, pour paiement de sinistre.							1000 »	
		Payé les ristournes aux n°s 305 et 307								7 25
		Reçu de M. Dancheville, pour un Avenant de résiliation						1 »		
		Du 16.								
		Payé un mandat à M. Durand, pour indemnité de sinistre								1000 »
		Frais relatifs audit sinistre.								50 »
		Reçu du même, pour un Avenant de résiliation.						1 »		
		REMISES :								
		Sur primes de 1re année, suivant bordereau n° 8 . . . . 92 05								
		10 °/° sur fr. 168 35 de primes échues, ristournes déduites. 16 80								
		Sur treize Polices, à 1 fr. . . . . 13 »								129 85
		Sur deux Avenants, à 50 cent. . . . . 1 »								
		Sur sept petites plaques, à 50 cent. . 3 50								
		Sur quatre grandes plaques, à 60 cent. 2 40								
		Ports de lettres et paquets 1 10								
		Frais judiciaires, suivant note								50 »
		Envoi d'un mandat sur la poste (18 septembre). pour solde								223 50
			26 »	20 50	245 75	»	168 35	2 »	1460 60	1160 60

MODÈLE N° 60.

Bordereau *des Polices rentrées pendant le mois de Septembre et dont les Primes n'avaient pas été payées à leur date.*

Bordereau N° 2.

AGENCE DE DIJON.

Mois de Septembre 1857.

NUMÉROS des POLICES.	NOMS DES ASSURÉS.	RECETTES.						OBSERVATIONS.
		PRIMES.		POLICES.	PLAQUES.		Totaux.	
787	Ferré (François).	14	15	2 »	1	50	17	65	
790	Billonnaud (Jules).	25	5	2 »	2	50	29	55	
794	Parisot (Michel).	11	»	2 »	1	50	14	50	
795	Simon (Alexis).	30	55	2 »	1	50	34	05	
796	Douard (Etienne).	7	10	2 »	1	50	10	60	
	TOTAUX. . . .	87	85	10 »	8	50	106	35	

Arrêté le présent Bordereau à la quantité de cinq Polices rentrées présentant une somme de quatre-vingt-sept francs quatre-vingt-cinq centimes.

A Dijon, le 1er octobre 1857.

L'Agent général,

MODÈLE N° 61.

Bordereau *des Recettes faites pendant le mois de Septembre pour Primes échues.*

Bordereau N° 3.

AGENCE DE DIJON.

Mois de Septembre 1857.

NUMÉROS des POLICES.	NOMS DES ASSURÉS.	ANNÉE de L'ASSURANCE.	RECETTE EN PRIMES.				OBSERVATIONS.
			ANNÉES ARRIÉRÉES.		ANNÉE COURANTE.		
117	Bigolet (Jacques).	4e	15	20	15	20	
305	Simon (Michel).	3e	»	»	18	»	
306	Delahaye (Etienne).	5e	42	20	21	10	
307	Delahaye (Jean).	2e	»	»	13	90	
421	Javot (Antoine).	6e	»	»	30	»	
515	Picard (Marc).	2e	»	»	5	75	
519	Sivert (Nicolas).	2e	»	»	7	»	
	TOTAUX. . . .		57	40	110	95	

Total général. 168 35

Arrêté le présent Bordereau à la somme de cent soixante-huit francs trente-cinq centimes.

A Dijon, le 1er octobre 1857.

L'Agent général,

Bordereau N° 4.

AGENCE DE DIJON.

Mois de Septembre 1857.

MODÈLE N° 62.

État *des Primes échues pendant le mois de Septembre, non recouvrées au 1ᵉʳ octobre 1858.*

NUMÉROS des POLICES.	PRIMES DUES.		MOTIF DU NON RECOUVREMENT.	Observations de la Compagnie.
	ANNÉE courante.	ANNÉES arriérées.		
715	62 »	» »	On poursuit.	Les pièces chez l'huissier Nicolas.
720	17 »	17 »	Insolvable.	Il y a déjà eu jugement en 1856.
725	23 »	» »	Vendu sa propriété.	Il n'a pas obligé l'acquéreur à continuer l'assurance.

SITUATION DE L'ARRIÉRÉ AU 30 SEPTEMBRE.

L'arriéré fin août était de. . . . . 21 10 ⎫

Polices nouvelles souscrites en septembre. . 365 65 ⎬ 394 75

Primes à recouvrer en septembre. . . . . 8 » ⎭

Résiliations autorisées. . . . . 38 55 ⎫ 284 30

Recettes du mois de septembre. . . . . . . 245 75 ⎭

Reste dû au 1ᵉʳ octobre. 110 45

A Dijon, le 1ᵉʳ octobre 1857. *L'Agent général,*

Bordereau N° 5.

AGENCE DE DIJON.

Mois de Septembre 1857.

MODÈLE N° 63.

Bordereau *des Polices remplacées, résiliées, expirées ou annulées pendant le mois de Septembre 1857.*

Toutes les *annulations* ou *résiliations* doivent être constatées par un Avenant fait en double indiquant la date précise et les motifs de résiliation.

NUMÉROS des POLICES.	DATES de LEUR EFFET.	MONTANT des VALEURS assurées.	NOMS DES ASSURÉS.	MONTANT des PRIMES.		TOTAUX par MOIS.		TOTAL des PRIMES DUES.		MOTIFS DE RÉSILIATION.
23	1ᵉʳ août 1852.	20,000	Landry (Jules).	16	40	16	40	16	40	Remplacée par la Police n° 798.
46	12 mars 1854.	20,000	Julien (François).	22	15	22	15	22	15	Remplacée par la Police n° 804.
280	7 juin 1855.	12,000	Dancheville (Elie).	8	»	8	»	»	»	Résiliée par Avenant ci-joint, pour cause de démolition.
807	4 février 1856.	25,000	Durand (Michel).	16	50	16	50	»	»	Résiliée pour cause de sinistre, suivant Avenant ci-joint.
799	2 juillet 1857.	18,000	Petitot (Jacques).	12	»	12	»	»	»	Nulle; non signée.
	TOTAUX. . . .	95,000		75	5	75	5	38	55	

Arrêté le présent Bordereau à la quantité de cinq Polices résiliées.

A Dijon, le 1ᵉʳ octobre 1857. *L'Agent général,*

MODÈLE N° 64.

Etat *des Polices et Plaques reçues et payées pendant le mois de Septembre 1857.*

DATES.	DÉSIGNATION.	POLICES triples.	PLAQUES.		
			Petites.	Moyennes.	Grandes.
Le 1er septembre.	L'AGENT RESTAIT COMPTABLE DE.	25	12	»	15
	Reçu de la Direction pendant le mois de septembre.	100	50	»	25
	TOTAL DE LA RECETTE. . . .	125	62	»	40
	Dépenses à déduire :				
	Quantités portées en recette sur le décompte du mois de septembre.	14	7	»	5
	Polices et Plaques renvoyées gâtées à la Direction. .	»	»	»	»
	TOTAL DES DÉPENSES. . . .	14	7	»	5
	RÉSUMÉ.				
	Le total de la recette est de.	125	62	»	40
	Celui de la dépense de.	14	7	»	5
Le 1er octobre.	Partant, l'Agent se reconnaît comptable de. .	111	55	»	35

Certifié exact :

L'Agent général,

NOTA. — Les Polices et Plaques dont l'Agent n'a pas fait recette sur le Décompte n° 9 ne doivent pas être comprises dans la dépense du présent Bordereau.

MODÈLE N° 65.

Ports *de Lettres et Paquets.*

NUMÉROS d'ordre.	DATES des LETTRES OU ENVOIS.	TAXE DE LA POSTE.		OBSERVATIONS.
		f.	c.	
				NOTA. La Compagnie ne rembourse à MM. les Agents que les ports de lettres et paquets envoyés à la Direction.
1	2 septembre.	»	20	Port de lettre.
2	5 id.	»	50	Paquet de papiers d'affaires.
3	10 id.	»	20	Port de lettre.
4	16 id.	»	20	Id.
	TOTAL. . . .	1	10	

Certifié exact :

L'Agent général,

MODÈLE N° 66.

Bordereau n° 8.

AGENCE DE DIJON.

Décompte *des Remises à prélever sur les primes de première année des assurances portées en recette sur les Bordereaux n°s 1 et 2.*

Mois de septembre 1857.

NUMÉROS des POLICES.	DURÉE.	MONTANT des PRIMES.	POLICES REMPLACÉES.			TAUX des REMISES.	PRODUIT.	OBSERVATIONS.
			NUMÉROS	ANNÉES restant à courir.	PRIMES.			
798	7 ans.	16	40	23	Expirée.	12	»	25 0/0	4	10	
787	10 ans.	14	15	»	»	»	»	50 0/0	7	05	
790	Id.	25	05	»	»	»	»	Id.	12	50	
794	Id.	11	»	»	»	»	»	Id.	5	50	
795	Id.	30	55	»	»	»	»	Id.	15	25	
796	Id.	7	10	»	»	»	»	Id.	3	55	
705	Id.	8	50	»	»	»	»	Id.	4	25	Il n'a pas été payé de remise
800	Id.	30	»	»	»	»	»	Id.	15	»	sur cette assurance lors-
801	3 ans.	40	»	»	»	»	»	20 0/0	8	»	qu'elle a été souscrite.
802	6 mois.	5	15	»	»	»	»	10 0/0	»	50	
803	1 an.	17	45	»	»	»	»	Id.	1	70	
804	7 ans.	22	15	46	5 mois.	25	»	25 0/0	5	50	
807	10 ans.	18	25	»	»	»	»	50 0/0	9	15	
TOTAL égal à ceux des Bordereaux n°s 1 et 2 réunis		245	75	à reporter en RECETTE sur le décompte. TOTAL..				92	05	à reporter en DÉPENSE.

Réunion
DES BORDEREAUX N°s 1 ET 2.

Total du Bordereau n° 1.	157	90
Id. n° 2.	87	85
ENSEMBLE.	245	75

Arrêté le total de la recette des primes de première année à deux cent quarante-cinq francs soixante-quinze centimes, et le montant de la dépense pour remises prélevées, conformément à mon traité, à quatre-vingt-douze francs cinq centimes.

Fait à Dijon, le 1er octobre 1857.

L'Agent général,

MODÈLE N° 67.

Décompte *du mois de Septembre 1857.*

Recette.

Solde du dernier décompte.		
Reçu pour primes { de première année, suivant bordereaux nᵒˢ 1 et 2. 245 75 } échues, suivant border. n° 3, *ristournes déduites.* 168 35	414	10
Id. pour 13 polices à 2 fr. l'une.	26	»
Id. pour 2 avenants à 1 fr. l'un.	2	»
Id. pour 7 petites plaques à 1 fr. 50 c. l'une.	10	50
Id. pour 4 grandes plaques à 2 fr. 50 c. l'une.	10	»
Id. un mandat à l'ordre de M. Durand, pour paiement de son sinistre. . . .	1,000	»
TOTAL DE LA RECETTE.	1,462	60

Dépense.

Prélèvement de remises à titre d'appointements, savoir :				
Sur primes de première année, suivant bordereau n° 8. . .	92	5		
10 p. 100 sur fr. 168 35 de primes échues, *ristournes déduites.*	16	80		
Remise sur 13 polices à 1 fr. l'une.	13	»		
Id. sur 2 avenants à 50 c. l'un.	1	»		
Id. sur 7 petites plaques et 4 grandes.	5	90		
Affranchissement de lettres et paquets et frais de mandats adressés à la Direction (bordereau n° 7).	1	10	1,462	60
Frais judiciaires, suivant note ci-jointe.	50	»		
Paiement de ristournes aux nᵒˢ 305 et 307.	7	25		
TOTAL DES REMISES ET AUTRES FRAIS. .	187	10		
Paiements de sinistres et frais y relatifs, suivant bord. n° 11.	1,050	»		
Envoi de fonds { en espèces. . . . . } en un mandat sur la Banque de France ou sur la Poste. . . . . { en récépissés de M.	225	50		
RESTE.	»	»		

Fait à Dijon le 1ᵉʳ octobre 1857.   *L'Agent général,*

NOTA. — MM. les Agents doivent toujours solder intégralement le présent décompte.

MODÈLE N° 68.

Etat *des Ristournes faites aux Assurés pendant le mois de septembre 1857 pour remplacements de Polices.*

POLICES REMPLACÉES.				Polices remplaçantes.		SOMMES ristournées suivant quittances ci-jointes.		OBSERVATIONS.
Nᵒˢ.	NOMS.	PRIMES.	ÉCHÉANCES DES PRIMES.	Nᵒˢ.	ÉCHÉANCES DES PRIMES.			
253	Simon (Michel).	24	»	1ᵉʳ juillet.	305	29 sept.	6	»	
255	Delahaye (Jean).	15	15	15 août.	307	18 id.	1	25	
			TOTAL.			7	25	

Arrêté le présent État à la somme de sept francs vingt-cinq centimes, laquelle vient en réduction du Bordereau n° 3.

A Dijon, le 1ᵉʳ octobre 1857.   *L'Agent général,*

MODÈLE N° 69.

Bordereau *général des Sommes portées en dépense dans le décompte du mois de Septembre pour réglement de sinistres.*

NUMÉROS des POLICES.	NOMS des ASSURÉS.	SOMMES PAYÉES			OBSERVATIONS.
		AUX INCENDIÉS.	POUR FRAIS.	Total.	
307	Durand (Michel).	1,000 »	50 »	1,050 »	
	TOTAUX.	1,000 »	50 »	1,050 »	

Arrêté le présent Bordereau, par l'Agent général soussigné, montant à la somme de mille cinquante francs.

Fait à Dijon, le 1er octobre 1857.　　　　　　　*L'Agent général,*

NOTA. — Les sommes portées sur ce Bordereau doivent figurer sur le Bulletin de paiement de sinistre avec détail et *quittances* à l'appui, conformément aux Instructions générales.

MODÈLE N° 70.

Registre spécial, *par ordre alphabétique, des Saisies-Arrêts ou Oppositions, Cessions, Transports ou autres actes signifiés à la Compagnie à requête des tiers.*

NOMS DES DÉBITEURS ou des cédants.	NUMÉROS des POLICES.	NOMS DES CRÉANCIERS ou des cessionnaires.	DATE DES EXPLOITS, NOMS ET RÉSIDENCES des huissiers.	SOMMES RÉCLAMÉES.
A Amaury (Pierre).	5	Bordet (Louis).	10 décembre 1857. Jacquin, à Semur.	fr.　c. 3,000　»
B				
C				

TABLE ANALYTIQUE DES MATIÈRES.

(COMPAGNIE GRÊLE.)

13

TABLE DES MODÈLES.

(COMPAGNIE GRÊLE.)

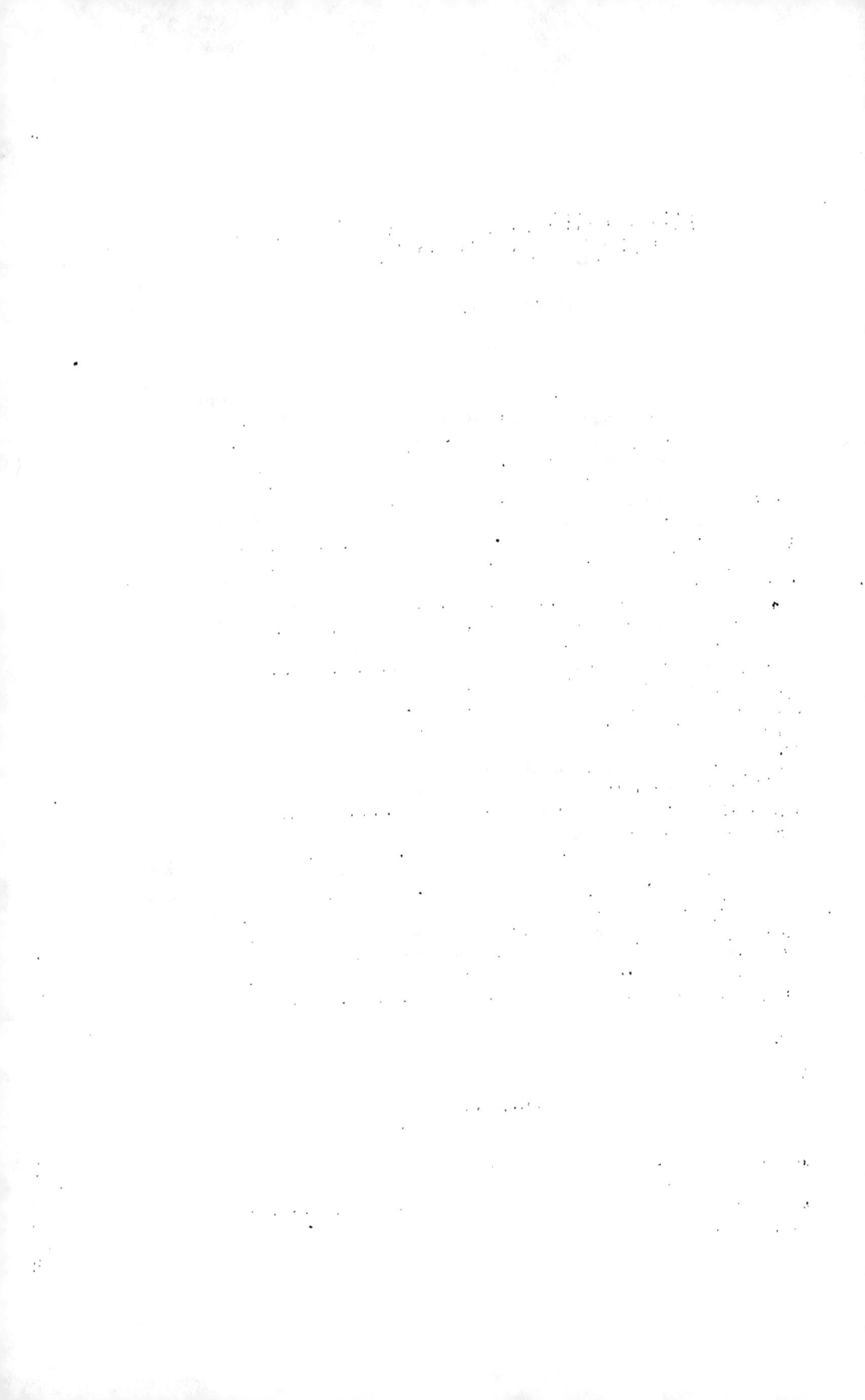

TABLE ANALYTIQUE DES MATIÈRES.

(COMPAGNIE INCENDIE.)

Les numéros indiquent les articles des Instructions. Le signe —, employé dans cette table, équivaut à la répétition du mot sous la rubrique duquel il est placé.

A

G

H

I

J

L

Linge dans les habitations rurales. (Voir Provisions de ménage.)

Lingots d'or et d'argent. Leur exclusion de l'assurance. (Art. 199.)

Livres d'un commerçant sinistré; en demander la représentation après sinistre et en parapher les derniers feuillets. (Art. 340.) Marche à suivre dans le cas où ils auraient péri. (Art. 387.)

Livres rares et précieux. Leur exception de l'assurance. (Art. 230.)

M

Machines à vapeur. Application de la prime. (Art. 253.)

Magasins de poudre à tirer. (Voir Dépôts.)

Maisons et bâtiments. Ne peuvent être assurés que pour leur valeur vénale. (Art. 223.) Mode de leur évaluation. (Art. 368.) Différence du neuf au vieux. (Art. 224.) Défense d'excepter les parties incombustibles, si ce n'est dans certains cas. (Art. 225.) Évaluation des bâtiments de ferme (art. 226), des châteaux (art. 227), des bâtiments d'usines et de fabriques. (Art. 228.) Maisons d'habitation du fermier; cas où elle peut être assurée comme risque distinct. (Voir Risque.) Maximum de l'assurance sans autorisation des bâtiments couverts en bois ou en chaume et de leur contenu, des bâtiments de ferme et de leur contenu. (Art. 298.)

Mandataire verbal à l'effet de contracter l'assurance; son obligation à ce titre. (Art. 56.)

Manuscrits. (Voir Livres rares et précieux.)

Marchandises avec désignation; leur évaluation d'après le cours du jour. (Art. 233.) En roulement, c'est-à-dire sans désignation; mode de leur évaluation. (Même article.) Appartenant à des marchands ambulants. (Voir Colporteurs.) Maximum de l'assurance sans autorisation des marchandises simplement hasardeuses (voir l'art. 36 du tarif); de celles doublement hasardeuses (voir l'art. 37 du tarif); et de celles flottantes, c'est-à-dire sans indication des magasins qui les contiennent. (Art. 298.) Marchandises de risques divers dans un même lieu et prime. (Art. 260.) A l'usage de certaines professions et primes. (Art. 261.) Faisant partie des provisions de ménage n'augmentent point la prime. (Art. 262.) Faciles à endommager; prime. (Art. 264.) Mesures à prendre pour s'assurer du sauvetage des marchandises. (Art. 339.) Mode de leur estimation après sinistre. (Art. 385.)

Matériels. Leur remise après cessation de fonctions. (Art. 158.)

Maximum que la Compagnie peut assurer sur un seul et même risque; que l'Agent peut assurer sur certains risques, sans autorisation. (Art. 298.) De l'agglomération des assurances dans certaines communes. (Art. 299.)

Mentions à faire, en tête de la Police, de la date et du nᵒ de la lettre d'autorisation (art. 60); de la communauté des risques (art. 61); du renouvellement sur l'ancienne Police. (Art. 69.) Mentions diverses à faire dans la colonne d'observations du registre des Polices. (Art. 139.)

Meules. (Voir Récoltes [produits de].)

Meules de moulin. Fixation de la prime par le nombre de paires de meules et déclaration à faire par l'Assuré. (Art. 257.)

Mines de charbon ou autres; leur exclusion de l'assurance, à moins d'autorisation. (Art. 200.)

Minimum. Quotité au-dessous de laquelle la Compagnie n'assure pas. Exception. (Art. 303.)

Mobiliers aratoires; leur vérification (art. 236); leur estimation après sinistre. (Art. 384.)

Mobiliers industriels des fabriques et usines; leur vérification (art. 232; leur estimation après sinistre. (Art. 382.) Vérification des mobiliers industriels des marchands, artisans, ou petits fabricants (art. 231); leur estimation après sinistre. (Art. 381.)

Mobiliers personnels ou de ménage; leur vérification (art. 230); leur estimation après sinistre. (Art. 374 à 380.)

Modes d'assurance. (Voir l'Avant-Propos.)

T

U

V

TABLE ALPHABÉTIQUE DES MODÈLES.

(COMPAGNIE INCENDIE.)